# 以绿色发展理念引领
# 农业供给侧结构性改革研究

肖小虹　杨少垒　王　超　雍滨瑜　等　著

科学出版社

北　京

# 内 容 简 介

本书以绿色发展理念引领农业供给侧结构性改革为研究对象,梳理和总结以绿色发展理念引领农业供给侧结构性改革的学理基础,提出绿色发展理念对农业供给侧结构性改革的引领作用,重点考察和研究基于绿色发展理念的农业供给侧结构性改革的效率以及存在的主要问题,并基于绿色发展理念的农业供给侧结构性改革的国际和国内经验及启示,探索构建以绿色发展理念引领我国农业供给侧结构性改革的理论思路、具体路径和保障措施,有利于丰富农业发展理论体系,有利于绿色发展理念的普及并提升农业竞争力和综合效益,有利于加快推进农业现代化。

本书适合"三农"问题、绿色发展和农业供给侧结构性改革等领域的研究学者和相关领域的高校师生阅读。

图书在版编目(CIP)数据

以绿色发展理念引领农业供给侧结构性改革研究 / 肖小虹等著. —北京:科学出版社,2023.7

ISBN 978-7-03-075885-9

Ⅰ.①以… Ⅱ.①肖… Ⅲ.①绿色农业–农业改革–研究–中国 Ⅳ.①F323

中国国家版本馆 CIP 数据核字(2023)第 110857 号

责任编辑:李 嘉 / 责任校对:姜丽策
责任印制:张 伟 / 封面设计:有道设计

科学出版社 出版
北京东黄城根北街 16 号
邮政编码:100717
http://www.sciencep.com

北京建宏印刷有限公司 印刷
科学出版社发行 各地新华书店经销

*

2023 年 7 月第 一 版 开本:720×1000 1/16
2023 年 7 月第一次印刷 印张:11 3/4
字数:237 000
定价:128.00 元
(如有印装质量问题,我社负责调换)

# 前　　言

党的十九大报告明确提出实施乡村振兴战略[①]，并在 2018 年中央 1 号文件中进一步提出"乡村振兴，产业兴旺是重点""必须坚持质量兴农、绿色兴农""以农业供给侧结构性改革为主线""加快实现由农业大国向农业强国转变"等重要方略，以此指导中国农村改革和农业发展。党的二十大报告更是提出要全面推进乡村振兴。农业是我国的基础性、战略性产业，对我国整体经济的稳定发展至关重要。面对中国居民消费升级背景下农产品结构性供需矛盾突出、资源环境约束趋紧背景下传统粗放的农业生产方式不可持续、国内外市场深度融合背景下农业综合竞争力不强、农业生产成本逐年上涨和农民增收压力增大等现实问题，以绿色发展理念引领农业供给侧结构性改革，既符合党中央对农业发展的总体要求，又符合为突破目前农业发展瓶颈的路径选择要求。因此，本书具有重要的理论和现实意义。

本书以绿色发展理念引领农业供给侧结构性改革为研究对象，重点考察和研究基于绿色发展理念的农业供给侧结构性改革的效率以及存在的主要问题，并探索构建以绿色发展理念引领我国农业供给侧结构性改革的理论思路、具体路径和保障措施，具体如下。

一、本书的主要内容

第一章是以绿色发展理念引领农业供给侧结构性改革的时代发展需要、学界研究现状和主要学理基础，从理论层面分析为什么农业供给侧结构性改革需要以绿色发展为引领。

第二章是绿色发展理念对农业供给侧结构性改革的引领作用，主要是在总结绿色发展理念的内涵及农业供给侧结构性改革主要内容的基础上，提出绿色发展理念对农业供给侧结构性改革的引领作用。

第三章是基于绿色发展理念的农业供给侧结构性改革的效率评价，主要以农

---

[①] 《习近平：决胜全面建成小康社会 夺取新时代中国特色社会主义伟大胜利——在中国共产党第十九次全国代表大会上的报告》，http://www.gov.cn/zhuanti/2017-10/27/content_5234876.htm[2021-01-18]。

业生产环节为中心，采用三阶段数据包络分析（data envelopment analysis，DEA）模型，对绿色发展理念视域下农业供给侧结构性改革的效率进行评价。

第四章是基于绿色发展理念的农业供给侧结构性改革的主要问题，重点从观念层面、产品层面、生产层面和制度层面着手，总结绿色发展理念视域下农业供给侧结构性改革存在的主要问题。

第五章是基于绿色发展理念的农业供给侧结构性改革的国际经验及启示，重点考察美国、德国、日本及以色列等国家的主要做法和典型案例，总结对我国农业供给侧结构性改革的启示。

第六章是基于绿色发展理念的农业供给侧结构性改革的国内经验及启示，重点考察山东、河北、宁夏、海南和贵州五省区的概况和举措，总结我国农业供给侧结构性改革的经验。

第七章是以绿色发展理念引领农业供给侧结构性改革的理论思路，主要提出在绿色发展理念下农业供给侧结构性改革的前提、原则、重点及目标。

第八章是以绿色发展理念引领农业供给侧结构性改革的路径选择，包括积极培育各农业主体的绿色发展观、积极调整农业产品产业结构、大力提高农业生产效率、着力推行农业绿色生产方式和加快推进农业体制机制改革。

第九章是以绿色发展理念引领农业供给侧结构性改革的保障措施，包括巩固和完善农村基本经营制度，加强农业基础设施建设，开展农村人居环境治理和美丽乡村建设，培育新型农业经营主体及培养懂农业、爱农村、爱农民的"三农"工作队伍。

二、本书的主要观点

一是本书认为绿色发展理念对农业供给侧结构性改革的引领作用主要体现在四个层面上，即发展观念绿色化、产品供给有效化、生产方式集约化和体制机制合理化，由此可以厘清绿色发展理念与农业供给侧结构性改革的关系，发挥科学理念的理论价值与实践价值。

二是本书以农业生产环节为中心，通过科学计量分析，认为我国农业供给侧结构性改革的效率明显提升，但是总体上仍然存在水平较低、区域差距明显的问题，尚有较大的改革空间。

三是本书提出绿色发展理念下农业供给侧结构性改革的三大前提，即保障国家粮食安全、严守生态保护红线、坚持农民主体地位；绿色发展理念下推进农业供给侧结构性改革需制定出相应的原则，即稳中求进原则、以人为本原则、因地制宜原则以及市场主导原则；农业供给侧结构性改革需要明确相应的重点，即农业科技创新、农业管理创新和体制机制创新；农业供给侧结构性改革的目标包括保障有效供给、实现农业增效、促进农民增收和促进农村增绿，四大目标之间相互联系，其中保障有效供给是直接目标，后三者为间接目标。

　　四是本书认为要促进我国农业绿色化、现代化，促进农业经济持续发展，除了从调整供给结构、生产结构等层面着手，还需要制定一些必要的保障措施，如巩固和完善农村基本经营制度、加强农业基础设施建设、开展农村人居环境治理和美丽乡村建设、培育新型农业经营主体等。

　　三、本书的主要对策建议

　　一是积极调整农业产品产业结构。近年来，我国农业供给侧结构性改革取得了显著成效，尤其是农业产品产业结构合理化程度明显提升，但是仍有进一步调整的空间。在下一阶段的改革中，应针对人们消费结构的转变，树立大农业观，促进粮、经、饲三元协调发展，增加农业服务业产品供给；大力提升初级农产品源头供给质量和农副产品加工生产质量；合理布局种植业和养殖业，优化种养结合平衡布局。

　　二是大力推行农业绿色生产方式。绿色生产方式既关系到农业生产效率的提高，又关系到资源的节约利用和对生态环境的保护，是以绿色发展理念引领农业供给侧结构性改革的关键措施。具体建议包括：发展农业清洁生产，实施农业节水工程，推进区域农业生态工程专项整治。

　　三是加快推进农业体制机制改革。农业体制机制不合理是制约我国农业供给侧结构性改革效率进一步提高的重要因素。当前，应改革农业补贴制度，尽快建立新型的补贴制度，实现农产品的价补分离；以农地"三权"分置为重点，推进农村土地制度改革，促进土地资源高效配置和合理流动；完善绿色农业监控机制，对农业资源利用、生产资料使用、污染物排放以及农产品安全等进行严格监控。

　　四是加强农业基础设施建设。加强农业基础设施建设将大幅度提高农业生产效率，减少资源浪费，增加经济效益。在绿色发展理念下推进农业供给侧结构性改革，必须加强农业基础设施建设，这对保障我国农业经济持续增长具有重要长效作用。具体建议包括：因地制宜做好农业基础设施建前规划，加强多方协作并做好基础设施的后续管护工作。

　　五是着力培育新型农业经营主体。中国农业要实现绿色化、现代化，提升农业的国际竞争力，在传统小农户的基础上培养新型农业经营主体是不可避免的趋势。新型农业经营主体的生产经营活动具有集约化、专业化、组织化、社会化等特征，在种养业生产方面，主要有家庭农场、种养大户；在提供社会化服务、农资采购、农产品销售等方面，主要有农业社会化服务组织；在农产品加工和物流方面，主要有农业产业化龙头企业。因此，要根据农业不同环节着力培养效用最优的新型农业经营主体。

　　四、本书的突出特色

　　一是农业供给侧结构性改革是一个全新的课题，尚未有系统性研究成果。本书将绿色发展理念与农业供给侧结构性改革结合在一起进行研究，这是一个关于农业供给侧结构性改革研究的崭新视角。

二是提出以绿色发展理念引领我国农业供给侧结构性改革的理论思路，并针对我国农业农村改革发展的具体要求，在实施路径和保障措施方面提出操作性建议。

三是以农业生产环节为中心，采用三阶段 DEA 方法对绿色发展理念视域下农业供给侧结构性改革的效率进行评价。该评价过程在计量方法的采用、投入产出指标的选取以及环境变量的引入方面具有一定的创新性。

# 目　　录

# 第一章 绿色发展理念引领农业供给侧结构性改革的学理基础

## 第一节 时代发展的需要

中国经济发展自进入中高速增长的新常态以来，依靠投资、出口、消费三驾马车拉动需求侧发力刺激中国经济发展的模式已经出现了疲软，经济发展的主要矛盾从供给侧转向需求侧。党和国家把握规律、顺应时机，在 2015 年 11 月的中央财经领导小组第十一次会议上，提出推进供给侧结构性改革，随即又在 12 月的中央农村工作会议上明确提出要着力加强农业供给侧结构性改革。农业作为中国经济的第一产业和基础性产业，既有中国经济发展的共性，也有其自身发展的个性，中国农业供给侧结构性改革是现代化进程中时代发展的需要。

### 一、中国居民消费升级背景下，农产品结构性供需矛盾突出

中国经过 40 多年的改革开放，国内居民生活水平得到显著提升，2017 年国家统计局数据显示，中国居民人均可支配收入已达到 25 974 元，扣除价格因素，比 1978 年实际增长 22.8 倍。人民的生活水平提高，消费升级明显，对"菜篮子"的要求更加偏向绿色、有机、优质，对三大主要粮食需求减少，对高蛋白肉类、鱼类、禽类需求增加，而中国的供给结构以及供给水平却未能跟上市场需求的步伐，总体上表现为粮食供给总量宽松，结构性矛盾突出的问题。

## 二、资源环境约束趋紧背景下，传统粗放的农业生产方式不可持续

拼资源、拼投入的粗放型农业生产方式，虽然在一定程度上刺激了中国农产品的产量，但也出现了生态环境不可持续发展的问题。叶兴庆（2016）指出，2016年中国化肥的平均施用量已达到每公顷 400 公斤，约为世界公认安全警戒上限的 1.8 倍，是欧美国家平均施用量的 4 倍以上，这样的化肥施用量对农业土地可持续发展和农产品安全有着不利的影响。在如今资源环境约束趋紧的背景下，传统农业生产方式不仅造成生态不可持续，也使得农业经济不可持续，因此必须转变农业生产方式，提升环境承载能力与农业生产方式的匹配度，推进中国农业供给侧结构性改革。

## 三、国内外市场深度融合背景下，农业综合竞争力不强

自中国在 2011 年 12 月 11 日正式加入世界贸易组织以来，中国与国际市场交往日趋频繁，国内外市场深度融合。但中国农业自然禀赋薄弱、生产加工技术不高、农业分工不足、农业体制机制不合理及长期存在的小农生产格局等，导致中国农业总体竞争力不强，农产品贸易逆差从 2004 年的 46.4 亿美元增加到 2014 年的 505.8 亿美元，十年间增加了近十倍。中国目前已经成为国际市场第一农产品进口大国，农产品"进口入市，自产入库"的现状在一定程度上对中国农业发展造成了挤压。

## 四、农业生产成本逐年上涨，农民增收压力增大

进入 21 世纪后，在中国小农生产格局的影响下，农业投入品成本、劳动力成本、土地成本、生产资料成本逐年刚性上涨，导致中国农产品价格普遍高于国际市场，其中粮食价格比进口粮食价格普遍高出 30%（王济民等，2018）。随着大量进口农产品涌入中国市场，农民的经济利益难以保障。多年来，尽管中国政府实行了许多惠农支农政策，并在保障农民收入、保障粮食生产中起到了积极作用，但是在农民经营性、工资性、转移性和财产性收入等方面的作用十分有限，尤其是随着转移性收入所占比重越来越大，农民对政策的依附也越来越强。中国农业要实现健康发展，必须从根本上增强农业自身的综合实力，提升农民应对市场风险的能力，实现真正的强农惠农。

综上所述，用绿色发展理念引领农业供给侧结构性改革是时代发展的需要。以"创新、协调、绿色、开放、共享"的新发展理念中的绿色发展理念为指导，充分发挥绿色发展理念引领农业发展的理论指导作用，保障改革的理论先行，确保改革的顺利进行，促进农业实现绿色生态转型和农产品实现绿色、安全、高品质消费升级，保护和发展农业自然产能，满足人们消费升级背景下对高品质农产品的客观需求，提升农业竞争力和综合效益，保障农业生产的顺利进行以及乡村振兴的稳步推进。

# 第二节　学界研究的现状

## 一、国内研究现状

纵观国内学者对农业供给侧结构性改革的研究，其研究成果主要聚焦在对农业供给侧的概念界定、分析中国农业供给侧结构性改革的原因、提出中国农业供给侧结构性改革的重点，以及探析中国农业供给侧结构性改革的路径几个方面。

### （一）农业供给侧概念界定

黄祖辉等（2016）认为农业供给侧是一个多元素和多组合的关联性系统结构，这一系统结构不仅包含了产品（初级产品、加工产品、服务产品）与要素（土地、劳动、资本、技术以及自然禀赋的资源）的关联结构，而且包含了与此相关的制度安排（产权、合约、文化、组织、政策、法律等）结构。祁春节（2018）则认为现代农业生产–供给系统是在一定的技术条件和制度安排下，人类利用农业生产要素在农业的广度（功能性）、深度（组织性）、构度（结构性）三个维度上的合力。广度即经济功能、社会功能、生态功能、文化功能和政治功能等；深度是指农业生产经营活动的组织形式及其程度；构度即农业的结构性，其反映的是现代农业各种构成、比例关系及配置布局的程度，主要包括农业生产结构（如品种、品质结构）、空间结构、功能结构、组织结构和供求结构等。

### （二）中国农业供给侧结构性改革的原因

涂圣伟（2016）从城乡资源配置角度出发，研究了长期以来在工业优先和城市优先的发展战略下，大量资源被优先配置于工业和城市，导致农业发展在一定程度上陷入贫困恶性循环陷阱，造成农业要素投入结构长期失衡的现状。罗必良（2017）从土地资源配置角度出发认为，因禀赋效应的存在，中国推行的农地"三权"分置可能在短时期内导致租金成本加剧上涨，抑制农地流转，因而必须推进中国农业供给侧生产经营主体转变生产经营方式。张良悦（2018）从土地要素和劳动力要素现状出发，认为农地细碎化以及生产兼业化造成了农业生产规模化与产业化发展的现实困境，因此必须构建与经济发展阶段相适应的新型经营主体和产业体系等。

### （三）中国农业供给侧结构性改革的重点

孙伟仁等（2018）认为当前中国农业供给侧结构性改革的短板是流通问题，农业生产面临着市场信息传导机制不畅、流通模式单一、产业链组织化程度低、基础设施建设滞后及流通环节食品安全监控不到位等困境。

黄季焜（2018）认为农业供给侧结构性问题产生的主要原因是没有充分发挥市场配置资源的功能、对市场失灵问题关注不够，以及对农业公共物品与服务供给不足。因此，农业供给侧结构性改革的关键是市场改革和政府职能的转变。

杨庭硕和杨卫书（2017）指出，时下中国农业所面临的难题往往与我们对于自身生态特点的认识不够精准存在着关联性，认为应精准认识农业经营中的生态背景，服务于农业供给侧结构性改革。王红梅（2016）从农业供给侧结构性改革必须与农业绿色转型相结合的角度，提出农业经营者绿色知识缺乏、绿色意识淡薄、观念落后、生产方式粗放是制约中国绿色农业发展的重要原因等。

### （四）中国农业供给侧结构性改革的路径

一是科学技术层面。邓志英和黄毅（2017）基于"互联网＋"将降低农产品供给流通成本的角度，提出了完善农村基础设施建设、创新农业互联网技术、培养农业互联网技术人才等具体措施。张雷蕾（2018）认为应以提高农业科技创新能力为着眼点，为我国农业供给侧结构性改革提供驱动力，满足我国农产品的供给需求。

二是农业经营组织层面。刘红岩和朱守银（2016）从节约农业经营组织的运营成本和交易成本的角度指出，中国农业供给侧结构性改革应该加快农业纵向一体化进程，加快产业融合发展。

三是农业制度层面。孔祥智（2016）认为土地制度改革是农业供给侧结构性改革的基础，在推动农地流转、培育农业新型经营主体、发展农业适度规模经营、进一步激发广大农民从事农业生产经营的积极性，以及避免土地掠夺式经营等方面具有重要作用。

四是发展观念层面。凌征福（2018）认为要重塑绿色生产体系，政府应首先从绿色发展理念出发，形成绿色领导思维，大力加强绿色发展能力建设，把绿色发展落实到生产和经济发展的各项事业之中。

## 二、国外研究现状

供给学派诞生于 20 世纪 70 年代，当时经济严重"滞涨"，凯恩斯主义依靠投资、出口、消费"三驾马车"刺激增长的方法在运行 40 年左右后，出现了经济停滞、通货膨胀的困境，供给学派和供给经济学应运而生。供给学派认为，经济增长的动力源在于供给侧，可以通过经济激励和投资的方式增加供给，而增加激励则主要依靠减税，并且尽量减少政府对经济的干预。供给学派的理论在 20 世纪 80 年代被英国、美国政府广泛采用，取得了不俗的成果。

供给经济学还被运用到农业经济上，如 Orden 和 Zulauf（2015）指出，为了减少过多政策对市场机制的干扰，并尽可能避免市场不稳定所带来的弊端，化解农民的生产风险以及市场风险，2014 年美国国会通过的《食物、农场及就业法案》，取消了直接补贴、反周期补贴和平均作物收入选择补贴，新设立了农业风险保障（agriculture risk coverage）和价格损失保障（price loss coverage）两个项目。总的来说，新法案的出台使美国农业保险的范围更大、灵活性更高、操作性更强，是美国联邦政府以稳定农民收入、提升农业竞争力为核心而实施的对农业供给侧具有干预性与补贴性的政策。

Daberkow 和 Mcbride（2003）指出，为了提高农产品的供给质量，满足消费升级需求，20 世纪 70 年代美国普遍采用"精准农业"的做法，精准农业就是以生物技术、信息技术和工程技术为基础的现代农业生产模式，兼顾考虑田块内部土壤、作物及田间环境的空间变异情况，根据作物实际需要，精确施用化肥、农药、水等，以较少的投入获得较高的产出，并改善环境，取得经济效益和环境效益。随后，到了 80 年代，美国农学家又提出"处方农作"的思路，建立了作物栽培、土壤肥力、作物病虫草害管理的数字模拟模型（Cassman，1999）。经过 20 年的发展，作物学、农艺学、土壤学、植保学、资源环境学和智能装备、自动监控深度融合，同时借力全球定位系统（global positioning system，GPS）、地理信息系统（geographic information system，GIS），逐步完善了"精准农业"的技术体系（Bramley，2009）。

Haim 等（2008）指出以色列政府为了提升以色列农业供给能力，涵养农业自然产能，在充分考虑以色列 60%的国土属于干旱区，人均水源占有量仅为世界平均水平的 1/22 的情况下，1953 年，以色列政府开始对国内的农业产业结构做出调整。首先就是着手将水资源国有化，并于 1959 年正式颁布《水法》，同时也从法律上确立了水资源循环再利用机制，在保障工业、生活用水的前提下，将污水经过技术处理后用于农业灌溉。Sofer 和 Levia（2006）指出，以色列在实施"国家污水再利用工程"后，以色列 100%的生活污水及 70%的工业污水得到了有效再利用。Fleischer 等（2008）在研究了以色列气候变化、农业后指出，为了获得现代农业发展的最大利益，1995 年之后，以色列政府在先进技术的支持下还积极将农业生产拓展到海外，如在巴西、俄罗斯、澳大利亚、加拿大等国家的租赁土地上进行农业生产，绘制了从本土到海外农产品的供给结构蓝图。

## 三、国内外研究评价

通过对国内外关于农业供给侧结构性改革的研究成果进行梳理，总的来说，相关研究已经比较全面和深入，对中国农业供给侧结构性改革具有重要的启示意义，但也存在一些不足：一是大多学者研究农业供给侧仅限于就经济领域的框架进行研究，并没有跳出经济视角，而且提出相关改革措施的目的也是保障经济的顺利运转，对农业生态环境和农民利益的关照比较少。二是就中国的研究现状而言，少有将马克思主义经济学原理与中国农业供给侧结构性改革的具体实际相结合的研究，不能满足经典理论在继承和发展中不断中国化的需要；同时，少有文献发挥科学理念的引领作用，如将绿色发展理念运用到中国农业供给侧结构性改革中的研究不足。三是目前关于农业供给侧结构性改革的实证研究较少，中国幅员辽阔，各地的农业经济情况、农业自然禀赋不尽相同，因而开展针对性的实证研究十分重要，但目前这类研究比较缺乏。

# 第三节　主要的学理基础

## 一、基本发展脉络

绿色发展问题即自然和发展之间的关系问题一直以来都备受学术界关注，如17 世纪英国古典政治经济学创始人威廉·配第就已开始意识到劳动对财富的创造会受到自然条件的约束，提出了"劳动是财富之父""土地是财富之母"的观点，力求探索经济现象产生的自然基础。1798 年，英国经济学家、人口学家马尔萨斯在《人口论》中阐述了人口的几何式增长与物质资料的线性增长之间的矛盾，他认为人口的增长趋势超过食物的供给趋势，在此情况下，应该采取某些极端的措施来应对，如战争、疾病、瘟疫等，或者采取温和的道德约束的办法，如晚婚、避孕等，但大多数情况下人们都很难做到自我约束，所以贫困是大多数人不可摆脱的命运，并以此为基础提出了"资源绝对稀缺论"。

随着工业革命在西方各国的开展，资本主义世界体系不断建立，技术推动下的经济高速发展，石油、煤炭等化石能源使用量极大增加，对自然资源的开发越来越疯狂，工业污染，尤其是化工产业的大气污染、河流污染、土壤污染越来越严重，城市区域不断扩展，特大城市不断形成，生活垃圾不断增多，如此种种状况不断挑战着自然的承载能力。第二次世界大战以后，自然界与人类社会、生态保护与经济发展之间的矛盾对立起来，越发地引起各国社会学家、经济学家、生态学家的关注。比如，1962年蕾切尔·卡逊在美国出版的《寂静的春天》中对土壤、植物、动物、水源等相互联系的生态网络进行了详尽的阐述，并指出，如果人类再继续肆无忌惮地滥用各种化学农药，最终后果只能是毁灭自己赖以生存的整个世界。1966年美国经济学家肯尼思·鲍尔丁提出了"宇宙飞船理论"，他将人类的经济系统比作一个孤立无援的宇宙飞船，通过不断消耗自身的能量存活下来，但如果想要更加持续地生存下来，就必须实现资源的循环利用，由此开启了循环经济的序幕。

20世纪70年代，经济学家、社会学家、生态学家等开始运用数学模型，通过系统分析的方法将人类发展与生态环境问题进行定量分析。1972年，罗马俱乐部的代表著作《增长的极限》正式发表，该书提出，1900年至1972年间，人类对于生态的占用率急剧上升，尽管自1972年起的100多年间人类对生态的占用并不会像之前72年那样迅猛增长，但由于全球决策的严重延迟（临界地球物理限制时，社会做出讨论和反应，在决策落地时讨论终止，其间增长将持续下去，并且把人类生态占用带入不可持续的范围之内），可持续极限一旦被超过，限缩便不可避免。因此，只有及时做出应对决策才能避免超过极限，也就是说，极有必要在1975年采取行动。同年，另一位英国生态学家、生态经济学家爱德华·哥尔德史密斯发表著作《生存的蓝图》，以英国200多年的工业化为背景，指出工业化带来的不是社会的进步而是无穷的灾难，由此，他提倡通过控制人口、保护资源、压缩生产、发展有机农业和小型分散工业、避免过度依赖科学进步的方式来缓解环境问题。同时，他还从政党层面出发，提出选举具有绿色发展意识的绿色政党，从而向人与自然平衡稳定的生态经济体系过渡。

## 二、主要理论类别

### （一）二元经济理论

20 世纪 50 年代，美国经济学家阿瑟·刘易斯系统地阐述了二元经济结构理论。刘易斯认为，发展中国家的经济存在着两大部门：一是占优势地位的、仅能"维持生计"的部门，即传统农业部门；二是发达的"资本主义"部门，即现代工业部门。传统农业部门以土地等不可再生资源为基本资料，从事自给自足的农业生产，其规模受到一定限制，不会随着人口的持续增加而扩大，并且农业技术进步主要以传统生产经验的积累为推动力量，变化缓慢，不足以抵消因人口增长而带来的收益递减趋势。现代工业部门大量使用现代机器等生产工具，广泛采用先进生产技术，其规模随着生产发展和资本积累不断扩大，增长速度远远超过人口的增长。除此之外，现代工业部门的技术革新速度也在不断加快，人均产出高于农业部门，从而造成人均收入的持续、快速增长。刘易斯认为，在不断增加的工业投资率和资本积累率的推动下，现代工业部门逐步扩张，工业部门的扩张必然会带来劳动力需求的增加，从而吸引农业中的剩余劳动力向工业部门转移。在劳动力转移过程中，农业部门的劳动-土地比率就会发生变化，不断下降的劳动-土地比率意味着农业劳动的边际产品不再是零①。工业化将使收益递增逐步取代收益递减趋势，整个经济的二元结构就转变为工业部门占主导地位的发达的一元结构，传统农业也由此完成其历史使命。

### （二）改造传统农业理论

美国经济学家西奥多·舒尔茨明确提出"引入新生产要素改造传统农业"思想。他将农业划分为传统农业、现代农业和过渡农业三类，并强调将科学技术的最新成果应用于农业之中，不断改进其生产要素的配置，让机械替代手工劳动，通过应用生物技术和使用化肥、农药实现产量大幅提升，促进生产效率不断提高。现有改造传统农业的方式分为三种：一是以社会化和集体化大生产改造为主的集约化农业；二是以小农户和村社创新合作模式为主的创新利益联结模式的新型农业；三是引进新的生产要素及人力资本投资投入的现代化农业。虽然这三种研究都有助于中国传统农业的改造，但当今中国小农经济已进入供给侧极不平衡的发展困境，舒尔茨提出传统农业停滞落后的根源在于生产要素价格过高，资本收益

---

① 可转移的劳动力数量取决于可利用的资本的数量和过剩劳动力的数量，转移的速度取决于现代工业部门的利润增长率。

率过低。那么，改造传统农业的根本举措就在于供给新的生产要素，向农民投资，因此推进供给侧结构性改革是新时代传统农业改造的新要求。

### （三）农业发展阶段理论

美国学者约翰·梅尔在其代表作《农业经济发展学》一书中对农业发展阶段理论进行了系统阐述。他根据农业技术的性质，将传统农业向现代农业的转变进程划分为传统农业、低资本技术农业和高资本技术农业三个阶段，各个阶段的特征具有显著差别。梅尔认为，农业发展的各个阶段的顺序是由特征而不是历史确定的。这个顺序虽然对大多数发展中国家而言比较合理，但是对于一些过去农业就很发达的国家，也有可能不遵循上述规律，如部分国家可以从传统农业阶段直接跃入第三阶段，其原因在于，这些国家从一开始就专注于开发那些可以用大量资本替代农业劳动力的技术，随即又通过广泛应用节约劳动力的技术进一步提升产量。从这两个方面的原因看，美国无疑就是遵循农业"跳跃发展模式"的典型代表。

### （四）农业诱导发展理论

农业诱导发展理论是由速水佑次郎和弗农·拉坦在《农业发展的国际分析》一书中系统提出来的。该理论假设农业生产率成功增长的共同前提是每个国家或发展地区能够开发与生态环境相适应、与经济发展相契合的农业技术。在这个基本假设的基础上，他们将技术与制度视为经济制度的内生力量，构造了一个包括资源禀赋、文化禀赋、技术和制度四要素在内，以技术创新为核心的一般均衡模型。以技术创新为核心的诱导发展理论强调依赖于农业生产率的持续增长，而农业生产率的增长又取决于现代农业技术的不断进步，即关注农业技术进步与农业技术创新（核心）对单位要素投入产出率的影响。

### （五）非农业产业对农业产业发展拉动理论

柯林·克拉克提出的农业发展理论是在二元经济理论上的衍生。他认为农业生产率和农业生产的增长主要依赖现代生产方法和现代工业投入品的使用，特别是依赖现代交通运输设施的改善。总之，工业和其他经济部门不仅能吸收农业的剩余劳动力，而且可以为农业发展提供技术和现代运输方面的支持。部分学者在概括现代农业理论的基本内涵时也突出了绿色发展和供给侧结构性改革的思想，其认为现代农业内涵的主要目标之一是可持续发展，为了完成这一目标，需要引进新的生产要素，用现代科学技术和物质装备提高劳动生产率和资源利用率，形成市场化、产业化的农业形态。与传统农业相比，现代农业的发展更加依靠科技进步和劳动者素质的提高，更加依靠现代生产要素的引进，更加依靠市场机制的基础性作用，更加依靠农业多种功能的不断开发。

（六）农业比较优势理论

比较优势理论是传统国际贸易理论的一大支柱。农业比较优势理论是指一个地区或国家在农业发展的不同时期、不同阶段，要选择符合自己要素禀赋结构的产业结构和生产技术，以实现农业经济的快速发展。该理论认为，在农业市场化、供给与需求存在的前提下进行供给侧的结构性调整，需要发挥自身要素禀赋优势，有选择地利用有优势、有特色的农业资源，提高农业发展效率，增加有效供给，提高整体供给水平。在农业发展中，应强调打造高质量特色农产品，如可以确定各个地区的不同优势作物，以不同地区的优势作物以及各种作物应当优先发展的地区为依据进行区域作物产业结构调整。

# 三、主要学理基础

以马克思主义理论体系为学理基础，深入探索绿色发展引领农业供给侧结构性改革问题，具有重要的理论意义与价值。

（一）社会总资本再生产理论中的供给侧结构均衡理论

马克思从一个宏观的视角，对社会总资本在整个市场中的运动过程进行梳理，阐明了社会资本如何运转及如何实现自身价值增值。马克思研究社会资本运动的出发点是社会总产品，社会总产品是指社会各个物质生产部门在一定时期内（通常以年为单位）所生产出的全部物质资料的总和，它是由一个国家所有物质生产部门的劳动者共同创造的。社会总资本再生产运动的核心问题是社会总产品的实现问题，也就是商家生产的商品要销售出去，把商品变成货币，使最开始的预付资本以及剩余价值都得到实现，之后，再用资本购买生产资料、劳动力等生产要素，使上一次消耗掉的生产资料、劳动力等得到补偿。这就是社会资本再生产的核心问题，即两个实现，价值上的实现和在实物上的实现。

马克思为了清楚地展示社会总产品的实现过程与条件，他将社会总产品分为了"价值形式"和"实物形式"两个方面来分析。就价值形式而言，资本主义社会的社会总产品由不变资本（$c$）、可变资本（$v$）、剩余价值（$m$）三个部分组成。在实物形态上，按其最终用途分为生产资料（用于补偿生产中消耗的生产资料和扩大再生产）和消费资料（用于资本家和工人的个人消费需要），相对应的社会物质生产可以分为两大类，即制造生产资料的部类（用符号"$I$"表示）和制造消费资料的部类（用符号"$II$"表示）。

在交换过程中，第一部类所消耗的生产资料可以在本部类进行补偿，但其中的 $v+m$ 部分，由于在价值上表示为工人的劳动力价值与剩余价值，在实物形态上是生产资料，因此，必须要换成生活资料才能使劳动力得到生命力的延续并供给资本家的消耗。第二部类在实物上全部表现为消费资料，虽然其实物形态可以直接满足劳动者和资本家，但是其中的 $c$ 部分，在实物形态上全部表示为消费资料，所以必须与第一部类交换才能继续生产。由此，使得简单再生产可以顺利进行的条件是在价值上实现 $I(v+m)=II(c)$。在实物形态上，第一部类所需的消费资料和第二部类所需的生产资料要得到两部类彼此之间的供给，而要完成这个供给，两部类的商品都要完成"惊险的跳跃"，即完成价值实现，也就是顺利销售，把商品转换成货币（资本）。所以，从价值上，我们也可以引申出另外两个实现条件，即 $I(c+v+m)=I(c)+II(c)$；$II(c+v+m)=I(v+m)+II(v+m)$。

### （二）社会总资本扩大再生产理论中的供给侧结构均衡理论

在真实的资本主义生产中，资本家不可能只是单纯地维系一个仅够满足劳动力和自身消费的生产规模，而是尽可能地扩大再生产，所以，就必须有资本积累作为追加资本投入生产。在追加资本中，既有不变资本，也有可变资本，可变资本可以从后备的劳动力大军中得到供给，关键是在价值形式上需要用资本来进一步实现劳动者的劳动价值，在实物形态上，可以从第二部类得到补给，即购买到消费资料。因此，可以用公式表达为：$I(c+v+m)>I(c)+II(c)$，简化得到：$I(v+m)>II(c)$，这就是扩大再生产的第一个条件。

同时，第二部类的消费资料除了满足两部类劳动者以及资本家的消费之外，也必须有一定的盈余，如果用 $\dfrac{m}{x}$ 表示资本家消耗的部分，那么 $\left(m-\dfrac{m}{x}\right)$ 就表示剩余价值中积累的部分，用公式可以表示为 $II>I\left(v+\dfrac{m}{x}\right)+II\left(v+\dfrac{m}{x}\right)$，把公式两端各减去 $II\left(v+\dfrac{m}{x}\right)$，这个公式就表示为：$II\left(c+m-\dfrac{m}{x}\right)>I\left(m+\dfrac{m}{x}\right)$，这就是社会资本扩大再生产的另一个前提条件。

有了这两个前提条件，第一部类的资本家把盈余的剩余价值按照资本有机构成的比例分别追加到可变资本和不变资本之中，增加的不变资本在实物形态上表现为生产资料，在价值形态上表现为劳动者的工资和资本家消耗的货币，所以必须与第二部类进行交换。对于第二部类，在需求扩大的情况下，资本家也要拿出一部分剩余价值用于扩大生产，按照生产资本的有机构成，追加不变资本和可变资本，使原本的不变资本加上追加的不变资本之和等于第一部类原本的可变资本加上追加的可变资本以及资本家本身的消费。那么，这个时候社会资本扩大再生产的实现条件用公式表达为：$I\left(v+\Delta v+\dfrac{m}{x}\right)=II\left(c+\Delta c\right)$，从社会资本扩大再生产的基本实现条件，同样可以引申出另外两个实现条件：$I\left(c+v+m\right)=I\left(c+\Delta c\right)+II\left(c+\Delta c\right)$；

$$II\left(c+v+m\right)=I\left(v+\Delta v+\dfrac{m}{x}\right)+II\left(v+\Delta v+\dfrac{m}{x}\right)。$$

　　社会资本简单再生产和扩大再生产都表明，社会生产的两大部类要保持一定的比例关系，无论是生产资料的生产还是消费资料的生产，都要考虑到社会产品的实现与补偿，也就是两大部类的交换必须正常进行。在交换过程中，第一部类扩大再生产的规模决定了对第二部类（消费资料）需求的增加，因此也就决定了第二部类的扩大再生产的规模，因为第一部类在为第二部类提供生产资料（不变资本）的同时，追加的劳动力（可变资本）也为第二部类创造了消费市场。另外，第二部类的扩大再生产也对第一部类的扩大再生产有制约作用，如果第二部类不能及时地扩大再生产，不仅会造成消费资料的短缺，还会影响第一部类生产资料的销售。在现实生活中，两大部类虽然做不到完全的精准供给，但是两大部类的生产必须维持在一定的比例之内，这样才能保障经济的正常运转。

### （三）供需结构失衡下资本主义经济危机理论

　　在马克思对资本主义市场经济的研究中，社会简单再生产或者扩大再生产都有断崖式发展的时候，那就是资本主义经济危机。在《资本论》中，马克思从生产（供给）、交换（市场）、消费（需求）、社会经济制度的角度出发，对资本主义经济危机进行了全面的分析。

　　在供给方面，作为一种普遍的财富形式，资本主义制度下的资本是一种试图超越自身界限的无限且无止境的欲望。因此，资本增值的本性促使企业生产规模不断地扩大，企业内部生产的有组织性与整个社会生产无政府状态之间的矛盾也愈加明显，这成为资本主义经济危机的表现之一。资本主义竭尽全力发展生产力，仿佛只有社会的绝对消费能力才是生产力发展的极限。因此，资本主义生产无限扩大的趋势和劳动人民有支付能力的需求相对缩小之间的矛盾成为资本主义经济危机的另一个表现。在交换方面，以货币作为媒介（法定一般等价物）的交换使商品的使用价值与价值的矛盾外化成商品和货币的矛盾，但货币的流通职能使商品的买卖在空间上发生了分离与对立，货币的支付职能蕴含了债务危机诱发经济危机的萌芽。在资本主义制度下，经济危机是不可避免的，经济危机会每隔若干年就爆发一次，周期性地反复出现。

## 四、西方经济学关于供给侧结构性改革的主要理论

从西方主流经济学相关的研究可以看出，当前关于供给侧结构性改革的理论主要围绕现代经济增长理论、供给主义理论、宏观经济均衡理论、有效需求理论、制度经济学理论来进行阐释和说明。总体而言，现代经济增长理论将改革的本质实现思路归结于推动经济发展方式和实施路径的全面转型，借助创新要素驱动助推经济的跳跃式发展，提升经济增长潜力和发展效率（黄群慧，2016）。新供给主义理论主要以削弱政府管制为基础，通过降费减税等措施有效激发供给侧结构性改革经营主体的活力，从而在供给层面调整供需的不均衡状态，有效保障经济的平稳健康发展（汪红驹和汪川，2016）。宏观经济均衡理论认为当各种宏观经济变量之间的相互作用达到某种均衡、彼此不再发生改变的时候，总体经济就达到了某种均衡状态（王亚丽，2017）。以有效需求理论为核心的凯恩斯经济理论认为，只有当总供给和总需求均衡时的需求量才是市场真正需要的、反映供求关系的需求量，即有效需求量（李平和段思松，2017）。制度经济学主要从交易费用及制度变迁等视角进行分析，认为改革应该从根本制度安排上减少经济活动开展所产生的交易成本，这有利于提高经济的运行效率并推动经济的高质量发展（魏鹏，2016）。

### （一）现代经济增长理论

现代经济增长理论认为供给侧结构性改革的宗旨在于提高全要素生产率，加快转换和培养经济增长新动能，从传统的数量增长逐渐向高质量发展转变（郭克莎和杨阔，2017）。其主要原因在于，一个经济体的经济水平提升是由潜在经济增长和产出空缺所构成和主导的。其中，产出空缺主要由需求侧决定，主要的依据和判断标准是短期宏观经济政策，而短期产出空缺的主要原因是失业率和通货膨胀率；潜在经济增长主要由供给侧决定，主要的决定性因素是要素供给和全要素生产率，因为要素供给的无限制扩张不可能实现，当要素供给侧的数量受到限制时，经济的发展潜力必然会受到牵制，而以往通过激发需求来填补产出空缺进而增加现实经济增长的空间也会压缩。因此，当要素的供给条件发生改变时，就需要依托全要素生产率的有效提高来推动经济的潜在增长。与要素在供给扩张时期的经济增长相比，全要素生产率增长时期经济发展的核心在于依托创新驱动而不是单纯依靠生产规模的壮大。因此，产业结构布局和产品结构设计也需要进行相

应的完善和改进，即从以传统要素密集型为主导产业的发展方向逐步转变为以科学技术密集型为主，从数量扩张转向质量提升。

### （二）供给主义理论

以萨伊为代表的供应学派认为新供给的创造会带动新需求的产生，供给自动创造需求可能会由于供给剩余、供给老化、供给束缚和供给抑制等，随时中止（王朝明和张海浪，2018）。滕泰和刘哲（2018）认为只有不断地创新供给侧结构布局、积极引导新供给的创造引发新需求，才能有效运行供给创造需求的理想经济机制，只有依托解放供给约束、破解供给抑制等经济改革体制，社会整体经济的潜在增长率才可以不断提升，只有以优化供给侧结构、提升供给侧效率为着力点，才能有效解决房价和物价上涨等现实困境，只有从供给贡献和边际报酬出发，才能确保收入分配的效率与公平。供给学派的供给主义强调供给侧的基础性作用，供给约束的存在使得经济无法运用需求管理调控来实现长期可持续增长，而破解供给束缚的核心在于创造新供给来激发和拉动需求。因此，依靠增加投资、减少税收等提高供给的方法可以从已有固化的需求体系中重塑供给体制，完善和激发实体经济中企业主体的激励机制和活力，进而推进经济的全面增长；以开放、包容、共享及低成本的营商环境为各个企业主体营造良好的发展氛围，进一步推进经济高质量发展。而供给侧结构性改革的实施是为了破解经济现象中存在的多方供给约束的问题，通过加强劳动、资本等供给层面要素的完善和发展，有效提高和发展经济潜在的生产率。

### （三）宏观经济均衡理论

宏观经济均衡是指当前总体经济处于一种相对稳固的状态。在这种相对稳固的关系下，虽然各类宏观经济变量相互作用，但也能实现动态平衡。也就是说，某些变量会因其他变量作用而发生改变，同时这种变动也会使得其他变量发生变化，当各类宏观经济变量之间达到动态平衡状态且彼此不再改变时，总体经济就实现了均衡（王亚丽，2017）。从理论上来讲，宏观经济均衡包括内部均衡与外部均衡两个方面，分别是以国内经济在经济、就业和物价方面呈现稳定态势为标志的内部均衡和以国际收支基本平衡为标志的外部均衡。内外部均衡同时满足是各国追求宏观经济全面均衡的宗旨，即当内部和外部同时达到均衡状态时，该国宏观经济发展就达到了最适宜的发展状态。当国民经济中的总供给等于总需求时，就达到了宏观经济均衡状态，此时的总体价格水平和产出水平称作均衡价格水平和均衡产出水平。宏观经济均衡就是达到意愿总需求等于意愿总供给的国内生产总值（gross domestic product，GDP）水平。在均衡时，意愿的消费（$C$）、政府支出（$G$）、投资（$I$）和净出口（$X$）的总量恰好等于在当前价格水平下企业所愿意出售产品的总量。

### （四）有效需求理论

西方宏观现代经济学的核心内容之一就是有效需求理论，同时，有效需求理论也是凯恩斯经济理论的核心。根据凯恩斯经济理论，总需求可分为由经济社会总产出或总收入水平决定的内生需求和由总供给以外的外生因素决定的外生需求两类。凯恩斯消费函数表示消费支出与收入之间的关系，并将有效需求不足归因为心理上的消费倾向、心理上对资产未来收益的预期和心理上的流动偏好三个方面，总体上会表现为总需求小于总供给，从而出现有效需求不足的情形。金碚（2016）认为破除有效需求不足问题的方案是控制社会需求，即采用政府干预手段，以相关政策的实施控制社会需求。通过采取宏观的财政措施、货币措施和政府投资的手段刺激当前消费，提高投资，有效保障就业。

### （五）新制度经济学理论

新制度经济学认为，人们总是在一定的约束范围内使自己的效用最大化，并把效用最大化假设延伸至所有人的选择，从而抛弃新古典理论陈旧的二分法——家庭追求效用最大化，企业追求利润最大化。同时，新制度经济学认为，完全理性在某种程度上不符合人类的现实行为，进而提出了"有限理性"的理论假设。交易费用是新制度经济学基本的概念（华桂宏和李子联，2016），这一思想是科斯于1937年在《企业的性质》一文中提出的。科斯认为交易费用应该包含度量、界定和保障产权的费用，发现交易对象和交易价格的费用，讨价还价、订立合同的费用，督促契约条款严格履行的费用等。新制度经济学基于经济增长理论，利用制度供给和生产要素供给共同构建生产函数，因此，供给侧结构性改革可通过制度变革来推进经济有效增长。制度经济学将供给侧结构性改革视为从政府顶层开始、自上而下的全域改革，涉及减税、要素市场改革等多个层面。鉴于制度变迁具备自我演化和不断完善的基本特征，可以通过有效降低实体经济运行中所产生的交易费用，优化和提升经济运行效率，不断推动改革向前发展。

# 第二章 绿色发展理念对农业供给侧结构性改革的引领作用

2015 年 10 月 26 日至 29 日，在北京召开的十八届五中全会首次提出了"创新、协调、绿色、开放、共享"新发展理念，其中绿色发展理念阐明了在人与自然的和谐共生中求得发展的思想，而农业是与自然息息相关的产业，农业发展又是中国发展的重要部分。2018 年中央一号文件指出，以农业供给侧结构性改革为主线，加快构建现代农业产业体系、生产体系、经营体系。因此，绿色发展理念与农业供给侧结构性改革具有较高的契合度、关联性，以绿色发展理念引领农业供给侧结构性改革能更好地发挥科学理念的理论价值和实践价值。因此，本章着重分析了绿色发展理念的核心内涵与主要维度，剖析了农业供给侧结构性改革的主要内容，最后阐明了绿色发展理念对农业供给侧结构性改革的四大引领作用。

## 第一节 绿色发展理念的核心内涵与主要维度

绿色发展理念作为中国新发展理念之一，应该用于指导中国各方面的实际，融入中国治国理政的方方面面，并由此形成一个内涵十分丰富的理念体系。但是，要把握绿色发展理念，必须凝练出绿色发展理念的核心内涵，同时要从不同的维度去梳理划分绿色发展理念，这样才能对绿色发展理念有一个准确而系统的把握，因此本节主要包含两个内容，一是凝练出绿色发展理念的核心内涵，二是从总体上区分和阐释绿色发展理念的不同维度。

## 一、绿色发展理念的核心内涵

绿色发展理念自被提出以来，学术界对其进行了广泛的研究，但至今并未有一个统一的界定。比如，庄友刚（2016）认为绿色发展理念是以符合生态需要的硬性要求去改造自然的可持续发展模式，但这种改造是以促进生产力发展为基点而并非简单地回归于自然，绿色是对生产方式的规定，而发展是其最终要达到的目标。张建和袁伟（2018）从生产力、群众、制度三个方面解读了绿色发展理念，他们认为绿色发展理念是坚持以社会主义生产力发展为目标导向、以人民群众共享发展成果为主体导向、以生态文明制度完善为实践导向的新治国理政理念。张改（2018）认为绿色发展理念以"绿色、低碳、循环"为核心，划定了一条考量资源承载力与生态环境容量的红线，明确了生态、经济、社会可持续发展的方向，为中华民族的永续发展提供了可能，也为实现中华民族的伟大复兴提供了持续动力。

习近平系列讲话中含有关于绿色发展性质的表述。例如，"坚持绿色发展是发展观的一场深刻革命"[①]"绿色发展既是理念又是举措，务必政策到位、落实到位"[②]；关于生态环境极端重要性的表述，"正确处理经济发展和生态环境保护的关系，像保护眼睛一样保护生态环境，像对待生命一样对待生态环境"[③]；关于生态保护与经济发展关系的表述，"绿水青山和金山银山决不是对立的，关键在人，关键在思路"[④]"我们既要绿水青山，也要金山银山。宁要绿水青山，不要金山银山，而且绿水青山就是金山银山"[⑤]"经济要发展，但不能以破坏生态环境为代价"[⑥]；关于绿色发展多重手段的表述，"贯彻节约资源和保护环境的基本国策，更加自觉地推动绿色发展、循环发展、低碳发展，把生态文明建设融入经济建设、政治建设、文化建设、社会建设各方面和全过程，形成节约资源、保护环境的空间格局、产业结构、生产方式、生活方式"[⑦]。通过对习近平讲话的梳理，以及综合学术界的

---

[①]《习近平在山西考察工作时强调 扎扎实实做好改革发展稳定各项工作 为党的十九大胜利召开营造良好环境》，https://news.12371.cn/2017/06/23/VIDE1498226041624484.shtml?isappinstalled=0[2022-02-13]。

[②]《习近平：抓住机遇立足优势积极作为 系统谋划"十三五"经济社会发展》，http://cpc.people.com.cn/n/2015/0529/c64094-27074853.html[2022-02-13]。

[③]《习近平主持中共中央政治局第四十一次集体学习》，http://cpc.people.com.cn/n1/2017/0528/c64094-29305569.html[2022-02-13]。

[④]《"努力建设人与自然和谐共生的现代化"——习近平生态文明思想的生动实践》，https://www.gov.cn/xinwen/2022-06/04/content_5693957.htm[2022-02-13]。

[⑤]《绿水青山就是金山银山》，http://www.xinhuanet.com/politics/2016-05/09/c_128969837.htm[2022-02-13]。

[⑥]《习近平在云南考察工作时强调：坚决打好扶贫开发攻坚战 加快民族地区经济社会发展》，http://cpc.people.com.cn/n/2015/0122/c64094-26428249.html[2022-02-13]。

[⑦]《生态文明贵阳国际论坛二〇一三年年会开幕 习近平致贺信》，http://cpc.people.com.cn/n/2013/0721/c64094-22266286.html[2022-02-13]。

界定，本书认为绿色发展理念的内涵十分丰富，体现在发展观念的转变、生态环境的保护与治理、经济发展方式的转变、绿色保障制度的完善等方方面面。为了更好地发挥绿色发展理念对中国农业供给侧结构性改革的引领作用，本书认为：在绿色发展理念中，绿色是指在人类与自然进行物质能量的交换过程中，要处理好"取—还—保护—发展"的关系。"取"即合理索取，采取各种方式将人类对自然资源的索取限定在自然资源可持续的范围以内，节约资源，高效利用。"还"即合理偿还，采取各种方式将人类污染物的排放限定在自然生态可承载的容量之内，减少排放，杜绝污染。"保护"即保护环境，将生态系统作为一个整体加以对待，对已经受损的薄弱环节进行保护、修复。"发展"即实现生态、经济的可持续发展，实现自然界与人类社会的永续发展。其中，合理索取、合理偿还、保护环境是手段，发展是目的。

## 二、绿色发展理念的主要维度

正如习近平同志所指出"绿色发展既是理念又是举措"①。因此，绿色发展理念是一个内涵十分丰富的理念体系，有必要将其进行划分，以便准确把握绿色发展理念，指导中国各方面的实际。绿色发展引领农业供给侧结构性改革可以分为以下几个维度，如图 2-1 所示，分别是观念维度、自然维度、经济基础维度、上层建筑维度。这四个维度不是完全分离开的，而是一个相互交织联系的系统。

图 2-1　绿色发展理念的主要维度

（一）绿色发展理念的观念维度

绿色发展理念的观念维度，是指在观念领域实现绿色化的发展理念，即形成绿色发展的认知认同、价值认同、情感认同。绿色发展的认知认同是指，从认知上确

---

① 《习近平：抓住机遇立足优势积极作为 系统谋划"十三五"经济社会发展》，http://cpc.people.com.cn/n/2015/0529/c64094-27074853.html[2022-02-13]。

立"自然第一性"，即肯定首先有了自然界，才产生了人类以及人类社会，人类以及人类社会都是从属于自然界的，人类的发展依靠自然界，受制于自然界，因而自觉抵制所谓的人类中心论、技术中心论等观点，从认知层面上了解绿色发展理念的真理性。绿色发展的价值认同是指，反对"经济理性信奉物欲至上的绝对价值观"（张钰和袁祖社，2017），在面对经济发展与生态环境的矛盾时，自觉做出保护生态环境的价值选择，放弃经济利益的价值选择。绿色发展的情感认同是指，从主观能动性上，自觉地学习关于绿色发展的相关知识，积极地应对绿色发展的各种困难，对污染环境、破坏生态的行为和主体产生鄙夷、排斥的态度，形成一种广泛的绿色发展的情感认同氛围。绿色发展的认知认同、价值认同、情感认同三者是相互作用、相互转化、和谐统一的。绿色发展理念作为一种发展理念，在意识维度上自然也是前进的、上升的，趋向于成为一种广泛而普遍的共识，因此也要采取各种必要的手段进行绿色发展意识形态的建设，如有形的教育（包括课程、讲座、座谈会等）、无形的感化（包括歌舞、电影、宣传片、广告、绘画、新媒体等）。

### （二）绿色发展理念的自然维度

绿色发展理念的自然维度，是指在自然领域实现绿色化的发展理念。绿色是大自然的底色，但经过人类长期掠夺式发展之后，造成了如今严重的绿色自然环境衰退。自然领域的绿色化发展就是建立"节约优先、保护优先、自然恢复为主"的自然生态发展模式，使绿色健康的生态环境范围不断恢复、发展、扩大，将山川大地的绿色底色，重新呈现在地球表面。

第一，节约优先，就是在资源上把节约放在首位，推进资源集约利用，提升资源利用率，降低单位产出能源消耗，发展循环利用技术，变废为宝，降污增效，坚决杜绝浪费。

第二，保护优先，就是在环境上把保护放在首位，加大环境保护力度，划定生态功能区的保护红线，从事后修补转向提前防治，加大已污染地区的综合整治力度，建立谁开发谁保护、谁受益谁补偿的环保补偿机制。

第三，自然恢复为主，就是在生态上由人工建设为主转向自然恢复为主，对自然牧区、林地、湿地等生态功能区实行封育、围栏、禁止开发等措施，减少人为干预，恢复生态产品的自然产能。

### （三）绿色发展理念的经济基础维度

绿色发展理念的经济基础维度，是指在经济基础领域实现绿色化的发展理念，即从生产力到生产关系实现绿色化的发展理念。一方面，从生产力的角度，解放和发展各生产要素的生产力，研发低碳高效的生产工具，尤其注重绿色科技发展，包括开发资源循环利用技术，重视低碳技术的研发，开发新型生物能源技术，充分利用清洁能源如风能、水能、太阳能等，同时加快绿色科学技术的市场化转型等。另一方面，探索性地建设新型绿色生产关系。在生产资料占有方面，明确生产要素的归属关系与责权范围，积极推进资源型产品和要素市场改革，反映市场供给、稀缺程度、开采条件、环境保护对价格的调节作用，形成灵活的经济杠杆体系；在市场交换方面，建立绿色的人与人的交换关系、人与自然的交换关系，更大程度地发挥市场在资源配置中的决定性作用，提高资源配置效率，处理资源开采和生态补偿的关系；在价值分配方面，建立生态转移支付与生态补偿机制，落实消费区对保护区、开发区对生态区、下游地区对上游地区的生态补偿机制。

### （四）绿色发展理念的上层建筑维度

绿色发展理念的上层建筑维度，是指在上层建筑领域实现绿色化的发展理念，即从政治、政策、制度、法律、组织等方面实现绿色化的发展理念。其关键在于建设"绿色政府"，即一个国家的执政党把自身定位于推动与践行绿色发展的主导力量，把绿色发展理念作为自身治国理政的重要指导，从发展战略、政策制定、考核制度、法律法规、外交活动、自身建设等方面，以绿色发展为导向，实现全面绿色化，建成"绿色政府"。在发展战略上，要制订绿色发展的中长期规划和具体领域的配套规划，突出工作重点。在政策制定上，研发一系列绿色发展的政策支持机制，发挥政策工具对市场主体的引导作用。在考核制度上，不仅仅以经济发展来考量官员的政绩，适度将考核项目向环境保护方面倾斜，如将空气质量变化、河流生态程度、湿地保护程度、森林覆盖面积纳入地方政绩考核之中，科学地计算投入产出比，把环保上的成就作为经济增长的一部分。在法律法规上，加强环境保护的立法研究与法律制定，划定生态红线，守住法律底线。在外交活动上，建立从"人类命运共同体"高度出发的新型国际关系，呼吁全球共同应对生态环境问题。

## 第二节　农业供给侧结构性改革的主要内容

农业供给侧结构性改革涉及的关键词有很多，包括农业、供给侧、结构性、改革，农业是改革的对象，供给侧是农业的主要矛盾所在之处，结构性是主要矛盾中的主要方面，改革是手段。那么，推进农业供给侧结构性改革，首先要搞清楚农业供给侧是什么。农业供给侧的内涵十分丰富，是一个多要素、多层面的系统，细分而言，主要包括以下几个层面：一是产品结构层面，包括产品数量和质量等；二是生产结构层面，包括生产要素的投入与组合结构等；三是农业体制机制层面，包括农业信贷机制、农业土地制度、农业补贴制度、农产品安全监控机制、农业法律法规等。通过对农业供给侧"是什么"的梳理，深入剖析绿色发展引领农业供给侧结构性改革四个方面的内容，即转变发展观念、保障产品供给、优化生产方式、改革体制机制。

## 一、观念层面：转变发展观念

要实施农业供给侧结构性改革，必须理念先行，只有以理念武装群众的大脑，然后与群众的具体实践相结合，才能成为真正变革现实的力量，正如马克思在《〈黑格尔法哲学批判〉导言》中指出的一样，理论是极其重要的，它虽然不能代替物质力量，但是只要理论能说服群众，就能掌握群众。因此，转变思想观念主要把握两个要素，一是理念必须彻底，具有科学性、真理性；二是必须掌握群众，这个群众，往往是指最广泛的群众，但对于农业供给侧结构性改革来说，更重要的是相关主体。所以，我们在选择指导理念时，一方面必须分析对象（改革）的主要矛盾、次要矛盾，矛盾的主要方面、次要方面，把握重点，抓住根本，并以此为基础认真选择指导思想。另一方面，分析哪些主体才是改革的主导力量，即首先对哪些主体进行思想武装、观念转变。如此，才能避免走弯路、走错路，才能使改革改出成效，符合事物的发展规律。

## 二、产品层面：保障产品供给

农业供给侧结构性改革，首要目的就是保障产品供给、满足有效需求、实现产品适销对路，因此必须弄清楚农产品市场需求结构，以需求结构安排供给结构。市场需求结构总体上可以分为对初级农产品、加工农产品、农业服务产品三大类的质量与数量的不同需求，要对市场需求结构信息有敏锐的观察力与预见性，合理安排三大类别之间的生产供给比例以及每个类别内部的生产供给比例。例如，供给初级农产品的种植业（主要粮食、经济作物、饲草料、油类、棉麻类、糖类、药材类、烟叶类等）以及牲畜业（粮食牲畜类、草食性牲畜类等），要根据市场需求量、大农业食物安全储备量、单位产出量耗损量，合理分配种植比例、养殖比例；在加工农产品内部，要按市场需求明确各产品加工的深度、细度，合理布局产出数量与质量等级；在农业第三产业内部，要对农业康养、农业旅游、农技体验、农业博物馆、农业艺术节等行业的数量与规模进行合理安排，延长农业产业价值链，提升农业效益。另外，农产品供给必须注意产品的创新，以供给创新刺激潜在需求，挖掘潜在市场份额。

## 三、生产层面：优化生产方式

农业供给侧结构性改革，关键是要优化农业生产方式。农业生产方式大致可以分为传统农业生产方式以及现代农业生产方式。传统农业生产方式主要是依靠加大农业生产要素的投入来实现农业经济的增长，如大量开垦荒地，以农药化肥刺激土壤肥力，大量开采地下水进行农用灌溉，过度放牧伐林，增加劳动者的数量等方式来实现农产品产量的增加，实现农业经济的增长。这种增长方式的特点是消耗较大、成本较高、对自然的损害大，是一种粗放型的农业增长方式，又称外延式增长方式。而现代农业生产方式主要是指依靠农业科技进步、采取农业新技术和新工艺、改进农业器械设备、加大农业生产科技含量、转变农业经营方式等手段，在单位面积农业要素投入量不变的情况下，提高农业要素的生产效率，从而增加农业产值。这种农业增长方式的特点是资源消耗低、生产效率高、农业成本低、农产品质量高，是一种集约型的农业生产方式，也称内涵式增长方式。农业供给侧结构性改革，必须实现农业生产方式的优化，实现从粗放型传统农业向集约型现代农业的转变。

## 四、制度层面：改革体制机制

体制是管理机构和管理规范的结合体或统一体，机制是指各要素之间的结构关系和运行方式。农业的体制机制有很多，主要可以分为三大部分，即生产体制机制、经营体制机制、管理体制机制。生产体制机制是指对农业生产的相关规定，包括农业土地制度、功能区布局制度、绿色低碳循环生产制度、农业用水制度等。经营体制机制是指对农业经营的相关规定，如以家庭承包经营为基础、统分结合的双层经营体制，集体经济组织服务功能制度、新型现代农业经营组织制度等。管理体制机制是指对农业主体管理的相关规定，包括农民负担监管长效机制、农业考核奖惩制度等。农业的生产经营的结构或方式在一定程度上是由其体制机制决定的，合理的体制机制将推动农业的健康发展，反之，不合理的体制机制会阻碍农业的健康发展。因此，从体制机制层面，破除其对农业发展的阻碍是农业供给侧结构性改革的必然，涉及层面较深。

# 第三节 绿色发展理念的引领作用

绿色发展理念对农业供给侧结构性改革的四个引领作用，即发展观念绿色化、产品供给有效化、生产方式集约化、体制机制合理化，厘清了绿色发展理念与农业供给侧结构性改革的关系，发挥了科学理念的理论价值与实践价值。

## 一、引领作用一：发展观念绿色化

首先，要明确的是绿色发展理念的提出，是在继承和发展马克思主义相关理论的基础上，经过中国共产党人近百年的实践而得出的经验总结，其科学性与真理性毋庸置疑。其次，在选择绿色发展理念要"武装"的主体对象上，由于农民、农业企业职员、政府公职人员是农业的生产者、加工者、管理者，与农业息息相关，是转变农业发展方式的主要力量，因而确定这三者为绿色发展理念要"武装"的主要对象。发挥绿色发展理念的引领作用，应该从认知认同、价值认同、情感认同三个方面实现主体的绿色化。在认知认同上，使三大主体真正学懂、弄通绿色发展理念，正确把握人、社会、自然三者之间的辩证关系，确立自然第一性的认知。在价值认同上，当面对经济利益与生态环境的矛盾时，自觉做出保护生态环境的价值选择，自觉践行绿色生产、生活方式。在情感认同上，积极学习党中央的相关文件，积极参加各项主题教育活动，学习相关农业环保法律法规，将绿色发展理念贯彻到农业各项活动的始终。

## 二、引领作用二：产品供给有效化

首先，绿色发展理念要求处理好与自然"取—还—保护—发展"的关系，树立节约资源、减少排放、保护环境的观念。而如果农业产品供给不能实现有效化，就不能实现从使用价值到价值的转换，那么农业生产的各生产资料的"并存性"和"继起性"就会遭到破坏，造成农业扩大再生产甚至是简单再生产的断裂，大量不符合市场需求的农产品堆储在仓库里，随着时间推移，不断地变质、腐烂，对生态环境造成压力。其次，农业生产前期投入的生产资料也不能得到回收，造成生产资料的极大浪费，这也是不符合绿色发展理念的。因而，在绿色发展理念下，农业供给侧结构性改革一定要实现农产品的适销对路，实现农产品的供给有效化，实现"商品的第一形态变化或卖"，实现"商品的惊险的跳跃"。实现产品供给的有效化：一是要数量结构与市场需求的对等；二是要质量结构与市场需求的对等，因此必须根据市场需求，调整初级农产品、加工农产品以及农业服务产品的供给数量比例及质量等级比例。

## 三、引领作用三：生产方式集约化

绿色发展理念提出要实现从生产力到生产关系的绿色化，既要以科学技术进步促进资源利用率提高，又要注重生产经营管理方式对生产效率的反作用。发挥绿色发展理念的引领作用，就是要从生产力到生产关系上实现农业生产方式的集约化。从生产力的角度：大力发展农业科学技术，以技术进步提升要素的生产效率，研发高效节能的农用器械，研发低毒高效的农药、化肥，开发农业节水灌溉技术，培育抗病虫害的优质种苗等。从生产关系的角度：重视人员配置对农业绿色转型的作用，加大科技人员的投入比例；促进新型农业经营组织发展，大力发展循环农业、绿色农业；大力发展农业社会化服务组织，促进农业资源的整合利用；利用互联网技术，延长农业产业链；优化农业区域布局，合理化资源组合方式，因地制宜地发展农业等。以此实现农业生产方式从传统粗放型到现代集约型的转变，达到节约资源、保护环境的目的。

## 四、引领作用四：体制机制合理化

绿色发展理念提出要实现政党、政策、制度、法律、组织等上层建筑的绿色化，以促进经济基础的绿色转型。发挥绿色发展理念的引领作用，必须要实现农业体制机制的合理化，合理的体制机制不仅能促进绿色农业科技的发展，提高农业资源利用效率，还能促进绿色农业生产关系的发展，降低农业经济运营成本，既可以做农业绿色转型的推手，也可以守住农业绿色发展的底线。具体来说，绿色发展理念引领农业体制机制合理化可从生产体制机制、经营体制机制、管理体制机制三个方面入手。一是生产体制机制方面，加快农村土地制度改革，推进农地"三权"分置有序进行，促进绿色农技创新激励机制、农业生产力布局制度、绿色低碳循环生产制度、农用节水制度等体制机制的落实落细。二是经营体制机制方面，坚持以家庭承包经营为基础、统分结合的双层经营体制，建立新型农业经营组织培育制度等。三是管理体制机制方面，加快绿色农业法律法规体系建设，建立农业绿色发展准入机制，保障农民负担监管长效机制有效运行，转变公职人员考核奖惩方式等。

# 第三章　基于绿色发展理念的农业供给侧结构性改革的效率评价：以生产环节为中心

推进农业供给侧结构性改革，主要目标是通过改革提高农业发展的质量和效益，保障农产品有效供给。自 2015 年 12 月中央农村工作会议提出着力加强农业供给侧结构性改革以来，全国各地积极推进，农业供给侧结构性改革取得巨大成效。特别是在绿色发展理念指导下，积极转变农业发展方式，农业发展逐步从粗放转向集约，农业发展的质量和效益不断提高。从绿色发展的角度，评估各地农业供给侧结构性改革的成效，不仅仅要看农业发展的产出，更要看农业发展的效率和效益，以及资源的投入与消耗。本书重点根据全国各省区市农业发展状况，从农业发展的资源投入消耗与产出效率的角度，评估实施农业供给侧结构性改革以来的具体成效。农业产业包括生产、加工、流通及销售等多个复杂过程，其中生产环节是农业产业的核心环节。本书从研究科学性、可操作性和数据可获得性等角度进行考虑，选择生产环节进行农业供给侧结构性改革效率评价。对于效率的测算分析，数据包络分析（DEA）通常作为定量分析的首选，故而本书选择此方法进行基于绿色发展理念的农业供给侧结构性改革效率评价。

## 第一节　农业供给侧结构性改革的主要成效

### 一、重要农产品供给得到有效保障

近年来，通过实施农业供给侧结构性改革，我国重要农产品生产保持稳定，重要农产品供给得到有效保障。我国的粮食总产量从 2014 年的 60 709.9 万吨增加到了 2018 年的 65 789 万吨。其中，稻谷产量从 2014 年的 20 642.7 万吨增加到了 2018 年的 21 213 万吨，小麦产量从 2014 年的 12 617.1 万吨增加到了 2018 年的 13 143 万吨，玉米产量从 2014 年的 21 567.3 万吨增加到了 2018 年的 25 733 万吨，豆类产量从 2014 年的 1625.7 万吨增加到了 2018 年的 1914 万吨。

## 二、农产品供给质量显著提升

自供给侧结构性改革提出以来，全国各地区以市场需求为导向，积极推进农业供给侧结构性改革，以农产品质量提升、推进绿色的有机农产品和农产品地理标志稳步发展为工作重点，努力寻求专业营销的新模式，加强各类农产品专营店和电商平台建设。截至 2018 年底，我国有 58 422 家企业被政府认证为具有"三品一标"的优质企业，产品总数达到 121 743 个。其中，绿色食品，有机农产品和农产品地理标志总数达 37 778 个，比 2017 年底增长 18.1%。

## 三、主要农作物生产效率持续提升

近年来，我国主要农作物单位面积产出水平稳步提高，农业生产效率不断提升。我国粮食单位面积产量从 2014 年的 5385 公斤/公顷增加到了 2018 年的 5621 公斤/公顷，其中，稻谷的单位面积产量从 2014 年的 6810.7 公斤/公顷增加到了 2018 年的 7027 公斤/公顷，小麦的单位面积产量从 2014 年的 5243.2 公斤/公顷增加到 2018 年的 5416.公斤/公顷，玉米的单位面积产量从 2014 年的 5817 公斤/公顷增加到 2018 年的 6108 公斤/公顷，豆类的单位面积产量从 2014 年的 1771.1 公斤/公顷增加到 2018 年的 1882 公斤/公顷。

## 四、农业产业融合发展水平持续提升

近年来，全国各地区及其相关部门持续不断贯彻执行中央决策，切实依据政策开展工作，农业与其他产业融合发展步伐加快，产业融合模式呈现多样化，产业融合质量和水平提升较为明显，为农业增效、农民增收和农村繁荣打下坚实基础。首先，农村产业融合主体逐渐增多。2017 年《农村一二三产业融合发展年度报告》显示，截至 2017 年底，全国家庭农场、农民合作社、农业企业等各类新主体超过 300 万家，新型职业农民超过 1500 万人，社会化服务组织达到 22.7 万家，已服务 3600 多万农户。农村中网店数量同比增长 20.7%，已达到 985.6 万家，带动的就业人数超过 2800 万人。其次，产业融合发展平台成功搭建。自实施"百县千乡万村"试点示范工程以来，全国各地积极推进国家农村产业融合发展示范园的创建，截至 2017 年，已认定 41 个国家现代农业产业园、246 家国家农业科技园区。同时，各地积极支持推进新产业、新业态的快速建设，为农业农村发展不断注入新活力和新动能。

## 五、绿色农业发展稳步推进

近年来，我国积极推进资源节约型和环境友好型的绿色农业发展，特别是在农药、化肥、农膜等农业投入品的减量化施用上成效突出，绿色发展理念已经逐步融入农业发展之中。

近年来，我国积极实施"化肥零增长"行动，大力推进农用化肥减量化施用，农用化肥施用量从 2014 年的 5995.94 万吨减少到了 2018 年的 5653.4 万吨，农用氮肥施用量从 2014 年的 2392.86 万吨减少到了 2018 年的 2065.43 万吨，农用磷肥施用量从 2014 年的 845.34 万吨减少到了 728.88 万吨，农用钾肥施用量从 2014 年的 641.94 万吨减少到了 590.28 万吨。

农膜的不合理使用是造成我国农田白色污染的重要原因。近年来，我国积极推进农膜的合理化使用，积极推广可降解农膜以及实施农膜回收。近年来，我国的农用塑料薄膜使用量也在逐年减少。2015 年我国的农用塑料薄膜使用量为 260.4 万吨，2016 年为 260.3 万吨，2017 年为 252.8 万吨，2018 年为 246.5 万吨。

# 第二节 基于绿色发展理念的农业供给侧结构性改革效率分析

## 一、研究方法选择

戴均路（2018）运用传统的 DEA 方法对农业供给侧结构性改革进行了研究，但是其没有考虑环境变量对农业投入产出效率的影响，也没有分析影响农业供给侧结构性改革的因素。Fried 等（2002）认为，一般的 DEA 分析没有把环境影响因素、管理的无效率因素和随机噪声因素等对决策有影响的因素从决策效率评价中分开，三阶段 DEA 是将随机噪声和环境影响因素融入传统的 DEA 分析中去，进行决策单元的效率评价。本书对绿色发展理念下的农业供给侧结构性改革投入产出效率进行评价，需要更加准确地对投入产出效率进行分析，因此，本书使用三阶段 DEA 对绿色发展理念的农业供给侧结构性改革效率进行分析。

（一）第一阶段：传统 DEA 模型效率测算

在第一阶段，本书使用 2015~2018 年《中国农业统计年鉴》和《中国农村统计年鉴》中的农业相关投入产出数据进行初始效率评价。由于本书是对绿色发展理念下的农业供给侧结构性改革的投入产出效率进行评价，因此采用投入导向的 DEA 模型，具体表达式如下：

$$\text{Min}\,\theta - (e^{\mathrm{T}}S^{-} + S_{ni} = f(z_i;\beta_n) + \upsilon_{ni} + \mu_{ni}S^{+})$$
$$\text{s.t.}\ \beta_n + S^{-} = \theta X_0 \qquad\qquad (3\text{-}1)$$
$$\nu_{ni} + \mu_{ni} - S^{+} = y_0$$
$$\lambda_j \geqslant 0;\ S^{-}, S^{+} \geqslant 0$$

其中，$\theta$ 表示标量，也就是 DEA 评价的效率值；$e$ 表示可以改写的非阿基米德无穷小量；$S^{-}$ 表示投入的差额变数，也就是投入指标的松弛变量；$S^{+}$ 表示产出的差额变数，也就是产出指标的松弛变量；$j = 1, 2, \cdots, n$，$n$ 表示的是决策单元；$X$ 表示绿色发展理念下的农业供给侧投入集合；$y$ 表示绿色发展理念下的农业供给侧产出集合；$\lambda_j$ 表示第 $j$ 个决策单元的权重。根据 DEA 分析的结果，主要会出现以下几种情况。

（1）如果 $\theta = 1$，$S^{-} = S^{+} = 0$，那么决策单元的 DEA 是有效的。

（2）如果 $\theta = 1$，$S^{+} \neq 0$ 或 $S^{-} \neq 0$，那么决策单元是弱 DEA 有效。

（3）如果 $\theta < 1$，那么决策单元 DEA 是无效的。

（二）第二阶段：进行似随机前沿分析（stochastic frontier analysis，SFA）回归

在第二阶段，主要是进行回归分析，剔除环境因素对投入产出效率的影响，以第一阶段投入指标的松弛变量作为被解释变量，环境影响要素作为解释变量，从而将随机噪声、管理无效率和环境因素分离开来，具体表达式为

$$S_{ni} = f(z_i;\beta_n) + \nu_{ni} + \mu_{ni} \qquad\qquad (3\text{-}2)$$

其中，$n = 1, 2, \cdots, N$；$i = 1, 2, \cdots, I$；$S_{ni}$ 表示第 $i$ 个决策单元的第 $n$ 项投入指标的松弛值；$z_i$ 表示环境因素；$\beta_n$ 表示要评估的环境因素系数；$\nu_{ni} + \mu_{ni}$ 表示整个函数的总体误差；$\nu_{ni}$ 表示随机干扰项，随机干扰项服从 $\nu \sim N(0, \sigma^2_{\nu})$ 分布；$\mu_{ni}$ 表示管理无效率，其服从 $\mu \sim N^{+}(0, \sigma^2_{\mu})$ 分布，也就是管理因素对绿色发展理念下农业投入

指标松弛变量的影响。进行第二阶段分析的目的是剔除外部环境对效率评价的影响，从而将决策单元放到一样的环境中进行效率评价，使其更加具有可比性，具体表达式如下：

$$\chi_{ni}^{A} = \chi_{ni} + \left(\max\left(f\left(z_i; \beta_n\right)\right) - f\left(z_i; \beta_n\right)\right) + \left(\max\left(v_{ni}\right) - v_{ni}\right) \tag{3-3}$$

其中，$\chi_{ni}^{A}$ 表示调整后的投入指标；$\chi_{ni}$ 表示原始的投入指标；$\left(\max\left(f\left(z_i; \beta_n\right)\right) - f\left(z_i; \beta_n\right)\right)$ 是对环境因素进行调整，$\left[\max\left(v_{ni}\right) - v_{ni}\right]$ 表示将全部的决策单元置于相同的环境中。

### （三）第三阶段：调整后的 DEA 模型效率测算

在第三阶段，运用调整后的绿色发展理念下的投入产出变量再次测算决策单元的效率。第三阶段的效率已经剔除环境因素和随机噪声的影响，此时分析出的效率评价值是相对比较准确的。

## 二、投入-产出指标选择的原则

在运用三阶段 DEA 模型进行分析时，指标的选取对研究的结果和结论有很大的影响，选择的指标不同，计算出的结果也千差万别，为了更好地对绿色发展理念下的农业投入产出效率进行测度，本书在选取投入产出指标时主要依据以下五个原则。

### （一）导向性原则

本书以新发展理念中绿色发展理念为指引，在选取农业的投入指标时，考虑到农业的绿色发展主要体现在生产环节，因此重点选取以生产环节为中心，并且与农业绿色发展相关的投入指标。

### （二）目标性原则

为了对绿色发展理念下的农业供给侧结构性改革进行研究，本书重点选取了能突出绿色发展理念的农业投入指标，以便于对农业的投入产出效率进行测度和评价。

### （三）全面性原则

本书选取的指标除了突出农业的绿色理念之外，还选取了多个维度的指标对农业供给侧结构性改革进行研究。

### （四）有效性原则

三阶段 DEA 要求选取的投入产出指标数据必须是正数，因此本书在选取投入指标的时候，选取的都是正向数据的指标。

### （五）数据可得性原则

数据是进行实证分析的基础，因此本书选择的指标都能通过公开数据或统计年鉴等找到数据，从而确保数据的可得性、可靠性和权威性。

## 三、指标体系构建

本书在参考国内外相关的文献的基础上，根据上述原则和研究的需要，选取了绿色发展理念下农业投入–产出的变量指标和环境变量指标，具体如下。

### （一）投入变量指标

以绿色发展理念为指导，从资源和能源的集约利用、生产资料适量投入以及保护农业生态环境等角度对投入变量进行考量，本书从自然资源、能源资源和生产资料三个方面选取土地资源、农业用电量及化肥施用量等八项投入变量。

（1）土地资源 $X1$。本书运用主要农作物的种植面积来衡量。

（2）水资源 $X2$。本书运用农业有效灌溉面积来衡量。

（3）农用柴油使用量 $X3$。本书运用农用柴油使用量来衡量。

（4）农业用电量 $X4$。本书运用农村用电量来衡量。

（5）农机总动力 $X5$。本书运用农业机械总动力来衡量。

（6）化肥施用量 $X6$。本书运用农业化肥施用量来衡量。

（7）农膜使用量 $X7$。本书运用农业的农用薄膜使用量来衡量。

（8）农药施用量 $X8$。本书运用农业的农药施用量来衡量。

### （二）环境变量

我国农业供给侧结构性改革不仅需要依靠自身内生动力的持续性发展，还需要外部环境力量的拉动。因此，本书选择市场化程度和经济发展程度两项关键的环境变量，表示外部环境对我国农业发展及农业供给侧结构性改革的拉动。

（1）市场化程度 SCH。本书采用各地区的市场化指数来衡量市场化程度。

（2）经济发展程度 JFZ。本书用地区生产总值衡量经济发展程度。

### （三）产出变量

本书选择农业总产值和农业总产量来表示我国农业供给侧结构性改革的产出结果。

（1）农业总产值 Y1。本书用各地区农、林、牧、渔业总产值来衡量。

（2）农业总产量 Y2。本书运用主要农作物产量来衡量。

本书将上述指标总结如表 3-1 所示。

**表 3-1　农业投入产出评价指标体系**

| 类型 | 一级指标 | 二级指标 | 变量简称 | 测量方法 |
|---|---|---|---|---|
| 投入变量 | 自然资源 | 土地资源 | $X1$ | 主要农作物种植面积 |
| | | 水资源 | $X2$ | 农业有效灌溉面积 |
| | 能源资源 | 农用柴油使用量 | $X3$ | 农用柴油使用量 |
| | | 农业用电量 | $X4$ | 农村用电量 |
| | | 农机总动力 | $X5$ | 农业机械总动力 |
| | 生产资料 | 化肥施用量 | $X6$ | 农业化肥施用量 |
| | | 农膜使用量 | $X7$ | 农业的农用薄膜使用量 |
| | | 农药施用量 | $X8$ | 农业的农药施用量 |
| 环境变量 | 市场化程度 | | SCH | 市场化指数 |
| | 经济发展程度 | | JFZ | 地区生产总值 |
| 产出变量 | 农业总产值 | | $Y1$ | 各地区的农、林、牧、渔总产值 |
| | 农业总产量 | | $Y2$ | 主要农作物产量 |

## 四、数据来源

为了体现本书的科学性和合理性，使本书能够为各省区市的绿色农业供给侧结构性改革提供一些科学的建议，本书选取的数据来自《中国分省份市场化指数报告》、2015~2018 年《中国统计年鉴》和 2015~2018 年的《中国农业统计年鉴》，由于西藏的数据不全，本书收集和分析了除西藏外的 30 个省区市的农业投入-产出指标数据。

## 五、投入变量与产出变量的相关性分析

DEA 分析要求输入变量与输出变量之间呈正相关关系，因此为了检验本书的投入变量与产出变量之间是否呈正相关关系，本书运用 SPSS 软件对投入产出变量进行相关性分析，其中 $X1$、$X2$、$X3$、$X4$、$X5$、$X6$、$X7$、$X8$ 表示投入变量，$Y1$ 和 $Y2$ 分别代表农业生产总值和农业总产量，通过进行相关性分析发现投入变量与产出变量都呈正相关关系，并且显著，符合 DEA 分析对投入与产出变量的正向关系的要求，具体结果如表 3-2 所示。

**表 3-2　投入变量与产出变量的相关性分析结果**

| 变量简称 | $Y1$ | $Y2$ |
|:---:|:---:|:---:|
| $X1$ | 0.287[***] | 0382[***] |
| $X2$ | 0.192[**] | 0.231[**] |
| $X3$ | 0.103[**] | 0.156[**] |
| $X4$ | 0.156[*] | 0.181[*] |
| $X5$ | 0.218[**] | 0.531[**] |
| $X6$ | 0.307[**] | 0.297[**] |
| $X7$ | 0.402[*] | 0.275[*] |
| $X8$ | 0.205[**] | 0.301[**] |

*表示在 0.1 的水平上显著，**表示在 0.05 的水平上显著，***表示在 0.01 的水平上显著

## 六、三阶段 DEA 模型评价结果分析

本书采用三阶段 DEA 评价方法，对 2014~2018 年农业投入产出效率进行测度，第一阶段为仅考虑投入和产出变量，然后运用传统的 DEA 模型估计决策单元（decision making units，DMU）的相对效率值。第二阶段则是进行似 SFA 回归分析，在这一阶段主要是剔除外在环境变量的影响，并对投入变量进行调整，得到调整后的投入项。第三阶段则是把第二阶段调整后的投入变量和原始的产出指标重新放入 DEA 模型中进行分析。

### （一）第一阶段结果分析

第一阶段运用传统的 DEA 模型对我国 30 个省区市 2014~2018 年的农业投入产出的综合效率、纯技术效率、规模效率和规模报酬进行分析。

1. 第一阶段综合效率分析

第一阶段 2014~2018 年我国农业投入产出的综合效率如表 3-3 所示，从时间维度来看，与实施农业供给侧结构性改革前相比（2014 年和 2015 年），除了北京、天津、上海、河北、江苏、浙江、福建等省市综合效率稳定保持在 1 外，其他各个省区市实施农业供给侧结构性改革后农业的投入产出综合效率均有所提升。从这个角度而言，当前我国的农业供给侧结构性改革已经取得了很大的成效。当然，相对于东部沿海发达地区，中部、西部和东北 DEA 效率无效的省区市还有很多，因此绿色发展理念下的农业供给侧结构性改革还需要深入。

表 3-3　第一阶段 2014~2018 年农业投入产出的综合效率分析

| 地区 | | 2014 年 | 2015 年 | 2016 年 | 2017 年 | 2018 年 |
|---|---|---|---|---|---|---|
| 东部 | 北京 | 1.000 | 1.000 | 1.000 | 1.000 | 1.000 |
| | 天津 | 1.000 | 1.000 | 1.000 | 1.000 | 1.000 |
| | 河北 | 1.000 | 1.000 | 1.000 | 1.000 | 1.000 |
| | 上海 | 1.000 | 1.000 | 1.000 | 1.000 | 1.000 |
| | 江苏 | 1.000 | 1.000 | 1.000 | 1.000 | 1.000 |
| | 浙江 | 1.000 | 1.000 | 1.000 | 1.000 | 1.000 |
| | 福建 | 1.000 | 1.000 | 1.000 | 1.000 | 1.000 |
| | 山东 | 0.914 | 0.915 | 0.916 | 0.917 | 0.924 |
| | 广东 | 0.916 | 0.918 | 0.921 | 0.923 | 0.924 |
| | 海南 | 0.788 | 0.820 | 0.910 | 0.896 | 0.947 |
| 中部 | 山西 | 0.521 | 0.537 | 0.571 | 0.594 | 0.612 |
| | 安徽 | 0.914 | 0.923 | 0.933 | 0.943 | 0.948 |
| | 江西 | 0.661 | 0.672 | 0.683 | 0.705 | 0.714 |
| | 河南 | 0.919 | 0.920 | 0.924 | 0.932 | 0.937 |
| | 湖北 | 0.787 | 0.807 | 0.809 | 0.821 | 0.833 |
| | 湖南 | 0.924 | 0.934 | 0.954 | 0.965 | 0.975 |
| 西部 | 重庆 | 0.739 | 0.796 | 0.813 | 0.815 | 0.834 |
| | 四川 | 0.780 | 0.790 | 0.804 | 0.818 | 0.823 |
| | 贵州 | 0.532 | 0.545 | 0.550 | 0.559 | 0.575 |
| | 云南 | 0.557 | 0.578 | 0.582 | 0.593 | 0.612 |
| | 陕西 | 0.341 | 0.360 | 0.361 | 0.374 | 0.389 |
| | 甘肃 | 0.248 | 0.254 | 0.261 | 0.273 | 0.289 |
| | 青海 | 0.583 | 0.609 | 0.680 | 0.847 | 0.863 |

续表

| 地区 | | 2014年 | 2015年 | 2016年 | 2017年 | 2018年 |
|---|---|---|---|---|---|---|
| 西部 | 宁夏 | 0.432 | 0.451 | 0.476 | 0.519 | 0.531 |
| | 新疆 | 0.592 | 0.609 | 0.611 | 0.633 | 0.649 |
| | 内蒙古 | 0.394 | 0.419 | 0.576 | 0.586 | 0.599 |
| | 广西 | 0.584 | 0.680 | 0.758 | 0.771 | 0.778 |
| 东北 | 辽宁 | 0.812 | 0.834 | 0.849 | 0.879 | 0.916 |
| | 吉林 | 0.745 | 0.759 | 0.778 | 0.803 | 0.821 |
| | 黑龙江 | 0.600 | 0.668 | 0.682 | 0.706 | 0.740 |

从地区来看，不同地区的农业投入产出综合效率存在差异。总体而言，东部地区的农业投入产出综合效率比较高，大部分接近1，中部地区的投入产出综合效率略低于东部地区，但是大部分高于西部地区。2018年，中部地区综合效率最高的是湖南，达到了0.975。总体而言，西部地区的综合效率比较低，仍有多个省份没有超过0.6，2018年甘肃综合效率最低，仅为0.289，与东部地区相比差距较大。

总体上，综合效率为1.000的省市有7个，分别为北京、河北、上海、天津、江苏、浙江和福建，都是东部地区，占比为23.33%，这7个省市的DEA是有效的，其农业投入产出综合效率较高。由于剩下的23个省区市的农业投入产出综合效率值都没有达到1，因此，这些省区市的DEA是无效的，占比为76.67%，其中有5个省接近DEA有效，其综合效率值在[0.9,1)，分别为山东、广东、安徽、河南和湖南。DEA无效率中18个省区市的综合效率值是低于0.9的，说明这18个省区市投入的生产要素转化为产品的能力比较低，具体如表3-4所示。

表3-4　第一阶段全国30个省区市农业投入产出综合效率分布情况

| 评价结果 | 综合效率 | 数量/个 | 比例 | 省区市 |
|---|---|---|---|---|
| DEA相对有效 | 1 | 7 | 23.33% | 北京、河北、上海、天津、江苏、浙江、福建 |
| DEA无效 | [0.9,1) | 5 | 16.67% | 山东、广东、安徽、河南、湖南 |
| | [0,0.9) | 18 | 60% | 重庆、内蒙古、黑龙江、山西、江西、湖北、四川、陕西、广西、云南、贵州、吉林、宁夏、海南、青海、辽宁、甘肃、新疆 |

在DEA无效的省区市中，不同年份、不同地区的综合效率尽管存在差异，但是在实施农业供给侧结构性改革后，其综合效率值都在逐年向DEA相对有效即综合效率值为1靠近，农业生产效率得到了明显改善（表3-5）。在范围值最低的区间[0,0.25）中，2014年我国西部地区的甘肃还位列其中，而在供给侧结构性改革

推进之后，甘肃省跻身于上一区间，同时 2014 年之后在[0,0.25）这一区间中并未出现其他省区市，这一区间省区市数量持续为零。在[0.25,0.5）这一区间，随着年份增加，数量呈现递减趋势。但这一区间的省区均属于我国西部地区，由此说明我国西部地区综合效率与 DEA 相对有效值差距较大。在[0.5,0.75）这一区间，省区市数量从 2014 年的 10 个逐渐变为 2015 年的 8 个，并呈现出短期稳定趋势。2014 年 10 个省区市大部分属于我国西部地区，中部地区有 2 个。2015~2018 年，8 个省区的区域分布与 2014 年类似，大部分属于西部地区，东北地区有 1 个，中部地区有 2 个。值得一提的是，2016 年内蒙古、2017 年宁夏综合效率提升，上升至[0.5,0.75）；2015 年重庆、吉林，2016 年广西和 2017 年青海的综合效率上升至[0.75,1）这一区间。在[0.75,1）这一区间中，省区市数量呈现增加的趋势，说明我国农业投入产出的综合效率在逐年趋近于 DEA 相对有效值。在这些省区市中，以中部地区和东部地区省区市居多。因此，从时间维度来讲，我国农业投入产出综合效率在逐年提升，农业供给侧结构性改革呈现一定效果。但同时，从空间维度来讲，各区域间差异还较为明显。

表 3-5　第一阶段全国 23 个省区市农业投入产出综合效率分布情况　单位：个

| 区间 | 2014 年 | 2015 年 | 2016 年 | 2017 年 | 2018 年 |
|---|---|---|---|---|---|
| [0.75,1） | 9 | 11 | 12 | 13 | 13 |
| [0.5,0.75） | 10 | 8 | 8 | 8 | 8 |
| [0.25,0.5） | 3 | 4 | 3 | 2 | 2 |
| [0,0.25） | 1 | 0 | 0 | 0 | 0 |

2. 第一阶段纯技术效率分析和规模报酬分析

在 DEA 分析中，纯技术效率和规模效率的乘积是综合技术效率，所以，导致农业产出投入低的原因，既有可能是由规模效率低即农业资源供给结构不合理造成的，也有可能是由纯技术效率低即农业技术水平低下造成的，从而使投入的农业资源无法被充分利用。2018 年，共有 23 个省区市的农业投入产出的 DEA 分析结果是无效的，其中纯技术效率值等于 1 的有 5 个，这些省份是山东、广东、安徽、湖南和辽宁，这些省份的农业技术水平和生产能力是相匹配的。纯技术效率小于 1 的有 18 个，分别为重庆、内蒙古、黑龙江、山西、江西、湖北、四川、陕西、广西、云南、贵州、吉林、宁夏、海南、青海、甘肃、新疆、河南，这些省区市综合效率较低的一部分原因是农业生产技术与生产能力不匹配。第一阶段 2014~2018 年农业投入产出的纯技术效率如表 3-6 所示。

表 3-6　第一阶段 2014~2018 年农业投入产出的纯技术效率

| 地区 | | 2014 年 | 2015 年 | 2016 年 | 2017 年 | 2018 年 |
|---|---|---|---|---|---|---|
| 东部 | 北京 | 1.000 | 1.000 | 1.000 | 1.000 | 1.000 |
| | 天津 | 1.000 | 1.000 | 1.000 | 1.000 | 1.000 |
| | 河北 | 1.000 | 1.000 | 1.000 | 1.000 | 1.000 |
| | 上海 | 1.000 | 1.000 | 1.000 | 1.000 | 1.000 |
| | 江苏 | 1.000 | 1.000 | 1.000 | 1.000 | 1.000 |
| | 浙江 | 1.000 | 1.000 | 1.000 | 1.000 | 1.000 |
| | 福建 | 1.000 | 1.000 | 1.000 | 1.000 | 1.000 |
| | 山东 | 1.000 | 1.000 | 1.000 | 1.000 | 1.000 |
| | 广东 | 1.000 | 1.000 | 1.000 | 1.000 | 1.000 |
| | 海南 | 0.911 | 0.913 | 0.936 | 0.955 | 0.962 |
| 中部 | 山西 | 0.606 | 0.612 | 0.621 | 0.637 | 0.648 |
| | 安徽 | 1.000 | 1.000 | 1.000 | 1.000 | 1.000 |
| | 江西 | 0.661 | 0.672 | 0.683 | 0.705 | 0.714 |
| | 河南 | 0.919 | 0.920 | 0.924 | 0.932 | 0.937 |
| | 湖北 | 0.853 | 0.860 | 0.863 | 0.871 | 0.872 |
| | 湖南 | 1.000 | 1.000 | 1.000 | 1.000 | 1.000 |
| 西部 | 重庆 | 0.866 | 0.871 | 0.872 | 0.874 | 0.883 |
| | 四川 | 0.835 | 0.837 | 0.843 | 0.855 | 0.856 |
| | 贵州 | 0.581 | 0.585 | 0.588 | 0.593 | 0.602 |
| | 云南 | 0.603 | 0.618 | 0.621 | 0.630 | 0.641 |
| | 陕西 | 0.557 | 0.579 | 0.571 | 0.582 | 0.597 |
| | 甘肃 | 0.387 | 0.393 | 0.397 | 0.401 | 0.412 |
| | 青海 | 0.904 | 0.906 | 0.933 | 0.916 | 0.925 |
| | 宁夏 | 0.562 | 0.570 | 0.582 | 0.581 | 0.583 |
| | 新疆 | 0.711 | 0.721 | 0.723 | 0.742 | 0.748 |
| | 内蒙古 | 0.617 | 0.623 | 0.632 | 0.635 | 0.647 |
| | 广西 | 0.812 | 0.822 | 0.825 | 0.831 | 0.832 |
| 东北 | 辽宁 | 1.000 | 1.000 | 1.000 | 1.000 | 1.000 |
| | 吉林 | 0.816 | 0.822 | 0.842 | 0.862 | 0.876 |
| | 黑龙江 | 0.739 | 0.741 | 0.749 | 0.758 | 0.761 |

通过对 2018 年 23 个农业投入产出 DEA 无效省区市的规模效率分析发现，规模效率等于 1 的省份有 2 个，分别为江西和河南，这说明这两个省是规模有效的，农业投入要素的供给结构比较合理，综合效率低和 DEA 无效的原因主要是农业生产技术与生产能力不匹配；有 21 个省区市的规模效率小于 1，分别为重庆、内蒙

古、黑龙江、山西、湖北、湖南、四川、陕西、广西、云南、贵州、甘肃、宁夏、海南、青海、辽宁、吉林、新疆、山东、广东、安徽，这些省区市属于规模无效的，造成农业投入产出综合效率低的主要原因是规模效率的低下，具体如表 3-7 所示。

表 3-7　第一阶段 2014~2018 年农业投入产出的规模效率

| 地区 | | 2014 年 | 2015 年 | 2016 年 | 2017 年 | 2018 年 |
|---|---|---|---|---|---|---|
| 东部 | 北京 | 1.000 | 1.000 | 1.000 | 1.000 | 1.000 |
| | 天津 | 1.000 | 1.000 | 1.000 | 1.000 | 1.000 |
| | 河北 | 1.000 | 1.000 | 1.000 | 1.000 | 1.000 |
| | 上海 | 1.000 | 1.000 | 1.000 | 1.000 | 1.000 |
| | 江苏 | 1.000 | 1.000 | 1.000 | 1.000 | 1.000 |
| | 浙江 | 1.000 | 1.000 | 1.000 | 1.000 | 1.000 |
| | 福建 | 1.000 | 1.000 | 1.000 | 1.000 | 1.000 |
| | 山东 | 0.914 | 0.915 | 0.916 | 0.917 | 0.924 |
| | 广东 | 0.916 | 0.918 | 0.921 | 0.923 | 0.924 |
| | 海南 | 0.865 | 0.898 | 0.972 | 0.938 | 0.984 |
| 中部 | 山西 | 0.860 | 0.877 | 0.919 | 0.933 | 0.944 |
| | 安徽 | 0.914 | 0.923 | 0.933 | 0.943 | 0.948 |
| | 江西 | 1.000 | 1.000 | 1.000 | 1.000 | 1.000 |
| | 河南 | 1.000 | 1.000 | 1.000 | 1.000 | 1.000 |
| | 湖北 | 0.923 | 0.938 | 0.937 | 0.943 | 0.955 |
| | 湖南 | 0.924 | 0.934 | 0.954 | 0.965 | 0.975 |
| 西部 | 重庆 | 0.853 | 0.914 | 0.932 | 0.933 | 0.944 |
| | 四川 | 0.934 | 0.944 | 0.954 | 0.957 | 0.961 |
| | 贵州 | 0.915 | 0.932 | 0.935 | 0.943 | 0.955 |
| | 云南 | 0.923 | 0.935 | 0.938 | 0.942 | 0.954 |
| | 陕西 | 0.613 | 0.621 | 0.633 | 0.643 | 0.652 |
| | 甘肃 | 0.642 | 0.646 | 0.657 | 0.682 | 0.702 |
| | 青海 | 0.645 | 0.672 | 0.729 | 0.925 | 0.933 |
| | 宁夏 | 0.768 | 0.792 | 0.818 | 0.893 | 0.910 |
| | 新疆 | 0.832 | 0.844 | 0.845 | 0.853 | 0.867 |
| | 内蒙古 | 0.638 | 0.672 | 0.911 | 0.923 | 0.926 |
| | 广西 | 0.719 | 0.827 | 0.919 | 0.928 | 0.935 |
| 东北 | 辽宁 | 0.812 | 0.834 | 0.849 | 0.879 | 0.916 |
| | 吉林 | 0.913 | 0.923 | 0.924 | 0.932 | 0.937 |
| | 黑龙江 | 0.812 | 0.902 | 0.910 | 0.932 | 0.972 |

通过对我国农业的纯技术效率和规模效率进行分析，2018 年在 DEA 无效的省区市中，仅仅因为技术无效的有 2 个省份，仅仅因为规模无效的有 5 个省份，规模和技术都无效的有 16 个。从纯技术效率分析和规模效率分析来看，当前我国有一些省区市的农业投入产出综合效率低的原因主要是农业投入要素的供给结构不合理和生产技术与生产能力不匹配，是纯技术效率低下和规模效率低下共同作用的结果，具体如表 3-8 所示。

表 3-8　DEA 无效的原因分析

| 效率值 | 无效率的原因 | 数量 | 省份 |
|---|---|---|---|
| 纯技术效率等于1，规模效率小于1 | 规模无效 | 5 | 山东、广东、安徽、湖南、辽宁 |
| 纯技术效率小于1，规模效率等于1 | 技术无效 | 2 | 河南、江西 |
| 纯技术效率和规模效率都小于1 | 规模和技术都无效 | 16 | 重庆、内蒙古、黑龙江、山西、湖北、四川、陕西、广西、云南、贵州、甘肃、宁夏、海南、青海、吉林、新疆 |

通过规模报酬分析可以发现，综合效率为 1 的 7 个省市，规模报酬均不变。山东、辽宁、贵州等 19 个省区市处于规模报酬递增的阶段，因此这些省区市通过扩大规模，合理调整农业资源的供给结构，可以实现农业投入产出的高效率。吉林、广东、河南和山西这四个省份处于规模报酬递减阶段，这说明农业管理水平与规模不匹配，管理水平跟不上管理规模，管理成本过高而导致规模扩大带来的收益被抵消，导致农业的供给结构不合理，因此这些省份要通过提高管理水平，使之与农业的运营规模相匹配，从而提高农业资源的利用率，最终提高农业投入产出的综合效率，具体如表 3-9 所示。

表 3-9　第一阶段农业投入产出规模报酬分析

| 类型 | 个数 | 省区市 |
|---|---|---|
| 规模报酬不变 | 7 | 北京、河北、上海、天津、江苏、浙江、福建 |
| 规模报酬递增 | 19 | 辽宁、重庆、内蒙古、黑龙江、湖北、湖南、四川、陕西、广西、云南、贵州、宁夏、海南、青海、甘肃、新疆、山东、安徽、江西 |
| 规模报酬递减 | 4 | 吉林、广东、河南、山西 |

（二）第二阶段 SFA 估计结果分析

在这一阶段，将农业供给侧结构性改革的投入指标作为被解释变量，将市场化程度和经济发展程度作为解释变量，进行 SFA 回归分析。根据式（3-2）立方程，运用 Frontier 4.1 软件按照最大似然估计法进行回归分析，从而获得估计结果。如果似然比（likelihood ratio，LR）显著，则表示在模型中混合误差项存在管理无效率的可能。估计结果中的 $\gamma$ 值接近 1，表示造成效率偏低的原因是管理无效率，相反，如果 $\gamma$ 值接近 0，则表示造成效率偏低的原因是统计噪声。本书中的 8 个模型中松弛变量的 $\gamma$ 值都大于 0.87，接近于 1，表示造成农业投入要素冗余的主要原因是管理无效率。

从表 3-10 的 SFA 参数估计结果中我们可以看到，市场化程度与土地资源的回归系数没有通过显著性检验，而剩余 7 个松弛变量的回归系数均通过了显著性检验，并且呈正相关关系。经济发展程度与土地资源、水资源、农用柴油使用量和农业用电量的回归系数没有通过显著性检验，而剩余 4 个松弛变量的回归系数通过了显著性检验。

表 3-10　SFA 参数估计

| 变量 | SCH | JFZ | $C$ | $\sigma^2$ | $\gamma$ | 对数似然值 | LR |
|---|---|---|---|---|---|---|---|
| $X1$ | 0.586 | −0.384 | 1.103*** | 215.936** | 0.872*** | −214.021 | 43.135*** |
| $X2$ | 0.276** | 0.484 | 1.153** | 317.162** | 0.881*** | −119.132 | 39.017*** |
| $X3$ | 0.312** | 0.434 | 0.902** | 311.051** | 0.871*** | −138.002 | 29.701*** |
| $X4$ | 0.413* | 0.215 | 2.101* | 109.441** | 0.892*** | −135.993 | 31.062*** |
| $X5$ | 0.363** | −0.243*** | 1.184** | 317.072*** | 0.898*** | −158.234 | 52.015*** |
| $X6$ | 0.187** | 0.312* | 1.107** | 472.659*** | 0.907*** | −162.105 | 70.215*** |
| $X7$ | 0.543* | 0.513* | 2.116* | 202.186** | 0.893*** | −110.837 | 43.077*** |
| $X8$ | 0.353** | 0.322* | 1.217* | 118.012** | 0.853*** | −226.025 | 51.266*** |

*表示在 0.1 的水平上显著，**表示在 0.05 的水平上显著，***表示在 0.01 的水平上显著

从各环境变量对各农业投入变量的回归系数的符号来看，市场化程度对各投入变量的系数都为正，这表明市场化程度对各投入要素的冗余放大效应比较明显。经济发展程度对土地资源的系数为负，说明经济发展程度越高，土地资源冗余越少。从上述分析可以发现，市场化程度和经济发展程度与各投入变量的符号并没有完全保持一致，说明各地区农业技术的差异程度比较显著。

### （三）第三阶段结果分析

根据式（3-3），将第二阶段调整后的投入变量作为新的投入变量，产出变量保持不变，重新再用 DEA 模型进行评价。

#### 1. 第三阶段综合效率分析

通过第三阶段的综合效率分析结果发现，各地区的综合效率与第一阶段相比有了显著提升，其中，DEA 有效的省市达到了 11 个，分别为北京、河北、上海、天津、江苏、浙江、福建、山东、广东、辽宁、黑龙江。很多在第一阶段综合效

率低于 0.8 的省区市,通过剔除环境影响之后,大部分在第三阶段达到了 0.8 以上,这说明剔除了环境变量和干扰噪声之后,农业投入产出的综合效率有很大提升,因此,外部环境对农业投入指标有很大的影响,从而影响了农业投入产出效率,具体如表 3-11 所示。

**表 3-11　第三阶段 2014~2018 年农业投入产出的综合效率**

| 地区 | | 2014 年 | 2015 年 | 2016 年 | 2017 年 | 2018 年 |
|---|---|---|---|---|---|---|
| 东部 | 北京 | 1.000 | 1.000 | 1.000 | 1.000 | 1.000 |
| | 天津 | 1.000 | 1.000 | 1.000 | 1.000 | 1.000 |
| | 河北 | 1.000 | 1.000 | 1.000 | 1.000 | 1.000 |
| | 上海 | 1.000 | 1.000 | 1.000 | 1.000 | 1.000 |
| | 江苏 | 1.000 | 1.000 | 1.000 | 1.000 | 1.000 |
| | 浙江 | 1.000 | 1.000 | 1.000 | 1.000 | 1.000 |
| | 福建 | 1.000 | 1.000 | 1.000 | 1.000 | 1.000 |
| | 山东 | 1.000 | 1.000 | 1.000 | 1.000 | 1.000 |
| | 广东 | 1.000 | 1.000 | 1.000 | 1.000 | 1.000 |
| | 海南 | 0.866 | 0.898 | 0.972 | 0.981 | 0.984 |
| 中部 | 山西 | 0.575 | 0.604 | 0.629 | 0.646 | 0.681 |
| | 安徽 | 0.944 | 0.945 | 0.967 | 0.969 | 0.978 |
| | 江西 | 0.735 | 0.741 | 0.753 | 0.764 | 0.778 |
| | 河南 | 0.938 | 0.943 | 0.962 | 0.972 | 0.977 |
| | 湖北 | 0.806 | 0.824 | 0.851 | 0.885 | 0.895 |
| | 湖南 | 0.984 | 0.984 | 0.994 | 0.995 | 0.997 |
| 西部 | 重庆 | 0.771 | 0.824 | 0.867 | 0.888 | 0.902 |
| | 四川 | 0.853 | 0.856 | 0.863 | 0.878 | 0.894 |
| | 贵州 | 0.599 | 0.573 | 0.634 | 0.593 | 0.702 |
| | 云南 | 0.661 | 0.687 | 0.697 | 0.729 | 0.731 |
| | 陕西 | 0.428 | 0.504 | 0.551 | 0.668 | 0.701 |
| | 甘肃 | 0.359 | 0.448 | 0.523 | 0.551 | 0.648 |
| | 青海 | 0.710 | 0.720 | 0.796 | 0.902 | 0.872 |
| | 宁夏 | 0.472 | 0.488 | 0.510 | 0.585 | 0.604 |
| | 新疆 | 0.665 | 0.678 | 0.746 | 0.765 | 0.797 |
| | 内蒙古 | 0.542 | 0.558 | 0.673 | 0.725 | 0.758 |
| | 广西 | 0.678 | 0.756 | 0.808 | 0.845 | 0.866 |
| 东北 | 辽宁 | 1.000 | 1.000 | 1.000 | 1.000 | 1.000 |
| | 吉林 | 0.826 | 0.872 | 0.923 | 0.935 | 0.952 |
| | 黑龙江 | 1.000 | 1.000 | 1.000 | 1.000 | 1.000 |

通过对 DEA 的综合效率进行分析发现，在第二阶段的 SFA 分析之后，DEA 有效的省市的数量显著增加，总共有 11 个，占比为 36.67%，DEA 无效的省区市由原来的 23 个降到了 19 个，占比为 63.33%。通过对 DEA 有效的省市进行分析发现，按照经济发展的程度，可以分为两种情况：一种是欠发达地区的 DEA 有效，由于地理位置优越及拥有资源禀赋优势，生产产品的边际值较大，从而使农业的投入产出效率较高；另外一种是经济发达地区，这些地方经济发展比较成熟，市场化程度很高，三次产业能够协同发展，从而带动农业发展，使农业的投入产出效率提高。通过分析也能发现，在 DEA 无效的省区市中，综合效率值在 1 附近的大部分地区都是东部沿海地区、经济发达地区或者资源较为充足的地区。因此，良好的经济基础和优越的地理位置能够得到更多的资金和技术的支持，促进地区农业的发展，从而形成良性循环。农业要想健康良性发展，必须深化农业供给侧结构性改革，处理好三次产业之间的关系，具体如表 3-12 所示。

**表 3-12 第三阶段全国 30 个省区市农业投入产出综合效率分布情况**

| 评价结果 | 综合效率 | 数量 | 比例 | 省份 |
|---|---|---|---|---|
| DEA 相对有效 | 1 | 11 | 36.67% | 北京、河北、上海、天津、江苏、浙江、福建、山东、广东、辽宁、黑龙江 |
| DEA 无效 | [0.9,1) | 5 | 16.67% | 海南、安徽、河南、湖南、吉林 |
| | [0,0.9) | 14 | 46.67% | 山西、江西、湖北、重庆、四川、贵州、云南、陕西、甘肃、青海、宁夏、新疆、内蒙古、广西 |

在第三阶段的 DEA 无效省区市中，同第一阶段对 DEA 无效的分析。如表 3-13 所示。引入环境变量之后，没有任何省区市投入产出综合效率值落入[0,0.25) 这一区间。在[0.25,0.5) 这一区间，随着年份增加，省区市数量呈现递减趋势，并于 2016 年开始，无省区市投入产出综合效率值落入该区间。但在这一区间内的省区市均属于我国西部地区，由此说明我国西部地区综合效率与 DEA 相对有效值差距还是相对较大的。在[0.5,0.75) 这一区间中，从 2014~2016 年的 8 个省区到 2017 年的 7 个，再到 2018 年的 6 个，整体出现数量减少的趋势。我国中部地区的山西，西部地区的贵州、云南一直在该区间，而中部地区的江西，西部地区的青海、新疆、内蒙古和广西随着投入产出综合效率的提升，进入[0.75,1) 区间。在[0.75,1) 这一区间中，东部地区的海南，中部地区的安徽、河南、湖北和湖南，西部地区的重庆和四川及东北地区的吉林一直处于该区间，说明上述省市与 DEA 相对有效值差距较小。同时在[0.75,1) 这一区间中，省区市数量是逐年递增的，说明我国农业供给侧结构性改革持续发力。因此，从经过修正的投入产出综合效率来看，相比于实施农业供给侧结构性改革前的 2014 年和 2015 年，实施农业供给侧结构性改革后，站在绿色发展的角度，我国省级层面的各个区域，除了北京、上海、河北、天津、江苏、浙江、福建、山东、广东、辽宁、黑龙江等稳定保持在 DEA

有效的区域外，其他 DEA 相对无效的区域农业投入产出综合效率都在提升，说明农业供给侧结构性改革呈现积极成效。

表 3-13　第三阶段全国 19 个省区市农业投入产出综合效率历年分布情况　单位：个

| 区间 | 2014 年 | 2015 年 | 2016 年 | 2017 年 | 2018 年 |
|---|---|---|---|---|---|
| [0.75,1) | 8 | 9 | 11 | 12 | 13 |
| [0.5,0.75) | 8 | 8 | 8 | 7 | 6 |
| [0.25,0.5) | 3 | 2 | 0 | 0 | 0 |
| [0,0.25) | 0 | 0 | 0 | 0 | 0 |

2. 第三阶段纯技术效率和规模效率分析

纯技术效率反映的是农业技术与生产的匹配程度，而规模效率反映的是农业的资源供给结构，通过第三阶段对农业规模效率和纯技术效率的分析发现，2018年 DEA 无效的省区市有 19 个，比第一阶段少了 4 个，大部分省区市的纯技术效率和规模效率都得到了提升，纯技术效率提升的幅度比规模效率提升的幅度大，并且纯技术效率和规模效率的差距变小，这说明外部环境对农业的纯技术效率和规模效率都具有显著影响，其中纯技术效率是促使农业投入产出效率提高的主要因素，由于第三阶段剔除了外部环境的影响，因此处于相同的条件下的结果更具有可比性。2018 年 DEA 综合效率无效的省区市中纯技术效率为 1 的有 3 个（海南、湖南和安徽），这说明这三个省份的 DEA 综合技术效率无效不是由于纯技术效率所导致的，主要原因是规模效率的低下。DEA 无效的省区市中纯技术效率低于 1 的省区市有 16 个，分别是山西、江西、河南、湖北、重庆、四川、贵州、云南、陕西、甘肃、青海、宁夏、新疆、内蒙古、广西和吉林，这些省区市的农业投入产出效率低的主要原因是纯技术效率的低下，必须提高农业生产技术效率从而提高农业产出的综合效率。具体如表 3-14 所示。

表 3-14　第三阶段 2014~2018 年农业投入产出的纯技术效率

| 地区 | | 2014 年 | 2015 年 | 2016 年 | 2017 年 | 2018 年 |
|---|---|---|---|---|---|---|
| 东部 | 北京 | 1.000 | 1.000 | 1.000 | 1.000 | 1.000 |
| | 天津 | 1.000 | 1.000 | 1.000 | 1.000 | 1.000 |
| | 河北 | 1.000 | 1.000 | 1.000 | 1.000 | 1.000 |
| | 上海 | 1.000 | 1.000 | 1.000 | 1.000 | 1.000 |
| | 江苏 | 1.000 | 1.000 | 1.000 | 1.000 | 1.000 |
| | 浙江 | 1.000 | 1.000 | 1.000 | 1.000 | 1.000 |

| 地区 | | 2014 年 | 2015 年 | 2016 年 | 2017 年 | 2018 年 |
|---|---|---|---|---|---|---|
| 东部 | 福建 | 1.000 | 1.000 | 1.000 | 1.000 | 1.000 |
| | 山东 | 1.000 | 1.000 | 1.000 | 1.000 | 1.000 |
| | 广东 | 1.000 | 1.000 | 1.000 | 1.000 | 1.000 |
| | 海南 | 1.000 | 1.000 | 1.000 | 1.000 | 1.000 |
| 中部 | 山西 | 0.645 | 0.673 | 0.684 | 0.695 | 0.721 |
| | 安徽 | 1.000 | 1.000 | 1.000 | 1.000 | 1.000 |
| | 江西 | 0.735 | 0.741 | 0.753 | 0.764 | 0.778 |
| | 河南 | 0.938 | 0.943 | 0.962 | 0.972 | 0.977 |
| | 湖北 | 0.864 | 0.877 | 0.898 | 0.923 | 0.924 |
| | 湖南 | 1.000 | 1.000 | 1.000 | 1.000 | 1.000 |
| 西部 | 重庆 | 0.878 | 0.892 | 0.901 | 0.914 | 0.917 |
| | 四川 | 0.853 | 0.856 | 0.863 | 0.878 | 0.894 |
| | 贵州 | 0.613 | 0.655 | 0.698 | 0.693 | 0.718 |
| | 云南 | 0.712 | 0.732 | 0.735 | 0.757 | 0.758 |
| | 陕西 | 0.677 | 0.699 | 0.711 | 0.762 | 0.851 |
| | 甘肃 | 0.487 | 0.593 | 0.687 | 0.692 | 0.763 |
| | 青海 | 0.904 | 0.906 | 0.933 | 0.916 | 0.925 |
| | 宁夏 | 0.592 | 0.597 | 0.618 | 0.638 | 0.648 |
| | 新疆 | 0.791 | 0.794 | 0.863 | 0.876 | 0.898 |
| | 内蒙古 | 0.697 | 0.713 | 0.734 | 0.765 | 0.782 |
| | 广西 | 0.849 | 0.852 | 0.851 | 0.864 | 0.877 |
| 东北 | 辽宁 | 1.000 | 1.000 | 1.000 | 1.000 | 1.000 |
| | 吉林 | 0.826 | 0.872 | 0.923 | 0.935 | 0.952 |
| | 黑龙江 | 1.000 | 1.000 | 1.000 | 1.000 | 1.000 |

　　通过第三阶段 DEA 分析，与第一阶段相比，大部分省区市的规模效率都有所提高，这说明外部环境和政策对农业的投入产出效率有很大的影响。2018 年在 DEA 无效的 19 个省区市中，规模效率等于 1 的有 4 个，分别为江西、河南、四川和吉林，这些省份的农业投入要素的供给结构比较合理，而造成这些省份农业投入产出低效率的部分原因是纯技术效率的低下。规模效率小于 1 的有 15 个，这些省区市的农业投入产出效率低的原因主要是规模效率的不足，具体如表 3-15 所示。

表 3-15　第三阶段 2014~2018 年农业投入产出的规模效率

| 地区 | | 2014 年 | 2015 年 | 2016 年 | 2017 年 | 2018 年 |
|---|---|---|---|---|---|---|
| 东部 | 北京 | 1.000 | 1.000 | 1.000 | 1.000 | 1.000 |
| | 天津 | 1.000 | 1.000 | 1.000 | 1.000 | 1.000 |
| | 河北 | 1.000 | 1.000 | 1.000 | 1.000 | 1.000 |
| | 上海 | 1.000 | 1.000 | 1.000 | 1.000 | 1.000 |
| | 江苏 | 1.000 | 1.000 | 1.000 | 1.000 | 1.000 |
| | 浙江 | 1.000 | 1.000 | 1.000 | 1.000 | 1.000 |
| | 福建 | 1.000 | 1.000 | 1.000 | 1.000 | 1.000 |
| | 山东 | 1.000 | 1.000 | 1.000 | 1.000 | 1.000 |
| | 广东 | 1.000 | 1.000 | 1.000 | 1.000 | 1.000 |
| | 海南 | 0.866 | 0.898 | 0.972 | 0.981 | 0.984 |
| 中部 | 山西 | 0.891 | 0.897 | 0.919 | 0.929 | 0.944 |
| | 安徽 | 0.944 | 0.945 | 0.967 | 0.969 | 0.978 |
| | 江西 | 1.000 | 1.000 | 1.000 | 1.000 | 1.000 |
| | 河南 | 1.000 | 1.000 | 1.000 | 1.000 | 1.000 |
| | 湖北 | 0.933 | 0.939 | 0.948 | 0.959 | 0.969 |
| | 湖南 | 0.984 | 0.984 | 0.994 | 0.995 | 0.997 |
| 西部 | 重庆 | 0.878 | 0.924 | 0.962 | 0.972 | 0.984 |
| | 四川 | 1.000 | 1.000 | 1.000 | 1.000 | 1.000 |
| | 贵州 | 0.977 | 0.875 | 0.909 | 0.856 | 0.978 |
| | 云南 | 0.928 | 0.939 | 0.948 | 0.963 | 0.964 |
| | 陕西 | 0.632 | 0.721 | 0.775 | 0.876 | 0.824 |
| | 甘肃 | 0.737 | 0.756 | 0.761 | 0.796 | 0.849 |
| | 青海 | 0.785 | 0.795 | 0.853 | 0.985 | 0.943 |
| | 宁夏 | 0.798 | 0.817 | 0.826 | 0.917 | 0.932 |
| | 新疆 | 0.841 | 0.854 | 0.865 | 0.873 | 0.887 |
| | 内蒙古 | 0.778 | 0.783 | 0.917 | 0.948 | 0.969 |
| | 广西 | 0.799 | 0.887 | 0.949 | 0.978 | 0.988 |
| 东北 | 辽宁 | 1.000 | 1.000 | 1.000 | 1.000 | 1.000 |
| | 吉林 | 1.000 | 1.000 | 1.000 | 1.000 | 1.000 |
| | 黑龙江 | 1.000 | 1.000 | 1.000 | 1.000 | 1.000 |

为了进一步分析造成我国农业投入产出效率低的具体原因，本书结合三阶段 DEA 第三阶段的纯技术效率和规模效率结果进行分析，2018 年有 3 个省份是由规模无效造成农业投入产出效率低，有 4 个省份是由技术无效造成农业投入产出效率低，有 12 个省区市是由规模和技术都无效造成农业投入产出效率较低。不同的

区域应该根据造成综合效率 DEA 无效的具体原因，提高农业生产技术，优化农业供给结构，因地制宜，精准施策，提高农业投入产出效率，具体如表 3-16 所示。

表 3-16　第三阶段 DEA 无效的原因分析

| 效率值 | 无效率的原因 | 数量 | 省份 |
|---|---|---|---|
| 纯技术效率等于1，规模效率小于1 | 规模无效 | 3 | 海南、湖南、安徽 |
| 纯技术效率小于1，规模效率等于1 | 技术无效 | 4 | 江西、河南、四川、吉林 |
| 纯技术效率和规模效率都小于1 | 规模和技术都无效 | 12 | 山西、湖北、重庆、贵州、云南、陕西、甘肃、青海、宁夏、新疆、内蒙古、广西 |

通过对我国农业投入产出效率进行第三阶段 DEA 分析，结果发现 2018 年有 19 个省区市的 DEA 无效，占比为 63.33%，其中有 16 个省区市都存在规模无效，这说明规模效率偏低是造成当前我国大部分省区市产出效率低的重要原因。从规模报酬来看，通过第二阶段的 SFA 分析，当剔除了外部环境的影响因素之后，农业的规模报酬都有所增加，然而吉林、广东、河南和山西还处于规模报酬递减阶段，因此，改善农业的生产环境和加大外部环境的支持，可以提高农业的产出效率，具体如表 3-17 所示。

表 3-17　第三阶段农业投入产出规模报酬分析

| 类型 | 个数 | 省区市 |
|---|---|---|
| 规模报酬不变 | 7 | 北京、河北、上海、天津、江苏、浙江、福建 |
| 规模报酬递增 | 19 | 辽宁、重庆、内蒙古、黑龙江、湖北、湖南、四川、陕西、广西、云南、贵州、宁夏、海南、青海、甘肃、新疆、山东、安徽、江西 |
| 规模报酬递减 | 4 | 吉林、广东、河南、山西 |

## 七、总体结论

通过运用三阶段 DEA 模型对我国农业供给侧结构性改革效率的分析，可以得到以下几点结论。

（一）基于绿色发展理念，实施农业供给侧结构性改革后，我国农业生产投入产出效率逐年提升，农业供给侧结构性改革成效显著。从经过修正的投入产出综合效率来看，相比于实施农业供给侧结构性改革前的 2014 年和 2015 年，实施农业供给侧结构性改革后，站在绿色发展的角度，我国省级层面的各个区域，除了北京、上海、河北、天津、江苏、浙江、福建、山东、广东、辽宁、黑龙江等稳定保持在 DEA 有效的区域外，其他 DEA 相对无效的区域农业投入产出综合效率提升，说明农业供给侧结构性改革取得积极成效。

（二）我国农业投入产出效率的区域差异较为明显。通过对我国农业投入产出的三阶段 DEA 分析结果可以发现，不同地区的投入产出效率差别很大。总体来看，我国的农业投入产出效率大致呈现出"东高西低"的特点，中部地区和东北地区大部分省份的农业投入产出综合效率处于中等水平，在东部省市里面也有 DEA 效率比较低的省份，如海南，从规模效率和纯技术效率结果来看，海南的农业投入产出相对较低的原因是农业投入资源的结构不合理。在中部地区和东北地区的省份中农业投入产出效率低的主要原因是生产技术与生产能力不匹配，因此，这些省份要加强提高农业生产技术，提高生产技术与生产能力的匹配程度，从而提高农业投入产出综合效率。从综合效率和规模效率、纯技术效率结合来看，西部地区的农业投入产出的综合效率是最低的，在这些地区大部分都是规模和技术均无效，因此这些地区要通过优化农业投入结构和提高农业生产技术来提高农业的生产效率。

（三）外部环境对我国农业投入产出效率有较大影响。为了分析环境对我国农业投入产出效率的影响，本书在第一阶段分析了考虑环境因素的农业投入产出综合效率后，又在第二阶段剔除了环境影响，然后在第三阶段又重新进行了农业投入产出效率分析。从对我国农业投入产出的三阶段 DEA 分析结果来看，剔除了环境影响因素之后，在第三阶段我国大部分省区市的农业投入产出效率都得到了显著提升，而且各省区市之间的农业投入产出效率差距也进一步缩小，规模效率和纯技术效率都得到了提升。这说明外部环境对我国的农业投入产出效率有较大的影响。本书选取了市场化程度和经济发展程度作为环境变量进行分析，因此这三个方面的环境对农业的投入产出有较大的影响。从农业投入产出效率的分布来看，经济发达地区的农业投入资源和技术相对比较合理，农业投入产出效率也较高，而在经济欠发达的地区，农业投入产出效率较低，这说明经济环境对一个地区的农业投入产出效率有较大的影响。一方面，经济发达的地区会吸引优秀的人才去发展农业，另一方面经济发达的地区有更多的资金和更先进的技术投入到农业生产中去，从而提高农业的投入产出效率。此外，市场化程度也会提高农业产出效率，这主要是因为市场化可以优化资源配置，提高资源利用率，从而提高农业产出效率，因此在未来的农业发展中，要高度重视经济发展和推动农业发展市场化。

# 第四章 基于绿色发展理念的农业供给侧结构性改革的主要问题

自农业供给侧结构性改革提出以来，在党中央的领导下，通过中央和地方的上下联动、各职能部门的协调合作、各农业主体的积极参与，中国的农业供给侧结构性改革在转方式、调结构、促改革等方面已经取得了不俗的成绩，但依然存在一些问题。因此，通过综合分析与比较，本章主要提出在绿色发展理念下中国农业供给侧结构性改革存在的问题，主要包括农业主体绿色发展意识缺乏、农业产品产业结构不合理、农业生产方式较为粗放、农业体制机制不合理四个方面。虽然这四个方面是从不同层面和角度提出的，但四者的关系又是层层递进、由表及里、相互关联、相互制约的。其中，发展观念的转变是实践变革的先决条件，农业产品产业结构是中国农业供给侧结构问题的具体表现，农业生产方式在一定程度上决定了农业产品产业结构，而体制机制对前三者均具有极大的影响作用。

## 第一节 农业主体绿色发展意识缺乏

农业的相关主体有很多，但本节仅选择了农业企业、农民、政府作为农业主体绿色发展意识考察的代表对象。这是因为农业企业具有较强的经济实力，是农业产业发展的排头兵、领头羊；农民是农业与大自然进行物质能量交换的直接载体，是农产品的直接生产者；政府是代表公共利益的职能部门，在农业发展中具有重要作用。

## 一、农业企业绿色发展意识薄弱

农业企业因具有感知市场信息速度快、能有效引导初级农产品生产、具有较强的人力物力财力等特点而被认定为中国农业绿色科技创新的主力军、农业绿色转型的排头兵。在农业绿色转型的过程中，农业企业将起到较好的示范引领作用。总体上来说，虽然中国农业企业在绿色采购、绿色管理等方面有所进步，但其绿色发展意识仍然比较薄弱，大多农业企业的绿色转型尚处于起步期。比如，有研究表明，在对江西省农业龙头企业调查的 224 个样本中发现，企业在绿色生产以及绿色营销方面的指数偏低，绿色生产中与环保研发机构结成合作伙伴、企业投入大量资源进行 ISO 14001 环境管理认证、绿色管理中企业环境部门领导参与采购事务的绿色行为指数得分排在后三位（姚莉萍，2018）。而四川省的情况是，在总的 323 个样本中，四川农业企业主要采取的是反应型和跟随型环境友好战略，真正采取前瞻型环境友好战略的企业只有 19%。再比如，在农副产品加工业中的肉制品加工方面，一年生产的各类肉制品达到 8000 多万吨，如此巨大的生产量造成每年畜禽粪污以及屠宰工厂加工产生的污水达 30 亿吨，除了水资源浪费严重以外，加工企业也并没有将使用后的污水进行有效治理以及循环使用，对生态环境造成压力（陈希勇，2013）。

## 二、农民绿色发展意识有待提升

中国农民文化程度普遍较低，绿色发展意识薄弱。尽管国家一直致力于绿色发展理念的宣传，也制定了许多环保的规章制度，但这些意识形态普遍是面向大众，加之农民本身的局限性，即接受信息的渠道面窄、文化程度不高，因此这些绿色发展的意识形态难以延伸到农民身上。除此之外，在中国小农生产格局下，农业生产规模小、效率低、成本高，农民的农业经营收入不高，在 1978 年到 2014 年，国内农业生产资料价格年均增长率低于农产品生产者价格年均增长率，这种投入品与产出品比价关系的变化刺激了农业生产者在农业生产中使用更多的投入品（叶兴庆，2016）。即使有农民意识到过多地使用农药、化肥进行农业生产是不好的行为，但是他们对于这样的行为具体会产生什么危害、对收入造成什么影响、应该如何有效控制用量及规范作业等并不清楚（王红梅，2016）。因此，"理性经济人"现象更加明显，农民在面对经济利益与生态环境矛盾时，一般会偏向经济利益。

## 三、政府绿色发展意识有待加强

政府作为国家职能部门和公共利益的代表，是推行绿色发展理念、践行绿色发展方式的先锋，政府行为对推动农业绿色发展具有举足轻重的作用，很大程度上影响了农业绿色转型的成败。但长期以来，受到 GDP 考核目标和经济利益目标的双重驱动，在面对农业经济利益以及生态环境保护的矛盾时，有些政府可能会先发展地区经济，再保护治理生态环境。对于一些见效慢、短期收益不明显甚至具有一定投资风险但意义重大的绿色农业项目不关注、不扶持，并没有真正意识到农业绿色转型的重要性，没有意识到绿水青山就是金山银山、环境就是发展、绿色就是发展等的辩证关系，即便是制定了绿色农业发展战略，也只是把绿色农业作为宣传和显示政绩的口号，并没有真正地把绿色循环农业付诸行动，没有真正地引导农业生产方式和大众消费方式实现绿色转变，在处理当前增长与可持续发展问题上自然而然地重眼前、轻长远，常常把调整农业产业结构、实现农业绿色增长当作可以等一等、看一看的事情。

# 第二节　农业产品产业结构不合理

农业产品产业结构状况是农业供给侧结构状况的主要体现，关系到人民的生活水平、企业的发展水平以及农民的切身利益，因此深入考察农业产品产业结构具有重要意义。本书对中国农业产品产业结构状况的考察主要从三个方面入手，分别是产品结构是否与市场需求相匹配、产品供给质量是否与消费升级相匹配、产业区域布局是否与环境资源相匹配。前两者是农产品结构在市场流通领域直接的体现，第三者对前两者有直接或间接的影响作用。

## 一、产品供给结构与市场需求不匹配

中国农产品市场需求的背景是，随着中国人民物质生活水平的提高，食品结构逐渐从以植物纤维为主转变为以兼重动物脂肪及高蛋白为主（黄宗智和彭玉生，2007），对传统的主食需求量降低，对各类瓜果蔬菜、优质豆类、生鲜肉类的需求量增加，饮食品种偏向多样化。根据《中国统计年鉴》，如图 4-1 所示，中国主要农产品的种植结构表现为：从 2005 年到 2016 年，中国的粮食作物类占主要农作物总播种面积比例实现了 11 年连增，2017 年稍有下降，瓜果蔬菜类平稳中有所上升，而油料作物类、棉花种植面积占比呈下降趋势。

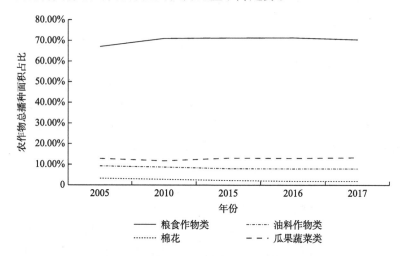

图 4-1　中国主要农作物种植结构占比图

由于种植结构并不能直接表明产量的变化情况，本书在图 4-2、图 4-3 中对主要农作物种植结构与其产量之间的关系进行了对比，以此说明中国农产品的供给情况。鉴于粮食作物类种植面积在主要农作物种植结构中占比较大，尤其是谷物类中的三大主要粮食（稻谷、小麦、玉米）占比较大，不利于在一张图中与其他农作物进行比较，故本书另起一张图（图 4-2）进行说明。在图 4-3 中，本书选取了粮食作物类中的豆类、薯类，油料作物类中的油菜籽，以及经济作物棉花四种农作物，比较其产量。选取这四种农作物的原因是其种植面积占比较大，且具有一定的变化趋势，在日常生活中十分重要，属于大宗消耗品，是中国农业种植结构调整中不可忽视的部分。另外，由于麻类、药材类、糖料类、烟叶类种植面积占比较小且变化甚微，故在此不做比较；瓜果蔬菜类种植面积占比变化也较小，且产量统计数据不全面（即产即销消费品，数据难以掌握），因而也不做比较。

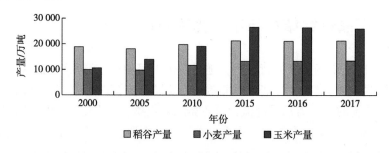

图 4-2　中国三大主要粮食作物种植结构与产量

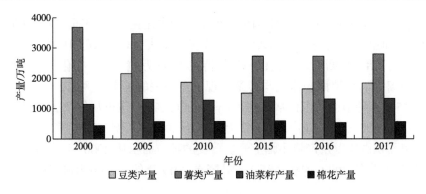

图 4-3　中国其他主要农作物种植结构与产量比较

　　由表 4-1 及图 4-2 可见，截至 2017 年，稻谷与小麦的种植面积占比较 2000 年的时候虽都有小幅下降，但是在生产效率提高的情况下，产量略有上升，总体上保持供给平稳状态。从 2000 年到 2015 年，玉米播种面积占农作物总播种面积的比例逐渐增长，从 2000 年的 14.75%增长至 2015 年的 26.95%，产量也从 2000 年的 10 600 万吨增长到 2015 年的 26 499.2 万吨。2015 年后，在国家农业供给侧结构性改革的背景之下，虽然播种面积以及产量小幅回落，但是依旧保持高位状态。

表 4-1　主要农作物种植面积占比与产量比较

| 农作物 | | 2000 年 | 2005 年 | 2010 年 | 2015 年 | 2016 年 | 2017 年 |
|---|---|---|---|---|---|---|---|
| 稻谷 | 稻谷种植面积占比 | 19.17% | 18.55% | 19.13% | 18.45% | 18.42% | 18.49% |
| | 稻谷产量/万吨 | 18 790.8 | 18 058.8 | 19 722.6 | 21 214.2 | 21 109.4 | 21 267.6 |
| 小麦 | 小麦种植面积占比 | 17.05% | 14.66% | 15.54% | 14.74% | 14.79% | 14.73% |
| | 小麦产量/万吨 | 9 963.6 | 9 744.5 | 11 614.1 | 13 263.9 | 13 327.1 | 13 433.4 |
| 玉米 | 玉米种植面积占比 | 14.75% | 16.95% | 22.23% | 26.95% | 26.46% | 25.49% |
| | 玉米产量/万吨 | 10 600 | 13 936.5 | 19 075.2 | 26 499.2 | 26 361.3 | 25 907.1 |
| 豆类 | 豆类种植面积占比 | 8.10% | 8.30% | 7.02% | 5.05% | 5.56% | 6.04% |
| | 豆类产量/万吨 | 2 010 | 2 157.7 | 1 871.8 | 1 512.5 | 1 650.7 | 1 841.6 |
| 油菜籽 | 油菜籽种植面积占比 | 4.79% | 4.68% | 4.65% | 4.21% | 3.97% | 4.00% |
| | 油菜籽产量/万吨 | 1 138.1 | 1 305.2 | 1 278.8 | 1 385.9 | 1 312.8 | 1 327.4 |
| 棉花 | 棉花种植面积占比 | 2.59% | 3.26% | 2.77% | 2.26% | 1.92% | 1.92% |
| | 棉花产量/万吨 | 441.7 | 571.4 | 577 | 590.7 | 534.3 | 565.3 |
| 薯类 | 薯类种植面积占比 | 6.74% | 6.11% | 5.10% | 4.38% | 4.34% | 4.31% |
| | 薯类产量/万吨 | 3 685.2 | 3 468.5 | 2 842.7 | 2 729.3 | 2 726.3 | 2 798.6 |

由表 4-1 及图 4-3 可见,中国棉花种植面积占比在 2005 年至 2017 年间处于下降趋势,但产量趋于平稳。油菜籽种植面积占比从 2000 年到 2016 年一直下降,到 2017 年开始小幅回升,产量也一直保持在 1300 万吨左右,变化不大。另外,豆类以及薯类的种植面积占比与产量呈现出正相关的关系。例如,豆类从 2005 年到 2015 年,种植面积占比从 8.30% 下降到 5.05%,产量也从年产 2157.7 万吨下降到年产 1512.5 万吨,减产约 645.2 万吨。从 2016 年开始,在国家结构调整下,豆类种植面积占比以及产量小幅上升。薯类的种植面积从 2000 年至 2017 年处于下降趋势,产量从 2000 年的 3685.2 万吨降至 2017 年的 2798.6 万吨,减产约 886.6 万吨。

三大主要粮食供给保持高位,尤其是玉米产量增速较快,豆类、薯类等在种植结构占比有所下降,造成农产品市场上一定程度的供需不平衡,刺激了硬缺口农产品的大量进口。比如,2020 年,我国进口大豆数量累计达到 10 033 万吨。除此之外,随着人们生活水平的提高和思想意识的转变,中国城乡居民的恩格尔系数均呈现下降趋势,在 2016 年已分别降至 29.3% 和 32.2%,这也充分表明中国居民消费结构有了趋势性的转变,对农产品的需求表现出多样性(高帆,2017)。由此可见,人们的消费结构逐渐从温饱型向享受型和发展型转变,人们对于亲近自然、养生休闲、绿色体验、农耕文化、农业科教等的需求增多,农业与第三产业的融合发展成为农业经济新的增长点。然而,就目前来看,中国农业第三产业产品有效供给仍然相对不足,自 2011 年以来,中国农业与服务业的融合发展程度还远远低于美国、日本等发达国家。

## 二、产品供给质量与消费升级不匹配

随着中国居民可支配收入的普遍提高,居民消费升级的倾向日渐明显,对于农副产品的需求倾向于绿色化、优质化、品牌化,但由于目前中国农业的生产方式、加工方式、保鲜技术、农产品追踪溯源机制不完善等问题,中国农产品提质增绿效果并不明显。在中国农产品市场上,充斥着一些质量一般甚至是较差的农产品,优质农产品的总量偏低,"三品一标"(即无公害农产品、绿色食品、有机农产品和农产品地理标志)产品的比重在整个农产品总量中不足 20%(罗其友等,2018)。根据《全国草食畜牧业发展规划(2016—2020 年)》,在草食畜产品方面,我国泌乳牛年单产量比发达国家约低 2~3 吨,肉牛屠宰胴体重低 100 千克,肉羊屠宰胴体重约低 10 千克,而且牛奶、牛肉、羊肉生产成本是国际平均水平的一倍以上,这使得中国草食畜产品的竞争力大大降低。此外,近年来食品安全事件频出,根据《中国食品安全发展报告(2018)》,近年来发生的毒奶粉、苏丹红鸡蛋、瘦肉精、酒精酒等事件，极大地影响了国民对中国农副产品的消费信心。在2008~2017 年，全国共计发生了 408 000 起食品安全事件，平均每天约发生 111.8 起。2017 年全国共发生食品安全事件 19 603 起，平均每天约发生 53.7 起，主要集中在生产与加工环节、消费环节以及流通环节，分别占总数的 45.16%、32.06%、14.05%（图 4-4）。尽管 2017 年发生的食品安全事件日频次已经大大降低，但重拾消费者对中国食品安全的信心却是一个漫长的过程。对国内农产品信心的缺失，在一定程度上激发了中国消费者对国外农副产品的偏爱。自 2004 年以来，中国不仅从农产品净出口国转变为了净进口国，而且贸易逆差也越来越大。至 2014 年，农产品贸易逆差从 2004 年的 25 亿美元增加到了 505.8 亿美元，10 年间增加了 19 倍以上（孔祥智，2016）。如表 4-2 所示，2014 年至 2018 年，每年的贸易逆差额在 500 亿美元左右徘徊，进口增长率虽在 2015 年和 2016 年出现负增长，进口量有所减少，但之后进口量又逐渐回升。农产品的大量进口不仅使国内农产品供给过度依赖国际市场，还压缩了国内市场份额，制约了中国本土农业企业的发展与转型升级。

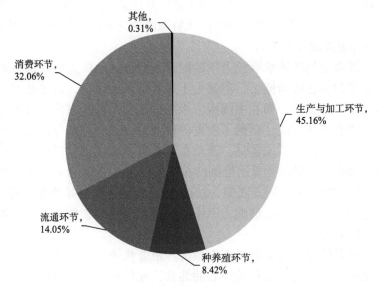

图 4-4　2017 年中国食品安全事件起数在各环节占比

资料来源：《中国食品安全发展报告（2018）》

表 4-2　中国农产品进出口情况表（2012~2018 年）

| 年份 | 总额/亿美元 | 差额/亿美元 | 出口/亿美元 | 增长率 | 进口/亿美元 | 增长率 |
|---|---|---|---|---|---|---|
| 2012 | 1757.7 | −491.9 | 632.9 | 4.2% | 1124.8 | 18.6% |
| 2013 | 1866.9 | −510.3 | 678.3 | 7.2% | 1188.6 | 5.7% |

续表

| 年份 | 总额/亿美元 | 差额/亿美元 | 出口/亿美元 | 增长率 | 进口/亿美元 | 增长率 |
|------|------------|------------|------------|--------|------------|--------|
| 2014 | 1945 | −505.8 | 719.6 | 6.1% | 1225.4 | 3.1% |
| 2015 | 1875.6 | −462 | 706.8 | −1.8% | 1168.8 | −4.6% |
| 2016 | 1845.6 | 385.8 | 729.9 | 3.3% | 1115.7 | −4.5% |
| 2017 | 2013.9 | −503.3 | 755.3 | 3.5% | 1258.6 | 12.8% |
| 2018 | 2168.1 | −573.9 | 797.1 | 5.5% | 1371 | 8.9% |

资料来源：中国农业农村部网站

## 三、产业区域布局与环境资源不匹配

第一，粮食生产与水资源分布不匹配。近年来，中国粮食生产线呈现北移的趋势，表现为向水少地多的北方地区聚集，南方土地资源总量占全国的 40%，但是水资源总量却占全国的 80%；北方的土地资源总量占全国 60%，而水资源总量却只有全国的 20%（罗其友等，2018），水资源的缺乏导致北方地区地下水过度开采，对生态环境造成较大压力。

第二，养殖业与环境承载能力不匹配。东北地区地广人稀，饲草料资源丰富，具有较强的粪污吸纳能力，但是由于东北地区人口少，市场相对不足，因而畜禽养殖业并不发达。而在中国南方水网地区，尤其是东南沿海地区，人口密集，畜禽产品市场广阔，刺激了畜禽养殖业的发展，尤其是以粮饲型为主的猪禽养殖业，养殖密度越来越高，而草食型畜禽养殖比重相对较小，猪肉和禽肉的产量占肉类总产量的比重始终维持在 85% 以上，但草食畜（牛羊兔）比重较低，维持在 14% 左右（罗其友等，2018）。南方地区畜禽养殖业发展快速，但环境承载能力有限，粪污吸纳能力不强，循环利用水平较低，畜禽养殖与环境保护矛盾比较突出。

第三，种养结合不够紧密。南方畜禽养殖业快速发展，草饲料需求量大，但作为重要饲料来源的玉米种植中心的北移，使得南方大中型城市周边的饲料资源极其有限，饲草料自给困难，只能依靠进口。另外，南方循环农业发展水平较低，畜禽粪便的综合利用率不足一半，局部地区畜禽养殖量已经超过了环境的承载量，环境污染问题突出，养殖业与种植业这种空间分布上的错位问题比较严重。

# 第三节　农业生产方式较为粗放

农业生产方式对农业产品产业结构具有极大的影响作用，农业生产方式中的要素组合结构与要素效率状况在很大程度上决定了农产品供给的质量与数量，决定了农业与大自然的物质能量的交换状况。因此，在绿色发展理念下探讨中国农业供给侧结构性改革存在的主要问题，必然要对农业生产方式做出考察，具体内容如下。

## 一、传统农业生产方式污染严重

中国传统农业生产方式基本是以农药、化肥、水资源等来实现产量增长，极大地损耗了农业可持续发展的自然产能。如图 4-5 所示，从 1985 年到 2015 年，中国农作物总播种面积总体呈上升趋势，从总面积 14 362.6 万公顷增长到 2015 年的 16 682.9 万公顷，增长了 2320.3 万公顷，2015 年后随着国家农业供给侧结构性调整，总播种面积有所下降。另外，中国的化肥施用量从 1978 年的 884 万吨增长到了 2017 年的 5859.4 万吨，增长了近 6 倍，通过播种总面积与化肥施用量之比发现，2015 年化肥的单位面积施用量达到峰值，即每公顷 361 公斤，而国际化肥施用安全警戒线是每公顷 225 公斤，中国化肥施用量是国际安全警戒线的 1.6 倍。虽然化肥施用量在 2016 年和 2017 年有所降低，但仍然处于高位。与欧美国家相比，中国的化肥平均施用量是欧美国家平均施用量的 4 倍之多（叶兴庆，2016）。除此之外，2019 年，中国的渠道灌溉水利用系数大多在 0.3 到 0.4 之间，机井灌溉水利用系数在 0.6 到 0.7 之间，全国灌溉水有效利用率仅为 0.54，而发达国家可达到 0.7~0.8。在中国，1 立方米农业用水的粮食产量仅为 1 公斤，而发达国家可达到 2 公斤，在以色列甚至达到了 2.35 公斤（包晓斌，2018）。在农药超标使用的情况下，大量的农用灌溉导致水质被严重污染，在 2011 年到 2015 年的化学需氧量排放量中，农业源污染排放量远远超出了工业和居民生活污染排放量。以 2015 年为例，一年的农业源污染排放量达到 1068.9 万吨，大约为工业污染排放量的 3.64 倍，为生活污染排放量的 1.24 倍（王晓鸿和吕璇，2018）。农药化肥的过量使用，还会带来土壤的盐碱化、硬质化、板结化，损害农业可持续发展产能。除此之外，中国东北地区每年产生秸秆 8 亿多吨，集中焚烧会对空气造成严重污染，还有大量农膜没有回收再利用。

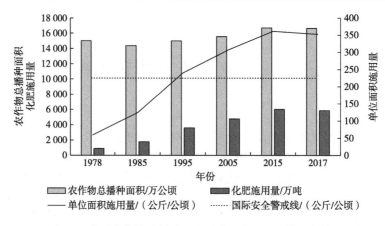

图 4-5　中国农作物总播种面积及农用化肥施用情况趋势图

## 二、农业主要生产要素效率低下

由于土地、资本、劳动力、创新四要素在农业生产要素中占据主导地位，因此本书将其作为主要考察对象。在劳动力要素方面，据国家统计局发布的《2017年全国农民工监测调查报告》数据，2017 年中国农民工总量达到 28 652 万人，其中外出农民工数量为 17 185 万人，在全部农民工中，男性占 65.6%，50 岁以下的农民工占比为 78.7%。农村青壮年劳动力常年向城市大量输出，留守在农村的多为老人和妇女，导致农村劳动力不足且质量偏低。在资本要素方面，目前中国城乡要素流动仍然偏向于单向流动，大量资本要素向城市涌入，而投入农村的城市资本较少，尤其是近几年，资本下乡速度明显放缓，虽然农村贷款余额从 2007年的 50 384 亿元增加到了 2016 年的 230 092 万亿元，增长率达到了 356.7%，但是自 2009 年增速达到 34.2% 之后就开始逐渐放缓，在 2016 年增速甚至跌至 10%以下（蔡秀玲和陈贵珍，2018）。在土地要素方面，中国家庭式小农生产格局尚未根本改变。据统计，截至 2021 年底，我国拥有 1.2 亿公顷耕地，但人均耕地面积仅仅为 0.097 公顷，受人多地少的限制，小规模种植成为中国家庭经营的常态。这种超小规模的农业生产格局，使得农业生产效率低下，单位投入与产出比高。在创新要素方面，中国近些年的农业科技水平明显提高，2021 年，我国农业科技进步贡献率和农业耕种收综合机械化水平分别达到了 60% 和 71%，但与发达国家相比，中国农业科技水平仍存在一定差距，依然存在着创新体系不完善、学科发展不平衡、重大标志性成果不多等诸多问题。

### 三、农业生产性服务业发展滞后

目前，在种植业生产经营活动中，我国农户对于不同生产环节的生产性社会化服务依然以自给自足为主（罗必良，2017）。农业部在《关于加快发展农业生产性服务业的指导意见》答记者问中指出，中国农业生产性服务业依然处于初期发展阶段，普遍存在服务组织规模小、实力弱、对普通农户带动力不强等问题。张红宇认为，从产业链条来看，产中服务相对充分，产前和产后环节相对滞后，其中，产前市场预警、产后初加工和销售服务很不适应，农产品会经常陷入多了少、少了多的周期性波动（乔金亮，2017）。孔祥智（2019）认为，小农户对社会化服务需求有着较为明确的指向，即需要农产品产地初加工服务，如烘干、储藏等，根据专家的测算，我国每年因农户储粮方式不当而导致的粮食损失约为 400 亿斤（1 斤=0.5 公斤），马铃薯约为 1600 万吨，水果约为 1400 万吨，蔬菜约为 1 亿吨。如果粮食、水果按 2000 元/吨计算，马铃薯和蔬菜按 1000 元/吨计算，折合经济损失达到 3000 亿元左右。按目前单产水平进行推算，大概相当于全国每年有 1.5 亿亩的耕地投入和产出被损失。尤其是在部分粮食主产区，传统的小规模农户缺乏规模化的产后粮食处理设施，导致粮食产后处理不及时，造成极大损失。例如，2020 年，国家粮食和物资储备局提供的数据显示，我国在储粮、运输和加工环节导致的粮食损失约 700 亿斤，其中农户储粮、粮油加工和餐饮消费等环节损失较为集中。由此可见，产后处理和储藏不及时不仅导致农民遭受较大的经济损失，而且变质腐烂的农作物还会滋生细菌、蚊蝇，影响居住环境，集中处理时产生的大量的废气、废水、废渣也会增加生态环境的负担。因此，必须尽快发展农业产地初加工服务业。另外，这种生产性服务业还具有促进农业分工的作用，在中国小农土地生产规模下，可以由不同的农业服务主体承担农业生产经营的各个环节，达到集约生产的目的，有效提高农业生产率。

# 第四节　农业体制机制不合理

农业体制机制对培育农业主体的绿色发展意识、调整农业产品产业结构、转变农业生产方式具有重要作用，是农业供给侧结构性改革较为深层次的方面，在一定程度上决定了改革的成败。由于农业体制机制涉及的范围广、内容多，因而本节主要选取了在绿色发展理念下与农业供给侧结构性改革有直接联系的三个方面进行考察，第一个是就农产品市场流通领域而言的农业补贴政策问题，第二个是就农业生产效率而言的农村土地制度问题，第三个是就政府监管而言的农产品安全监管机制问题。

## 一、农业补贴政策不合理

近年来，为了保障农民增收，稳定主要农产品的生产，国家逐步实施了多种农业补贴政策，如良种补贴、农机具购置补贴政策、粮食最低收购价政策、玉米临时收储政策等。这些政策虽然在短期内对保障农业生产和农民增收起到了积极作用，但长期来看，其负面效应也开始逐渐显现。如表 4-3 所示，从 2013 年起，小麦的国际价格就低于国内价格，并在 2016 年达到最大差值，国内每公斤价格是国际价格的 2.41 倍。稻谷的国际和国内均价在 2014 年到 2016 年的 3 年间，国内最低收购价都处于国际价格的上端，在 2015 年达到最大差值，国内每公斤价格是国际价格的 1.19 倍。玉米国内价格从 2008 年执行临时收购价格以来，价格就一直高于国际市场价格，在 2014 年达到最大差值，每公斤价格是国际价格的 2.03 倍，2015 年临时收购价虽稍有回落，但仍然是国际价格的 1.9 倍。总的来说，从 2013 年到 2017 年的 4 年间，三大主要粮食的国内价格普遍高于国际价格，形成价格倒挂。

**表 4-3　三大主要粮食国内、国际价格对比**

| 年份 | 国内市场价格/（元/公斤） | | | | | | | | | | | | 国际市场价格/（元/公斤） | | |
| --- | --- | --- | --- | --- | --- | --- | --- | --- | --- | --- | --- | --- | --- | --- | --- |
| | 小麦最低收购价格 | | | | 稻谷最低收购价格 | | | | 玉米临时收储价格 | | | | | | |
| | 白小麦 | 红小麦 | 混合麦 | 均价 | 早籼稻 | 中晚籼稻 | 粳稻 | 均价 | 辽宁 | 吉林 | 黑龙江 | 均价 | 小麦 | 大米 | 玉米 |
| 2004 | | | | | 1.4 | 1.44 | 1.5 | 1.45 | | | | | 1.32 | 2.32 | 0.8 |
| 2005 | | | | | 1.38 | 1.44 | 1.5 | 1.45 | | | | | 1.36 | 2.3 | 0.84 |
| 2006 | 1.44 | 1.38 | 1.38 | 1.4 | 1.4 | 1.44 | 1.5 | 1.45 | | | | | 1.68 | 2.44 | 1.26 |
| 2007 | 1.44 | 1.38 | 1.33 | 1.4 | 1.4 | 1.44 | 1.5 | 1.45 | | | | | 2.8 | 2.76 | 1.32 |
| 2008 | 1.54 | 1.44 | 1.44 | 1.47 | 1.54 | 1.58 | 1.64 | 1.59 | 1.52 | 1.5 | 1.48 | 1.5 | 1.64 | 3.98 | 1.1 |
| 2009 | 1.74 | 1.66 | 1.66 | 1.69 | 1.8 | 1.84 | 1.9 | 1.85 | 1.52 | 1.5 | 1.48 | 1.5 | 1.52 | 4.22 | 1.14 |
| 2010 | 1.8 | 1.72 | 1.72 | 1.75 | 1.86 | 1.94 | 2.1 | 1.97 | 1.82 | 1.8 | 1.78 | 1.8 | 2.18 | 3.76 | 1.68 |
| 2011 | 1.9 | 1.86 | 1.86 | 1.87 | 2.04 | 2.14 | 2.56 | 2.25 | 2 | 1.98 | 1.96 | 1.98 | 1.84 | 3.92 | 1.64 |
| 2012 | 2.04 | 2.04 | 2.04 | 2.04 | 2.4 | 2.5 | 2.8 | 2.57 | 2.14 | 2.12 | 2.1 | 2.12 | 2.26 | 3.76 | 1.96 |
| 2013 | 2.24 | 2.24 | 2.24 | 2.24 | 2.64 | 2.7 | 3 | 2.78 | 2.26 | 2.24 | 2.2 | 2.23 | 1.84 | 2.8 | 1.2 |
| 2014 | 2.36 | 2.36 | 2.36 | 2.36 | 2.7 | 2.76 | 3.1 | 2.85 | 2.26 | 2.24 | 2.2 | 2.23 | 1.76 | 2.62 | 1.1 |

续表

| 年份 | 国内市场价格/（元/公斤） | | | | | | | | | | | | 国际市场价格/（元/公斤） | | |
|---|---|---|---|---|---|---|---|---|---|---|---|---|---|---|---|
| | 小麦最低收购价格 | | | | 稻谷最低收购价格 | | | | 玉米临时收储价格 | | | | | | |
| | 白小麦 | 红小麦 | 混合麦 | 均价 | 早籼稻 | 中晚籼稻 | 粳稻 | 均价 | 辽宁 | 吉林 | 黑龙江 | 均价 | 小麦 | 大米 | 玉米 |
| 2015 | 2.36 | 2.36 | 2.36 | 2.36 | 2.7 | 2.76 | 3.1 | 2.85 | 2 | 2 | 2 | 2 | 1.36 | 2.4 | 1.06 |
| 2016 | 2.36 | | | 2.36 | 2.66 | 2.76 | 3.1 | 2.84 | 取消 | | | | 0.98 | 2.55 | 0.91 |
| 2017 | 2.3 | | | 2.3 | 2.6 | 2.72 | 3 | 2.77 | 取消 | | | | 1.4 | 2.85 | 0.93 |
| 2018 | 2.24 | | | 2.24 | 2.4 | 2.52 | 2.6 | 2.51 | 取消 | | | | 1.45 | 2.94 | 1.01 |

注：稻谷最低收购价开始于 2004 年，小麦最低收购价开始于 2006 年，玉米临时收储价格始于 2007 年止于 2016 年。小麦、稻谷最低收购价格和玉米临时收储价格数据来自国家发展和改革委员会价格认证中心、农业农村部网站。国际市场价格中 2004 年至 2015 年来自：孔祥智. 2016. 农业供给侧结构性改革的基本内涵与政策建议[J]. 改革，（2）：104-115，2016 年至 2018 年数据来自农业农村部网站价格（美元/吨）按当年平均汇率换算

对于政府来说，这种"托市"性质的农产品最低收购价政策、临时收储政策，不仅给国家财政增加了负担，也给库存管理增加了负担，而且连年积压的粮食自身也会逐渐贬值。对于企业来说，农产品价格形成的市场机制失效，托市性质的农产品价格极大地增加了农业加工企业的生产成本，降低了企业利润。对于农民来说，国家的各种农业生产性补贴也增加了农业投入成本，在农业生产效率没有真正提升的情况下，产出投入比较低，而且随着中国农产品成本"地板"抬升，国际农产品价格"天花板"挤压，农民增收会更加困难，农民的收入越发依赖国家的财政补贴，形成恶性循环，出现"生产量、进口量、库存量"三量齐增的现象。

## 二、农村土地制度改革亟须加强

从 1978 年安徽凤阳小岗村开启了农村土地分包到户以后，中国农村土地改革就此拉开了帷幕。到了 20 世纪 80 年代，随着家庭联产承包责任制不断在中国农村推行开来，农民生产积极性得到极大提高，农村生产力得到极大解放和发展，充分地释放出农村的经济活力。但随着时间的推移，这种以家庭为单位的小农生产方式不断暴露出其局限性，如规模小、效率低、成本高、品种单一、市场化程度低等问题，越来越制约中国农业经济的发展。到了 20 世纪 90 年代，国家开始逐步有意识地采取多种手段，如发展新型农业经营主体，通过采取多种形式的农业经营管理方式推进农业产业化、标准化。到十七届三中全会以后，逐渐开启的农村土地"三权分置"，建立的土地经营权流转市场，促进了分散的小规模土地的

集约利用，提升了农业生产效率，这种诱致性的土地改革是符合当今农业农村发展规律的。但是，由于从制度的制定到运行，再到实践中的不断完善需要一定的时间，农业各主体对这种农业生产经营制度的改变也需要一个适应的过程，在短时期内，中国农村土地经营权流转效果并不是很明显。罗必良（2017）指出，随着农地确权的进一步完成，农户的农地"产权意识"也会相应提升，农民的"禀赋效应"明显，短期内会加剧土地租金上涨，进而使得农地的流转受阻。目前，中国小规模农业生产现状并没有得到根本性的改变，超小规模的农户经营占比仍为66%左右。在这种情况下，中国依靠农药、化肥等投入品实现农业增长的传统生产方式难以得到根本性的转变，长此以往，既不能满足现代人对绿色农产品的需求，也破坏了生态环境，违背了绿色发展的要求。中国农业土地制度的改革，是发挥中国农业制度优势，解放和发展农业生产力的重要举措，将极大地改善因农村劳动力外流而造成的农村土地闲置现状，促进城乡资源要素的双向流动，也将增加农民的非农收入，对农村农业发展有极大的促进作用。因此，应该不断有序地推进中国农村土地制度改革。

## 三、农产品安全监管机制乏力

近年来，中国食品安全事件频出，极大地影响了公众对中国食品安全的信任度，究其原因，首先是农产品安全监管机制乏力，仍有较大的提升空间。"检不了、检不出、检不准、检得慢"等监管不力行为，成为中国食品安全监管机制乏力的主要表现，中国的食品检查管理体系、质量安全认证体系、食品溯源追责体系、大众绿色消费引导机制始终没有建立完善，实效性较差。在农产品质量识别方面，不仅消费者难以辨别质量优劣，即便是对于管理机构来说，面对市场上纷繁复杂的农产品，也难以一一鉴别，加之检查周期长、效率低，混乱的绿色农产品认证市场极大地损害了市场公平，未能对严格执行生产标准的市场主体进行切实的利益维护。监管不力的因素有很多，但其中重要的一个因素是行业监管人员的渎职。另外，根据相关媒体披露，重大食品安全事件发生的原因有一部分应归咎于监管不力，而造成监管不力的一个重要因素便是行业监管人员的渎职。在个别地区，甚至有执法人员充当违法企业保护伞的现象。而在公职人员渎职背后，离不开行政问责体系不健全的因素，尤其表现在各城市、各区域对于农业立法的内容、标准、职责划定得不统一，如此一来，对于不同区域具有相同监管职责的人，面对同样的事件，可能要承担不一样的监管责任，这样不利于明确职责，容易出现管理不清的问题。

# 第五章　基于绿色发展理念的农业供给侧结构性改革的国际经验及启示

绿色发展理念在全世界范围内都有广泛的探讨和实践。随着欧洲发达国家逐步从工业化走入后工业化时代，绿色发展理念被赋予了更多的内涵。由于农业生产与人类健康的关系愈发受到重视，近年来，对农业生产上的绿色发展理念的关注度也越来越高，譬如更合理的农业化学品的投入，更健康、生态和安全的食品来源等，发达工业国家（同样也是发达的农业国家）在这些领域一直走在世界的前沿。可以说，绿色发展理念在这些国家和地区已经深入人心，许多举措、模式、政策以及形成的经验和理论都值得我国借鉴。

习近平在讲话中多次提及供给侧结构性改革，其是我国经济建设的主要抓手，是我国的一个重大战略。供给侧结构性改革是一个具有中国特色的词语，国外没有供给侧结构性改革这个提法。但是，国外的很多农业改革措施及相应的法案是从供给侧开展的，或者从农业生产端的角度开展，如农业产业结构调整、农业区域布局、农业技术的革新、管理的创新等，这些措施和法案都与我们今天进行的农业供给侧结构性改革直接或间接相关。因此，从供给侧结构性改革的思路去梳理这些成功经验，对推进农业供给侧结构性改革具有十分重要的意义。

## 第一节　美国的主要措施、典型案例与相关启示

### 一、主要措施

农业是美国的主要产业之一，尽管在美国国民经济中的占比不高，但作用和意义十分重要，同时，农业也是美国科技运用最为广泛的产业之一。大规模、高

效率、自动化是美国农业发展的主要特征，也确保了美国成为全球最重要的粮食净出口国家之一。在 2017 年的农业普查中发现，美国的 204 万个农场和牧场（覆盖 9 亿英亩[①]，平均每个农场占地 441 英亩）犹如 204 万个标准化作业的工厂，以一种工业化的方式从事农业生产。需要指出的是，美国的大规模农业生产并不因为工业化的方式而放松对绿色理念的坚持，相反，美国一直是绿色农业的倡导国家，其理念早已深入美国的农场主和整个从业群体。

美国早在 19 世纪 50 年代就已经开始了农业生产结构的调整，逐步开发乡村度假旅游，激发休闲旅游的经济潜力，从 1941 年开始大范围推行规范化的乡村旅游业发展，到 1962 年以后，农业旅游因为有政府政策的支持、鼓励而得到迅速发展。1970 年在美国东部有超过 500 处的休闲农场，到 1977 年，光是美国本土居民前往乡村、农场观光度假的人数就已达到 1800 万人，仅美国东部观光农场就有 1500 个，在西部则以发展专门观光旅游牧场为主。美国青少年也很注重享受的过程，喜欢到处旅游，欣赏各处不同风景，注重其中的体验感。在美国，大多数的成年人在美国都有过乡村旅游的体验，90% 的旅行人员以休闲度假为目的。旅行观光之余，人们可以参与农作物耕种、采摘等，还可以用自己采摘来的蔬菜在当地农场主家里亲自做上一顿美味的佳肴，享受来自他们亲手劳动的满足感与自豪感。美国农业的发展在很大程度上促进了美国经济的发展。

在农业发展过程中，美国提出了有机农业这一概念，并大力发展绿色有机农业。虽然有机农业成本高，但却是一项绿色农业的发展项目，因此美国一直坚持发展有机农业。美国农场主开辟了大量经有机认证的农场，目前有机农业的生产面积不断扩张，有机农产品销售总值整体也呈现不断增长的趋势（历年美国有机农业发展的相关指标见表 5-1）。

表 5-1  美国有机农业发展情况表

| 年份 | 获有机认证的农场数量/个 | 正常运行的有机认证农场数量/个 | 正常运行的有机认证农场面积/英亩 | 有机认证农产品销售总值/美元 |
| --- | --- | --- | --- | --- |
| 2017 | * | 18 166 | * | 7 277 350 000 |
| 2016 | 14 217 | 14 185 | 5 019 496 | 7 553 872 000 |
| 2015 | 12 818 | 12 779 | 4 361 849 | 6 163 472 000 |
| 2014 | 14 093 | 14 048 | 3 670 560 | 5 456 732 000 |
| 2012 | * | 14 326 | * | 3 120 717 000 |
| 2011 | 9 140 | 8 978 | 3 648 896 | 3 531 806 000 |
| 2008 | 14 540 | 14 307 | 4 077 337 | 3 164 995 000 |

资料来源：美国农业部

*表示数据缺失

---

[①] 1 英亩约为 0.404 856 公顷。

美国的农业资源,特别是土地资源十分丰富,是世界上耕地面积最大的国家,在发展绿色农业上从未止步,并于20世纪80年代初期首次提出了"可持续农业"的理念。美国可持续农业的核心是"减量化"的生态循环方式,本质上以技术为支撑,尽可能地优化农业使用投入(如化肥、农药、水、种子等)以达到最优产量和经济效益,并尽量减少使用化学物质,保护农业生态环境。在发展过程中,美国逐渐形成了法律体系、政策体系和技术体系"三大体系",显著提升了农业生产者的绿色发展意识,对推动农业改革创新起着积极的作用,主要措施包括以下几个方面。

### (一)以绿色创新推动农业产业结构平衡发展

美国的农业部门结构具有多样性,农业、林业和渔业都很发达,在农业内部,种植业与畜牧业长期以来一直处于平衡发展的状态。20世纪80年代后畜牧场规模迅速发展,根据世界粮食及农业组织统计数据,2014年美国肉类总产量为4256万吨、蛋类总产量为597万吨、奶类总产量为9346万吨,分别占全世界总产量的 13.38%、7.91%、11.66%。美国肉类生产以牛肉和禽肉为主,2014年美国肉牛、禽肉、猪肉产量分别为1145万吨、2039万吨、1037万吨,各占全球总产量的16.74%、18.06%、8.99%,2012年,5000头以上规模的生猪养殖场存栏量占总存栏量的67.7%,10万只以上规模的火鸡养殖场存栏量占总存栏量的72.3%。畜牧业作为美国现代农业的重要组成部分,2013年美国畜产品总销售额达到了农业总产值的44.28%。种植业、畜牧业大规模、集约化生产方式,使生产水平和劳动生产率大大提高,产业发展的规模化和经济的效益化取得了显著成效。在种植业里,谷物、棉花、烟草、油料、蔬菜、水果等种植作物得到了重点关注;在畜牧业里,养羊、养猪、养牛、养禽等各畜牧业发展较为均衡。美国东北地区养殖的奶牛数量约占全国奶牛总数的1/3,生产出来的牛奶及其衍生品几乎占全国总量的一半,肉鸡生产也占一定的地位。玉米、豆饼等饲料来源于玉米带,为当地养猪业的健康发展奠定了一定的基础,所以玉米带也是美国最大的猪肉生产基地。美国西部的放牧活动主要集中在草原带,可以饲养牛、羊、马等。美国的肉牛通常是先在草原带放牧,然后进行集约化育肥,"搭好架子",因此可以节省大量的饲料粮和其他相关费用。

### (二)高度重视绿色发展相关科技研发和推广

技术方面,美国在农业绿色发展过程中形成的三大体系之一的技术体系推动了农业的改革发展,显著减少了传统生产方式的污染,提升了农业生产效率,从而提高了农业产量和利润率。美国对农业科研投入非常大，超过 GDP 的 3%，并保持每年 8%的增幅，主要用于种子改良、新品种培育等方面的研究，不断强化农业科技化的产业升级。以种植业为例，美国农业科技化体现在产前农产品育种和配备先进农用基础设施、机器设备、肥料等；产中由先进设备和技术提供的作物生长数据来监测作物生产发育和及时收割；产后采用科学技术对农产品进行储存、运输、加工、销售。在农业生产的全过程中，将农业与非农部门、农业内部各产业、品种之间以及机械学工程科技和生物学工程科技的科技进步进行综合配合。此外，政府还不断完善农业科技成果的市场管理体系和机制，形成了规范化的农业科技市场。相关资料显示，美国科技成果对农业增长率的贡献率达 80%以上，居世界前列。美国的很多高科技广泛应用于农业生产，如生物技术、基因工程、信息技术、细胞工程、发酵工程、遥感测控技术和新能源技术等，强大的经济实力和先进的科学技术为美国农业的高生产率奠定了坚实的基础，不仅提升了美国农业的经济效益，也在很大程度上增强了美国农产品在国际市场上的竞争力。

### （三）高度重视农业专业生产与经营主体保护

美国依据不同地方的区域自然条件差异，通过科学合理的划分，实现了农业地区生产的专业化，依据气候条件种植适宜的农作物，形成不同的产业带，如棉花带、玉米带、小麦带等。早在 20 世纪 20 年代，美国就实现了种植的高度专业化，并延续至今。该区域分工方式使得不同地区和不同州能够结合各自区域的自身条件发挥区域特长，有效降低生产成本，大大提高了农业生产效率。交通枢纽的建立和通畅进一步加速了区域分工、地区分工和专业化生产，也在很大程度上促进了周围相关产业的发展。同时，在专业化程度提升方面，加大了对农业生产绿色要素的融入，建设了农业绿色转化机制体制。

美国是世界上最早实现粮食生产机械化的国家之一，作为一个平原占国土面积一半以上的国家（约占 55%），广袤的平原土地为实施机械化耕作提供了自然条件。在 20 世纪 60 年代后期，机械化程度获得了快速提高，一方面实现了耕种、田间管理、收获、干燥等各环节的机械化；另一方面也实现了棉花、甜菜、马铃薯、苹果、西红柿、葡萄等机械化难度较大的经济作物从种植到收获的全过程机械化。美国不仅在农业农产品方面处于世界领先地位，在种植业、畜禽饲养、设施农业、农产品加工方面也居世界前列。目前，美国正在研究将卫星通信、遥感技术、电子计算机等高科技应用到农机器械上，实现无人驾驶、随时随地进行自动操作和监控等，使耕种、施肥、除草、杀虫等作业能够更准确、快速，实现农产品从生产到加工到销售的各环节机械化，"田间到餐桌"也实现产销一体化，高程度的机械化作业加上科学的农场管理，大大提高了农业生产率。

### （四）完善农业绿色可持续发展相关法律法规

在法律层面，联邦政府（国家层面上）及州政府十分支持和保护农业的发展，重视发展生态循环农业，建立了农业发展与资源环境协调的立法体系，制定生态标准并强制实施。19 世纪至 20 世纪，美国政府出台了很多和农业相关的重要支持文件用以支持美国农业的发展。例如，1862 年农业部成立并明确定位"农业是制造业和商业的基础"，发布了《宅地法》和《莫雷尔法案》，1887 年发布了《哈奇法案》，1914 年发布了《斯密斯-利弗法》，1917 年发布了《史密斯-休士法案》等，其中，《莫雷尔法案》和《哈奇法案》规定：由联邦政府拨给各州土地三万英亩，各州可用其收入作为开办工、农学院的基金，培养发展工农业所需的专业人才（其目的是重视农业科学的研究）。1965 年颁布的《固体废物处理法》（后改为《资源保护和回收法》）对农业固体废弃物处理做出了明确要求。1990 年颁布了《有机食品生产法》（后改为《美国农业部有机食品证书管理法》），并成立国家有机农业标准委员会（National Organic Standards Board），国会通过了《污染与防治法案》《多重利用、持续产出法》等一系列法律法规。20 世纪 30 年代的罗斯福新政全面支持农业发展，经过持续不断的研究和探索，已经建立了健全的农业政策体系，其内容涵盖农业科技发展、农业价格和收入支持、农业信贷、资源保护、税收、农产品对外贸易等各方面，但农业政策核心始终是农业补贴，其对推进美国农业发展、增强美国农业竞争力等方面有着重要作用。可以说，在政府强制推动下建立起来的立法体系不仅保护了农业发展的地位，也提升了农业生产者的绿色发展意识，进一步确保了美国农产品的"绿色"品质。

1862 年美国制定的《宅地法》为家庭农场奠定了基础。到 2018 年，美国已经发展了约 220 万个农场，在这些农场中大约有农业劳动力 350 多万，剩下的大多是老人和小孩等劳动力弱或不具有劳动力的人，每个农场主平均经营土地 400 英亩，每个农场的劳动力大约有 1.6 个。2010 年美国收入超过 100 万美元的农场，家庭农场占比为 88%，全美农产品中家庭农场生产的农产品占到了总产量的 79%。另外，政府注重完善农业绿色发展的基础设施建设，联邦资助建设农业试验站系统和推广网络，在每个州设有农业推广机构。同时，1915 年，从属于农业部的市场局受到联邦政府的赞助，农民因而得到市场数据资料和相关的数据分析。除此之外，国家层面对农业的投资在推动农业市场发展方面也起到了很大的作用。首先，1894 年，政府为农村开设了免费的邮政服务，使得从偏远农村收发信息和物品的成本大大减少，也使得地区间的联系更加紧密；其次，20 世纪早期，美国政府就开始对港口、运河和铁路修建投资，这一举措将美国辽阔的土地连接起来，对内和对外贸易得以快速发展，交通的便利性，在很大程度上促进了农业的发展；再者，在 1916 年的《联邦铁路法案》中，美国政府开始在农村修建公路，为农业的运输系统提供完善解决方案。

在政策上，美国联邦政府和州政府都出台政策对农业生产者进行补贴。通过经济激励的方法进一步提高农业生产过程的生态标准，潜移默化地培养农业生产者的绿色意识。例如，在农业生产的直接补贴中有一项水土保持项目，是为保护农村环境而设的专项补贴。对位于湿地或动物栖息地的耕地，政府暂停农业生产（与农民签订期限为 10 年的合同），同时专门提供资金改善自然环境，仅 2011 年一年，联邦政府为这一项目的投资就高达 18.6 亿美元。再如，对有机食品生产者认证给予补贴，仅 2002 年的农业预算案中，联邦政府就提供了 500 万美元用于有机认证。可以说，美国生态农业的补贴政策与强制性法令的互补结合，促进了生态循环农业的发展。

## 二、典型案例

加利福尼亚州是美国农业最发达的州，它被定位为美国的农业巨人，该州约73%的农业收入来源于农作物，而另外 27%的收入来自畜产品。就产生的收入而言，加利福尼亚州的前五大农产品是乳制品、温室和苗圃产品、葡萄、杏仁以及牛和牛犊。19 世纪中叶美国西部"淘金热"后，加利福尼亚州农业开始大规模的开发，当时的农业主要是单一粮食作物种植业和粗放型草原畜牧业，小麦是主要的粮食作物。19 世纪末，加利福尼亚州在全美小麦生产中排名第二。20 世纪以来，加利福尼亚州不再局限于传统的单一农作物种植，由于农业机械化的发展、基础设施的提高、农产品消费习惯的改变、农业科技的进步以及农产品国际贸易的扩大，加利福尼亚州发展农作物、水果栽培等多样化、现代化的农业。加利福尼亚州农业主要有以下特点。

一是单位产值高、结构多元化。加利福尼亚州总农场数量仅占全美的 3.7%，农场总面积占比还不到全美的 3%，农业人口占比不到全美农业人口 4%，但农业总产值却占到了全美农业产值的 11.3%，农业的单位产值是美国平均水平的 4.2倍。加利福尼亚州销售总额超过 10 万美元的农场占到加利福尼亚州总农场数量的24%，和全美平均水平相比高出 6 个百分点。加利福尼亚州农业主要由水果栽培业、畜牧业、蔬菜业、粮食种植业和苗木花卉栽培业五大块组成。加利福尼亚州的农产品种类达到 400 多种，按产值大小排序为奶制品、巴旦木、葡萄、牛肉、苗圃植物、莓类、干草、生菜、核桃和番茄。

二是农产品竞争力强、出口比重大。加利福尼亚州农业已经逐步发展为外向经济模式，不仅在国内占有稳定的市场，而且在国际市场上也有很大的影响力和很强的竞争力，加利福尼亚州是美国农业出口第一大州，出口额和出口比重都不断增长。据加利福尼亚州农业厅报告，2001 年到 2011 年间，加利福尼亚州农产品出口总额翻了 1.5 倍，年均增速高达 9.25%。美国海关统计数据显示，2012 年加利福尼亚州农产品出口额达到 125 亿美元，占其农业产值的近 30%，占全美农产品出口额的 15.4%。其中，巴旦木、奶制品、酒类和核桃是主要的出口产品，其出口额均超过 10 亿美元，巴旦木作为加利福尼亚州出口的主要农产品，其出口额更是达到近 30 亿美元。

三是有机农业发展迅速。加利福尼亚州在有机农场数量、有机农业生产用地和有机农产品销售方面处于全国领先地位。2017 年，美国农业部对本国 2016 年有机农业发展情况的调查报告表明，加利福尼亚州是美国各州中拥有有机农场最多、有机农业生产用地最多、有机农产品销售量最多的州，该州经认证的有机农场占全国有机农场 19%，有机农业面积占全国有机农业面积的 21%，有机农产品销售占全国有机产品销售的 38%（加利福尼亚州有机农业发展相关具体数据见表 5-2）。

**表 5-2　2016 年加利福尼亚州有机农场发展情况**

| 正常运行的有机农场类别 | 数量/个 | 面积/英亩 | 农产品销量/美元 |
| --- | --- | --- | --- |
| 种植园 | 2 603 | 336 409 | 2 129 278 000 |
| 牧场或养殖园 | 302 | 733 541 | 759 878 000 |
| 自有农场 | 2 273 | 306 381 | * |
| 租赁农场 | 788 | 782 170 | * |
| 出租农场 | 70 | 18 601 | * |
| 认证的有机农场 | 2 713 | 1 069 950 | 2 889 156 000 |

资料来源：美国农业部《2016 年有机认证调查总结》
*表示数据缺失

加利福尼亚州农业的发展离不开其自身的自然条件优势，也与科技的研发推广和进步、流通体系的完善、政策扶持的多样性息息相关。加利福尼亚州农业绿色发展主要措施包括以下几方面。

（一）充分利用优越的自然条件

一个地方农业的发展与热量、光照、水、地形、土壤等自然条件有着紧密的联系，这些条件对农业的发展也起着决定性的作用。加利福尼亚州位于美国西海岸，跨越了十个纬度，具备温带、亚热带等多种气候条件优势且海洋性特征明显，加利福尼亚州位于世界五大地中海气候区之一，大多农产区有着充裕的光照和充足的水源，除此之外，加利福尼亚州农产区土壤肥沃，为农作物的种植提供了基础的养分，适合农作物的生长。由于得天独厚的自然条件、不同地区的不同特质，加利福尼亚州在作物的布局、品种种类等方面大有不同，因地制宜，依据地区优势在不同的产区种植适合的农作物，从而形成了中央山谷区、南加利福尼亚州区、北加利福尼亚州区、中部海岸区等主要产区。

### （二）加大政策扶持力度

联邦政府和州政府全方位、多功能地对农业产业进行管理和扶持：一是设立专门的农业管理机构；二是构建并维持农业科技研究和应用体系；三是推进构建服务多样化的中介组织，如农业促进及推销等组织；四是通过财政补贴政策对农场主进行资金补贴，如直接补贴、农作物价格支持和农作物收入支持等；五是通过各种出口促进政策、出口刺激计划和出口融资支持推进农产品出口并扩大海外市场；六是加快推动区域和双边自由贸易协定的谈判，巩固并提升加利福尼亚州农产品在国际市场中的优势地位。

对农业重要投资领域的支持方面如下：一是提供同时支持农业和农村社区的经济机会；二是为食品和营养计划提供稳健的资金；三是制订保护和加强投资计划；四是制订保护市场和贸易计划，包括特种农作物；五是加强动物和植物健康计划；六是健全投资与研究。政府多样性的政策扶持给加利福尼亚州农业带去了机遇，为农业生产提供了保障，促进了加利福尼亚州农业快速稳定地发展。

### （三）加强科技研发与广泛应用

美国是一个工业强国，在科技的研发成果上遥遥领先于世界其他国家，也将科技研究应用于农业方面。先进的农业科技研究和产、学、研相结合的模式，为政府、大学科研院所与农民之间建立了有效的连接，使得农业科技研究能够为农业生产提供实际性的服务，将最新研发的农业科技迅速地推广到生产领域。联邦政府和州政府每年拨出大量经费给隶属州立大学的农业科研所和农技推广站用于农业科技的研究与推广，以州立大学为依托，共同构建起农业教育、农业科技研发及其推广"三位一体"的模式，为农业的发展提供了良好的基础条件。加利福尼亚州大学戴维斯分校和河滨分校是世界生物农业与环境科学研究和教育中心，对农学的研究在世界上处于顶尖位置，科技研发的进步与广泛的应用推广促进了加利福尼亚州农业的机械化、信息化、电气化、生物化和化学化，不仅节约了人工成本，还促进了农业生产的高产，节水灌溉、激光土地平整等先进技术在农业方面的应用极大地推动了加利福尼亚州农业的发展。

### （四）构建现代化生产体系

加利福尼亚州农业的明显特征是单位高产、结构多元化，将美国农业机械化、规模化经营的优势与精耕高产多元的现代集约化二者有机结合起来。全美生产力最大的十个农业郡县中，加利福尼亚州占到多个。美国中西部地区粮食主产区的生产特点是单一机械化耕作，与之相比，加利福尼亚州农业现代生产体系的多元化生产方式更具优势。加利福尼亚州农业生产的组织化程度在美国乃至全世界排名前列，加利福尼亚州农场以农业合作社的形式作为主要经营模式，依托企业经营进行集约化、专业化和规模化生产。

### （五）大力完善流通体系

加利福尼亚州农产品经营基本实现了"农工商、产供销一体化"经营，完善的农产品物流服务体系将农产品的生产和销售有效结为一体，农场与大型连锁超市等零售终端组织建立了长期的合作关系，直接将生产的农产品销售给供货商，最大限度上减少了中间环节，从而提升了流通效率，降低了流通成本。

## 三、相关启示

我国的东北、西北、内蒙古、新疆地区"人少地多"，是改革开放以来最早引进美国大规模农业生产方式的地区，并根据中国的实际情况进行了改造，可以说这几个地区是中国的主要粮仓。近年来，随着生产效率的提高，农民收入和种粮积极性也得到了较大的提高。然而，随着黑土层的不断消耗（东北），盐碱化的不断加剧（西北），农业生产效率已经受到很大挑战：投入越来越高，产出不增反降，农产品品质大不如前，使得农民收入受到了不小的影响。

本书认为，农业主体绿色发展意识是推动农业可持续发展的内生动力，应融入可持续发展的经济模式之中。美国在农业生产上也经历过从破坏性开发到高度治理的过程，其当前在绿色农业上的策略和举措是值得中国学习和借鉴的。

20世纪初期，欧美一些国家已经开始意识到绿色发展理念的重要性，相比之下，中国在绿色发展意识方面有所滞后。可以说，美国是世界上最早提出绿色发展意识并实施农业绿色发展（主要采用循环发展方式）的国家之一，其农业主体绿色发展的意识较强，在实践中将绿色发展与农业经济高度融合，取得了较为显著的成就，颇具借鉴意义。

## （一）依托优越的自然条件，合理利用要素禀赋

在东北、内蒙古、新疆、西北等地实现粮食主产区生产专业化，形成地方特色产品。这几个地区拥有良好的生态环境和明显的生态农业优势，不同地区有着不同的气候和土壤条件，应该以当地特色资源为依托，因地制宜地进行合理的生产布局，以区域优势求生产，实现地区生产的专业化，形成地方特色产品。根据不同地区的地理优势，在不同的地区形成各自的产业带，提高地区生产专业化水平，从而提高农产品生产率，形成地方特色产品与地方农产品特色品牌化，带动周围相关经济发展。

## （二）发展绿色规模化、专业化生产能力

依据美国经验，中国可加快构建农业可持续发展试验示范区，迅速培育农业全面可持续发展能力，包括以下三个方面。

（1）狠抓农村环境综合治理。制定和落实美丽、魅力乡村的建设工作，根据行动计划加快新农村示范点的建设工作。

（2）强化农业面源污染治理。积极在农村推广循环和生态化的种养模式，充分利用动物废弃物和农副产品废弃物，实现"产销互补"、变废为宝，一方面避免资源的浪费，另一方面节约成本。以水稻、蔬菜及茶叶等作物为重点，积极创建有关农作物在统防统治病虫专业化或绿色防控融合方面的示范基地，引进并吸收与病虫绿色防控、农药减量控害相关的示范性技术，借助辐射效应将技术集成并应用，实现农化产品的减量。

（3）地膜等可回收农用物资的清洁生产和回收利用，确保农田残存物资提高再利用效率。以实际为准绳，切实开展农田地膜专项整治，减少人为的废弃污染。在各类生产基地，如水果基地、蔬菜基地等，减少普通化肥施用量，逐步提高有机化肥替代性，从而实现耕地保护与质量提升的目标，有助于进一步推进土地、草原型区域、河流和湖泊休养生息，确保土地和其他资源生产力可持续。对于30度以上的坡地、生态脆弱的地区、重要水源保护区和水土大量流失地区区域，大力实施退耕还草和退牧还草工程，开展林草结合和石漠化的综合治理等工程。全力实施测土配方施肥补贴项目、耕地保护与质量提升项目、水肥一体化项目，实现耕地轮作休耕。

此外，应完善农业科研、教育、推广体系建设，加强对农业全生产链研究、创新与推广的扶持力度，提高中国农产品的竞争力。完善农产品的市场流通体制，

建立健全农产品市场体制，通过构建农产品批发市场、农产品实体营销服务平台、电子商务营销服务平台以及现代化农产品物流配送体系，营造低成本、高效率的农产品营销网络。

### （三）完善农业生态补贴机制，推进绿色可持续发展

综合考虑系统性、协调性、多样性与灵活度等原则，以减少市场扭曲为出发点，以构建农民收入安全网为主要考量，建立符合中国国情的农田补贴政策体系。以推动农业发展为目标，对农业补贴的发放要实现流程简化，加强监管力度，从而有力保障农民收入。完善农业保险体系，提高农业、农村和农民的灾害应变能力和气候变化适应能力。同时，结合农业生产效率问题，在农业发展和扶持方面制定与实施科技支持等方面的政策。通过合理开展农业生产单位的合并和优化工作、支持农业生产单位规模化、加强大基地农业现代化（包括园区）建设等措施，持续开展农业机械化的使用和农村互联网的农业现代化基础设施发展工作，大力推进和引导农村与农业现代化的同步。

# 第二节　德国的主要措施、典型案例与相关启示

## 一、主要措施

德国位于欧洲中部，东边与波兰、捷克接壤，西边和法国、卢森堡、比利时、荷兰相接，南边连接奥地利、瑞士，北边紧挨丹麦。德国由 16 个联邦州组成，领土面积为 357 582 平方公里，人口约为 8319 万，是欧盟人口最多的国家。德国属于温带海洋性气候，冬季温和，夏季凉爽湿润，境内贯穿三条河流，分别为莱茵河、多瑙河、易北河。地形由平原、山地和丘陵组成，其中 33%为耕地，15%为牧场，这样的地形和气候非常适合农作物生长。

德国 2016 年约有 75 万个农业综合企业，共计提供了约 450 多万个就业岗位，创造价值达 4120 亿欧元。德国农业企业的特色是国际化趋势凸显，农产品和食品产量的 1/3 都用于出口。德国农场的平均规模是 55.8 公顷，其数量在逐年减少，规模却在不断增加。德国工业高度发展，带动农业经济高效发展。全国大约有一半的土地用于农业发展，从事农业的人口约占总人口的 2%，农业生产的机械化程度非常高。

德国非常重视农业绿色发展。在《德国可持续发展战略》中，德国政府承诺将进一步扩大德国的有机农业，到 2030 年，将国内的有机农业面积扩展到国内农业可使用面积的 20%。为促进国内有机农业的发展，德国政府每年在该领域都会投入大量的资金，数额从 3000 万欧元到 1 亿欧元不等，仅 2013 年德国政府就向有机农业提供了 16 070.4 万欧元的资金支持（历年德国政府向有机农业提供的资金支持的具体数值详见表 5-3）。在德国政府的支持下，本国有机农业面积不断增长，有机农场数目持续增加，有机农业种植面积占国内可使用农业土地比例不断攀升，有机农业占比也呈现扩大的趋势。调查表明，2017 年德国有机农业面积为 1 373 157 公顷，有机农业种植面积占可使用农业土地面积的8.2%，拥有 29 395 个有机农场，有机农场占比为 11%（德国历年有机农业种植面积、有机农业种植面积占可使用农业土地比例、有机农场和有机农场占比的相关数据详见表 5-3），德国有机农业已经初具规模，正迎来更大的繁荣。

表 5-3　德国的有机农业发展情况

| 年份 | 有机农业种植面积/公顷 | 有机农业种植面积占可使用农业土地比例 | 有机农场数目/个 | 有机农场占比 | 资金支持/万欧元 |
|---|---|---|---|---|---|
| 1994 | 272 139 | 1.6% | 5 866 | 1% | * |
| 1995 | 309 487 | 1.8% | 6 642 | 1.1% | * |
| 1996 | 354 171 | 2.1% | 7 353 | 1.3% | * |
| 1997 | 389 693 | 2.3% | 8 184 | 1.5% | 6 543.1 |
| 1998 | 416 518 | 2.4% | 9 213 | 1.7% | 3 890.8 |
| 1999 | 452 327 | 2.6% | 10 425 | 2.2% | 6 120.7 |
| 2000 | 546 023 | 3.2% | 12 740 | 2.9% | 6 115.4 |
| 2001 | 634 998 | 3.7% | 14 702 | 3.3% | 8 012.3 |
| 2002 | 696 978 | 4.1% | 15 626 | 3.6% | 9 843.7 |
| 2003 | 734 027 | 4.3% | 16 475 | 3.9% | 10 957.6 |
| 2004 | 767 891 | 4.5% | 16 603 | 4.1% | 11 973.3 |
| 2005 | 807 406 | 4.7% | 17 020 | 4.3% | 12 909.2 |
| 2006 | 825 538 | 4.9% | 17 557 | 4.6% | 12 897.3 |
| 2007 | 865 336 | 5.1% | 18 703 | 5% | 11 939.8 |
| 2008 | 907 786 | 5.4% | 19 813 | 5.3% | 11 690.2 |
| 2009 | 947 115 | 5.6% | 21 047 | 5.7% | 14 358.3 |

续表

| 年份 | 有机农业种植面积/公顷 | 有机农业种植面积占可使用农业土地比例 | 有机农场数目/个 | 有机农场占比 | 资金支持/万欧元 |
|---|---|---|---|---|---|
| 2010 | 990 702 | 5.9% | 21 942 | 7.3% | 14 397.8 |
| 2011 | 1 015 626 | 6.1% | 22 506 | 7.5% | 14 816.1 |
| 2012 | 1 034 355 | 6.2% | 23 032 | 7.7% | 15 532.5 |
| 2013 | 1 044 955 | 6.3% | 23 271 | 8.2% | 16 070.4 |
| 2014 | 1 047 633 | 6.3% | 23 398 | 8.2% | 15 851.3 |
| 2015 | 1 088 838 | 6.5% | 24 736 | 8.7% | * |
| 2016 | 1 251 320 | 7.5% | 27 132 | 9.9% | * |
| 2017 | 1 373 157 | 8.2% | 29 395 | 11% | * |

资料来源:《德国有机农业》

*表示数据缺失

就德国而言，一个农场相当于一个中等规模"事农"家族企业，尽管在规模上无法与美国相比，但其效益（利润）与美国农场不相上下，甚至更为高效和富裕，这主要得益于德国人将农业和其他产业一样的"精细"运作。从另一个角度看，德国的中等规模农业比美国更为精细、更为高效，对资源的利用也更为合理，这主要基于德国对绿色发展理念近乎完美的追求以及对于农业生产运作方式极度理性的偏执。可以说，德国农业就是一种以法律、法案为所有工作前提的、高度机械化、智能化、绿色化的农业。

### （一）职能部门划分明确，促进绿色发展理念落地

德国行政区域划分为联邦、州和市镇三级，由州政府设立各个地方的农业部，农业部下还分为管理部门和服务部门，这些部门直接为农民提供农业帮助和服务。除此之外，为农民服务的不仅有农业部，还有农业协会和农业职业联合会。农业协会是非政府性组织，它致力于建立农民与政府之间的沟通桥梁，解决双方矛盾。更为重要的是，农业协会代表着农民与农业企业的利益，一直致力于以现代化的方式和绿色生产的理念发展德国农业。农业职业联合会与议会、国家机关合作，致力于农业在生产、销售、考察、交流等方面的进步。

### （二）以实施生态补贴引导农业生产方式转变

德国的农业生态补贴主要包括：有机农业补贴、粗放型的草场补贴、不使用

除草剂（草甘膦）等三种类型的补贴。其中，对有机农业生产的补贴是根据农场的生产活动方式以及有机农业的标准进行的，即不得使用农用化学品这个标准，也即生产的所有产品均符合生态或有机的要求，同时允许生产者的产品被贴注上有机食品的标签，也就是有机农业的标签，以区别于其他商品。对于不同的生产方式又提供不同的补贴方式。

对于粗放型草场：①草场每公顷养殖大牲畜，如牛羊等不得超过 1 头半，或者最少不低于 0.3 头；②化肥和农药的施用量必须大幅下降，使其几乎成为原生态的草场，这样的草场不得自行转化为农耕用地。

政府对不使用草甘膦等除草剂的农户采取直接补贴，即对价格的直接补偿方式，又分为常规的补贴和特殊的补贴两种方式：①从常规的补贴来看，通常按照土地面积来计算。农业企业按照联邦或者州的规定推行以环境保护为导向的生产方式的，可以享受相应的补贴政策，补贴的标准是每公顷 300~750 欧元。②就特殊补贴而言，通过对在农业生产过程中对环境保护有特殊贡献的农民进行测度，间接给予那些对环境有保护作用的农业企业相应的补贴。例如，在气候差异大、地形地貌坡度大以及需要企业保护一些动物的情况下，政府要测算农户或者农业企业的实际支出，或者是根据他们的定损结果（损失情况）来进行补贴。

还有一种补贴方式是对农业生产方式由传统向生态方式转变进行补贴。譬如政府对由传统向生态型（变化）经营转型的农场或者农业生产单位的补贴，这样的一种补贴在德国叫作农业的"转型补贴"。农业"转型补贴"的标准为：①对于多年生农作物种植单位，给予每公顷 950~1150 欧元的直接补贴；②对于蔬菜种植单位，给予每公顷 350~480 欧元的直接补贴；③对于一般的种植业（花卉以及其他经济作物）和绿地（包括草地在内），给予每公顷 210~350 欧元的直接补贴。

德国政府还通过实行生态经营维持补贴的方式，弥补"生态型"农场或者农业基地农业企业的收入损失。这种补贴方式的标准是：①蔬菜每公顷 320 欧元；②一般的种植业每公顷 160 欧元；③多年生农作物每公顷 560 欧元。

除了上述几种农业生态补贴政策外，政府还实施了一些其他农业生态补贴政策（有的是直接补贴，有的是间接补贴），譬如对土地休耕和轮作的补贴政策。该政策规定，对德国国土耕地的 10% ~ 33%实行休耕制度，即不允许耕种，对于休耕的土地每公顷给予 200~450 欧元的补贴。

自 20 世纪 70 年代以来，德国农产品数量大增。到了 90 年代，整个欧洲国家的粮食库存超过 2000 万吨，牛肉库存达 75 万吨，奶制品库存达 1000 万吨。在这样的情况下，德国政府感觉到非常大的压力，由此推动了德国农业的减产保价政策。也就是在这种情况下，德国政府启动了大规模的土地休耕计划，并对那些实行粗放生产方式转型的农户或农业生产者进行补贴。通过这样的补贴方式来鼓励农户和农业生产者降低农业生产的频率，以此达到减产保价的目的。

## （三）不断完善绿色生态可持续发展法律法规

以《联邦土壤保护法》和《生态农业法》为代表，德国通过颁布一系列法律法规来推动绿色生态农业的可持续发展。《联邦土壤保护法》于 1999 年 3 月开始实施，从土壤管理、肥料管理和肥料中的重金属含量三个方面对土壤进行保护。《生态农业法》于 2003 年开始实施，主要是对农业企业进行约束，规定农业企业的经营范围和内容。当然，德国农业的发展也离不开政府的支持。对于农业企业主，政府会直接发放补贴，标准为每公顷 300 欧元。生态型农业能保障土地的多样性，但是会降低农业企业的收益，所以对于不同的农作物会有不同的经济补贴，补贴金额从 210 欧元到 940 欧元不等。对于农业的发展，德国更是不断培养技能型人才，这些人才不仅拥有农业知识，而且在实践操作方面也很有经验，如农业企业主在学习和实践后，还要通过国家的考试才能有经营企业的资格。

# 二、典型案例

## （一）巴伐利亚州的案例

### 1. 基本概况

巴伐利亚，德语名称为 Freistaat Bayern，英语名称为 Free State of Bavaria，位于德国南部，总面积为 70 550 平方公里，占德国面积的 1/5，有 1290 万居民，首府为慕尼黑。该地区农用地占德国的 19.2%，人口占比为 15.5%，其中，有 19.08% 的人是农业人口，农业企业占到德国的 24.3%，主要农作物有小麦、玉米、土豆等粮食作物，是德国的农业发达区域。

20 世纪 80 年代后，欧洲多数国家的农业发展从追求产量转向追求质量。1992 年，联合国环境与发展大会发布了《里约环境与发展宣言》，其中第 3 条原则和第 4 条原则正式确立了可持续发展的重要原则。而巴伐利亚州作为德国的农业大州，一直走在德国农业发展前端，自生态农业概念提出后，该州逐渐从传统的高投入、高产出的常规农业转变成绿色食品、有机作物的新型生态农业，并以此为发展目标。2012 年，德国生态农业用地面积已达 103.4 万公顷，2017 年，德国有 1/3 的生态企业都在巴伐利亚州。

### 2. 主要措施

一是农业发展政策方面的举措。巴伐利亚州政府为了鼓励农业企业生产有机食品，实行了多项政府补贴政策，如对于农场种植的有机作物每公顷补贴 250 欧元/年，时间长达 5 年；对于农场饲养的牲畜，如牛羊类，巴伐利亚州政府会对其饲养的设备进行价格上的补贴，比例大约为 10%。同时，农民可向农业部就生产方面问题进行咨询，由农业部派技术人员对农场问题进行解决，并且咨询服务有21 天是免费的。除此之外，德国还设立了专业机构对有机食品实行专门监测，大约为一年一次，由农场支付相关监测费用，政府对此进行补贴，作为监测方，政府会承担 50%的监测费用等。

以巴伐利亚州首府慕尼黑的哈勒道为主要分析对象。哈勒道位于英戈尔施塔特和慕尼黑之间的一片丘陵地带，一到夏季就会有 7 米左右高的绿色花架覆盖住这片土地，这些就是让德国啤酒闻名世界的啤酒花。啤酒花是一种能抑制啤酒变质的植物，并且能使啤酒有特定香味和提高啤酒泡沫的质量，世界上这种作物，其中有 1/3 在德国，在这 1/3 中又有 70%在哈勒道，这就为德国啤酒的酿造创造了基本条件。

因为德国国内本身对啤酒的需求大，且种植面积少，啤酒花作为啤酒的三大原料之一，备受各个啤酒制造厂商欢迎。另外，由于酿造啤酒的原料一直受农药残留的影响，所以一些啤酒生产商开始转向生产有机啤酒，涌现了许多具有代表性的生产有机啤酒的企业，其酿造啤酒的原材料全是有机作物。哈勒道地区为了种植有机啤酒花，减少了农药的使用，并在当地 7 个地点进行 24 小时的空气监测，一旦指标超标就会发出警报，而这些监测设备的部分费用会由巴伐利亚州政府承担。根据国际啤酒花种植者协会提供的数据，2015 年德国啤酒花种植面积为 17 847公顷，2016 年增加到了 18 598 公顷。

二是农业法律方面的举措。首先，为了确保土地不受污染，《联邦土壤保护法》主要对土地的退化和污染场地的防止、调查和治理进行行政干预；其次，2003 年实施的《生态农业法》主要是针对上文提到的产品监测，前两项是在宏观环境下的法律法规，具体的内容可以参考德国 1969 年颁布的《农业生产适应市场需求法》，因为德国农业企业的规模都不大，所以此法是为了鼓励农业企业组成联合体，联合体可以在 5 年内享受国家政策补贴，包括人工费、咨询费、设备等。根据德国的税法规定，农业企业和合作社可以免除营业税，企业的机动车等可以免去机动车辆税，一般产品要交 16%左右的增值税，而农产品的增值税只收取 7%；在用电方面也会有超过一半的减税，若农场是生态农场，从能源发电站购电更是可以直接免去税金。这些都是上文提到的政策补贴的法律保障。

三是农业生态环境建设方面的举措。巴伐利亚州首府慕尼黑政府于 20 世纪90 年代提出"绿腰带项目"，即在进行城市规划时，尽量避免影响到自然生态环境。"绿腰带"指慕尼黑城市与相邻乡镇的土地，面积约为 335 平方公里，此项目的目的在于建立具有战略意义的生态发展区。具体内容有"菜园方案"，此方案的内容之一就是在"绿腰带"上的农民可以将土地租给附近城市的人，由他们来培育粮食，体验种植的乐趣，而翻土、播种等工作还是由专业人士完成。为了体现生态农场的理念，在该过程中不允许使用任何肥料，这一环节由监测机构和体验者共同监督。因此，"菜园方案"首先可以扩大农民收入，体验者交纳的租金也有补贴；其次，它保障了作物的有机特性，并且又多了一方人的监督；最后，该方案还潜在培养了一批预备人才——孩子，这为专业人才的培养埋下伏笔。通过开展"绿腰带项目"，巴伐利亚州的有机农业已经取得一定成效，2017 年德国巴伐利亚州有机农业面积在德国各州中位居第一（2017 年德国巴伐利亚州的有机农业发展的相关数据详见表 5-4）。

**表 5-4　2017 年德国巴伐利亚州的有机农业发展情况**

| 指标 | 数值 |
| --- | --- |
| 农业可使用面积/公顷 | 1 418 500 |
| 农场数目/个 | 88 150 |
| 有机农业种植面积/公顷 | 314 182 |
| 有机农业种植面积占该州农业可使用面积比例 | 10.0% |
| 有机农业种植面积占全国总有机种植面积比例 | 22.9% |
| 有机农场占该州总农场比例 | 10.3% |
| 有机农场占全国有机农场比例 | 30.9% |

资料来源：检验机构按照欧盟第 834/2007 号法规和欧盟第 889/2008 号法规进行检验后得到的报告

### （二）下萨克森州的案例

#### 1. 基本概况

下萨克森州（德语：Niedersachsen）位于德国西北部，人口约为 800 万，州面积达 47 600 平方公里，是德国第二大联邦州，仅小于巴伐利亚州，州首府是汉诺威。州土地中大约有 82%的面积是山地和草原农业用地，其中，位于东北部的吕讷堡草原农业十分发达。在气候方面，由于该州处于中欧的温和气候地带，所以这里的降水量少于其他地区且分布也不均匀，同时夏季和冬季的气温相差很大，所以这一地区主要种植的农产品以谷物庄稼、芦笋、土豆为主，其他还包括糖用甜菜、圆生菜、油菜籽等，北部地区主要是水果种植。

下萨克森州在很早以前就以第一产业农业作为支柱产业，但随着新兴产业的崛起，该地区的产业格局发生了改变。如今，农业在下萨克森州所占比重只有2.3%，但这并不妨碍它在德国农业中的重要地位，并且工业机械发展也为农业发展带来机遇。首府汉诺威是德国五大会展城市之一，有着世界上最大的展览中心，其展馆的基础设施也非常完善，德国国际农业机械展和德国汉诺威生物技术大会暨展览会为当地引进了不少优秀资源。

2. 主要措施

一是农业机械化的发展。在第二次世界大战以前，德国就有非常良好的工业基础，第二次世界大战造成了国内粮食种植大面积减少，所以这一阶段农业的发展首先要满足国内对粮食的需求，农业机械快速、节约成本的优势显露，被广泛运用到生产生活中。德国国际农业机械展是世界第一农机大展，该展会每两年举办一次，主要是针对农业方面专业的机械设备等，主办单位是德国农业协会。德国农业协会主要负责农业机械质量检测，为设备的安全和性能把关。德国国际农业机械展不仅为客户提供参展销售平台，其内容还囊括项目投资、合作和学术研讨，涉及范围非常广阔。展品从小件的机械配件，到大型的播种、施肥、收割设备，再到运输过程中的存储设备、农产品的包装设备等，产品齐全。德国国际农业机械展为当地带来了大量商机，使得德国已成为农业机械出口第一大国，而机械设备的发达也显著提升了农场效率。

比如，位于下萨克森州的巴特甘德斯海姆农场，种植了大约 200 多万平方米的农作物，多数是甜菜、小麦等经济作物，但是整个农场只需 9 个职业农民就可以规范地运作和管理，科学的种植作物、高度机械化的劳作减少了农场管理的很多问题。以收割小麦为例，一般小麦会在成熟前的两到三天收割，这个时候产量最高，如果等小麦完全熟后再收就会导致产量下降、品质变差，因此收割时间很短。原始的手工收割一个人一天大约收割 500 平方米，这种人工收割的方式不仅成本高，而且之后对麦子进行细加工还要花费更多的时间。如果大规模采用机械设备收割，那么效率会高很多，谷物联合收割机就是集收割、脱粒、分离茎秆和清除杂物于一体的大型机械设备，这样一天半就能收割完农场的麦子，降低了生产成本。农业机械化的发展不仅提高了农产品产量，还逐渐优化了整个产业的发展过程。农业设施装备的不断完善、农业科技成果的不断创新改变了农民的劳作方式，传统农民依靠技术成为新型农民，建立了农机社会服务体系，向着生态农业方向不断发展。

二是农业教育的发展。在德国，想要做一名可以经营农业生产合作社的农民非常不容易，每一个农场主必须经过农业方面的教育，如果农场主要将私有农场留给下一代人，那么下一代农场主也必须学习农业知识。在经历了三年的学习后，只有取得土地经营权的个体才能正式经营一家农业生产合作社或是农业企业，具体的学习过程就要从德国的教育体制讲起。

下萨克森州有多所大学、专科院校和科研机构，其中霍恩海姆大学是德国在农林专业领域较为杰出的院校，在农业科技方面培养了一大批优秀人才，但是单从名校毕业也是没有资格经营农场的，必须到非亲属的农场实习，实地学习职业农民所做的工作，两者都完成了才具备管理大型农场的资格。现如今，德国寻求生态农业上的发展，鼓励农民建立家庭生态农场，所以大型农场数量减少，多数农场主接受的是"双元制"教育，即接受企业和学校的共同教育，在两个环境之间交叉学习。特别的是，"双元制"教育类似于中国的中等职业教育，注重培养学生的专业技能，60%的德国人都是接受这种教育。农场主在学习完课程后，基本都有操作农业机械设备和管理农场的能力，所以生态农业的理念在德国快速蔓延，间接推动了下萨克森州有机农业的迅速发展。2017年，下萨克森州有机农业面积为99 981公顷，占该州农业可使用面积的3.9%（下萨克森州有机农业发展的相关数据详见表5-5）。

表 5-5　2017 年德国下萨克森州的有机种植情况

| 指标 | 数值 |
| --- | --- |
| 农业可使用面积/公顷 | 2 587 400 |
| 农场数目/个 | 36 460 |
| 有机农业种植面积/公顷 | 99 981 |
| 有机农业种植面积占该州农业可使用面积比例 | 3.9% |
| 有机农业种植面积占全国总有机种植面积比例 | 7.3% |
| 有机农场占该州总农场比例 | 4.9% |
| 有机农场占全国有机农场比例 | 6.1% |

资料来源：检验机构按照欧盟第 834/2007 号法规和欧盟第 889/2008 号法规进行检验得到的报告

在培养研究型农业人才方面，下萨克森州也花费了很大精力，不同院校主攻方向也不一样。霍恩海姆大学在农业产品、生物学等方面很有研究，汉诺威大学则是在机械设备的研究和开发上很专业，这也与学校发展历史有关。德国的人才培养从小抓起，国内的农业协会会定期举办活动，宣传各种职业，引导孩子热爱农业，在当地举办农业活动时会组织孩子参加，培养其兴趣，如上文提到的"菜园方案"。从小受到教育理念的影响，人们在思想上并不会对职业农民有所歧视。

## 三、相关启示

我国华北平原（河南、河北、山西、山东）、西北靠中部地区（陕西、甘南）、广西、江苏北部地区属中等规模农业区域。可以简单对应的是，一户农户约有

10~200 亩（1 亩约为 666.67 平方米）的耕作面积，基本上可以通过种植养殖农业生产实现"中产"生活标准。这些区域普遍采用中型农业机械（农户租用）开展农业生产，极少有纯手工作业情况，在绝大多数情况下以半自动或全自动方式作业，包括整地、开沟、施肥、灌溉、播种、植保、收购和采摘。然而，这些区域长期以来依赖高频、高浓度农用化学物的投入来维持主要粮食作物和常见经济作物的产出数量，是中国耕地恶化速度较快的区域，也是当前中国土壤地力条件最弱的区域。对比来看，这些地区可以借鉴欧洲中等规模农业国家的经验和教训。

从德国的情况来看，全国总劳动力中仅有 2%的人口是农业从业人员，农户不足 60 万户，每个劳动力平均养活 124 人，80%以上的农产品能够实现自给，可见欧洲国家的农业生产效率之高。早在 1924 年，德国就有了生态农业的概念，德国农业和食品经济的一个重要支柱产业就是有机农业，其有机农业的发展目标是将 20%的农业用地用于生态种植，用来有效应对本国有机食品消费需求不断增长的状况。德国是中等规模农业发展的典范，对于中国华北、华中、华南主粮区的发展具有较高的启示作用，归纳起来主要是精细化和高质量。

### （一）推动精细化、绿色农产品线上和线下齐步走

发展好"互联网+农业"，利用大数据科技助推农业现代化发展。第一，可以利用大数据平台收集全国农产品价格，这样第二年就可根据价格波动选择种植作物。第二，可以利用大数据平台收集作物种植质量，寻找有发展潜质的农作物，遵循"人无我有、人有我优、人优我绿"原则，打造绿色品牌。第三，可以将天气信息收集后，利用大数据分析应用到现实生产当中，以便在极端天气环境下减少农民的损失，或者利用天然降水减少资源使用。第四，各生产区域可以建立自己产品的品牌，发展新型销售模式，减少中间环节，获得最大化利益。第五，利用大数据分析农业市场走向，为农业从业者提供数据，促进市场信息融合。

### （二）农业经营中等规模化，形成绿色发展的高质量标准

农业经营规模化是地方农业发展的必然过程，农户拥有的土地资源非常稀少，因此可以利用土地流转等方式将土地资源以多种形式承包给农民企业，进行有特色的农业生产。通过土地流转，农民企业可以规模化种植作物，让农产品在源头有质量保证。同时，由企业联系农产品加工厂商，这样即使农产品价格上涨，食品加工企业也可以降低成本，多出的农民劳动力也可以安排在各个环节上。通过

规模化经营，形成绿色发展的标准作业流程。

### （三）采用环境友好型方式，推进农业科学化生产加工

中国农业种植多数还是以家庭为主，在种植技术方面，沿用的都是老辈经验，真正运用科学力量进行生产的少之又少。不少地区因种植技术简单，没有运用科学知识培育作物，导致农产品品质一般，在市场上卖不出好价钱。这种情况下，政府应该派出技术人员指导农民生产，从播种到收获、从应对突发天气状况到抢救措施等方面对农民进行培训，利用科学的培育技术种出优质的农产品，从根本上发挥各方优势。

此外，生产上还应注重发展家庭生态农业，从微观层面落实绿色发展。建立生态乡村，以联合养殖小规模渔业、畜牧业和农业三者相结合的方式吸引城市居民发展观光旅游。利用沼气、秸秆等可再生资源建立循环系统，采用"以渔养畜""以畜养农"的模式减少资源消耗。同时，可以种植蓝莓、草莓等可体验性强的作物，在成熟时节让游客体验采摘过程，用生态技术养殖出来的鱼或猪羊肉也可出售给游客获得利润。此种农业发展模式注重从农产品周边获得利润，而非从传统销售农产品本身获利。

### （四）通过完善地方性法规保证精细化与高质量发展

中国在农业方面的法律法规基本涵盖了政策补贴、机械设备使用、水资源利用、土地资源整合等方方面面，但是地方性法规却并不完善。一个产业的发展，政府的支持非常重要，地方监察机构要贯彻落实关于农业基本法的内容，完善针对地方发展的法律条文。在政策补贴方面，需要因地制宜地制定针对每种作物的不同补贴价格机制，使用高端机械设备的价格补贴，用法律来保护农民的利益，用法律带动农民生产积极性，为农民的利益提供法律保障。

# 第三节　日本的主要措施、典型案例与相关启示

## 一、主要措施

日本位于东亚，国土总面积达 37.8 万平方公里，是一个高度发达的资本主义国家，也是世界第三大经济体。日本农业较为发达，特点是"小而精"。日本农产

品以品质优异享誉全球，随着绿色有机农产品在世界范围内越来越受欢迎，绿色有机农业在日本逐渐兴起，2016 年日本有机农产品产量达到 2400 多万吨，占日本农产品产量的 0.25%。

在日本国内已经形成针对蔬菜、水果、大米、小麦和大麦、大豆、绿茶以及其他加工农产品的有机认证体系，上述有机农产品的产量也在不断增长（2016 年各类有机农产品的产量见表 5-6）。为了迎合国际市场，日本有机农业存在两种认证方式，一种是日本国内对有机农产品的认证，另一种是国际市场对有机农产品的认证，这两种有机农产品的认证方式有力地支撑了日本有机农产品开拓国际市场。随着有机农产品在日本和国际上大受欢迎，参与有机农产品生产的日本农业经营主体数目也逐渐增多，仅 2017 年参与有机农产品生产的经营主体就达到 7280 家（历年日本有机农产品经营主体的相关数据见表 5-7）。整体而言，绿色有机农业在日本呈现出稳定发展的趋势。

**表 5-6　2016 年日本有机农产品生产情况表**

| 农产品种类 | 总产量/吨 | 有机农产品产量/吨 | 有机农产品占比 |
|---|---|---|---|
| 蔬菜 | 11 633 000 | 40 683 | 0.35% |
| 水果 | 2 915 000 | 2 619 | 0.09% |
| 大米 | 8 550 000 | 9 250 | 0.11% |
| 小麦和大麦 | 961 000 | 938 | 0.10% |
| 大豆 | 238 000 | 945 | 0.40% |
| 绿茶（包括粗加工的茶叶） | 77 100 | 3 533 | 4.58% |
| 其他加工的农产品 | 82 000 | 1 987 | 2.42% |
| 合计 | 24 456 100 | 59 955 | 0.25% |

资料来源：《日本统计年鉴》（经课题组成员翻译）

**表 5-7　日本有机农产品经营主体情况表**

| 年份 | 经营主体总计/家 | 全生产过程管理员/人 | 有机农产品生产管理员/人 | 小分销商/家 | 进口商/家 | 农户数量/户 |
|---|---|---|---|---|---|---|
| 2013 | 6415 | 5161 | 3071 | 1061 | 193 | 3838 |
| 2014 | 6821 | 5420 | 3235 | 1176 | 225 | 3812 |
| 2015 | 6927 | 5484 | 3265 | 1212 | 231 | 3634 |
| 2016 | 7003 | 5484 | 3248 | 1242 | 277 | 3660 |
| 2017 | 7280 | 5669 | 3361 | 1309 | 302 | 3678 |

资料来源：《日本统计年鉴》（经课题组成员翻译）

日本是一个岛国，平原地域稀少，海域辽阔，耕地少，所以农业在日本是高补助与保护产业，政府鼓励适度规模耕作。2000 年，日本每个农户的平均耕地面积为 1.24 公顷，2004 年日本兼业农业农户数占经营性农户总数的 79.6%，日本农业生产法人数量从 2000 年的 5889 个增长到 2004 年的 7383 个。日本只有 12% 的土地是可耕地，为解决这一短板，日本采用系统化方式耕作零碎地。2005 年，日本农产品的自给率只有 40%，剩下的农产品主要依靠从其他国家大量进口以满足国内的消费需求，其中欧盟是日本最大的粮食进口地。1990 年到 2003 年间，日本谷物的自给率由原先的 30% 降到了 27%，其中，食用谷物的自给率由原先的 67% 降到了 60%。2003 年，日本豆类、油脂类、砂糖类、水果类、水产类和肉类等产品的自给率都相对较低。作为岛国，日本拥有世界最大的渔船船队和全球 15% 的渔获量占有率，其渔业位居世界第二。

20 世纪 40 年代，农业、林业和渔业主导了日本经济，但此后却相对不被重视。自 20 世纪 50 年代开始的经济繁荣使日本农民的收入和农业技术逐渐提高，农民被政府的食品控制政策所吸引，这种政策保证了稻米价格，鼓励农民增加自己选择的任何农作物的产量，农民成为大米的大规模生产者，他们甚至将自己的菜园变成稻田。由于栽培技术的改进，20 世纪 60 年代后期产量增加到 1400 多万吨，这是耕地面积增加和单位面积产量增加的直接结果。针对农业方面，日本政府支持发展三类农户：一是专门从事农业的农户；二是那些从农场获得一半以上收入的人；三是主要从事农业以外工作的人。随着越来越多的农户转向非农业活动，农场人口逐年下降（从 1975 年的 490 万下降到 1988 年的 480 万），20 世纪 70 年代末和 80 年代减少的速度放缓，但到 1980 年，农民的平均年龄增加到 51 岁，比一般工业雇员年长 12 岁。从历史上看，今天的女性农民多于男性农民。根据 2011 年的政府数据，女性农民在新农业企业中的占比达到 3/4 以上。

日本农业改革发展为本国经济做出了巨大贡献，在国民经济中也占有重要的地位，但是由于土地资源匮乏、劳动力的流动性不足等因素，日本农业发展的波动性较大，不过总体是呈增长的态势。在诸多不利因素下，日本农业还能取得如此多的成就，这和政府颁布的政策和改革密不可分。1970 年，日本进行了农地法改革，实现了农地租赁，1980 年颁布的《农地利用增进法》促进了农地租赁的进一步发展。日本农业的发展除了受到政策性支持外，还有其他做法，具体内容如下。

（一）举国高度重视对生态资源的保护

日本农业生产分工明确，不同地区各司其职，不同区域都具有差异化的产业特色，农户与农户之间都拥有差异化的主导产品，实现了相互依存和优势互补，共同协作构建了日本农业经济的整体框架。同时，日本农户表现出专业化的生产格局，分工明确，专业生产某一品种，如草莓种植专业户、番茄种植专业户、鲜花种植专业户。一般而言，农户全年只生产 1~2 个品种，且生产出来的产品都是销售商品，这种社会分工的专业化提高了农产品产量和商品率。日本农业不仅追求量的增加，还实现了质的追求和保护。在日本农村，刚翻耕过的土地耕作层呈深褐色，土壤团粒结构良好，土质优良，这主要归功于土地的配套设施。通过在田垄下埋水管解决土地干旱时的灌溉难题，并利用大棚顶端的管道喷雾实现叶面灌溉和施药，从而凭借高科技的生产设施来保护和优化土壤土质。

## （二）落实分工，农协助力

为解决 20 世纪以来农业所面临的劳动力衰竭和老龄化问题，促进农业发展，日本以村落为中心，与六次产业化、共同体经营等有机结合起来，将零散经营主体聚集在一起并逐步扩大范围，促进地区经济的发展。2010 年 12 月，菅直人政府颁布了六次产业化战略指导性法案《六次产业化、地产地消法》，标志着六次产业化战略正式在日本启动实施，所谓的"六次产业化"就是指从事第一产业的农业以及农山村、农林渔业者，通过活用地区资源以及农林水产品，在参与农业生产的同时又参与加工过程、销售过程，并发展由此衍生的新事业，其对象主体是农业以及农山村、农林渔业劳动者。"六次产业化"的目的在于灵活利用地区资源、利用地区农林产品、地区共同体，即以地区为对象，提高地区居民的福祉，包括农业在内的多样性产品的生产、销售和服务，其内容更广。

为促进日本小规模农业经营体发展，村落营农是一项重要策略，不仅在"六次产业化"过程中为当地人口创造了就业机会，还和"六次产业化""地区共同体"连接在一起，更大力度发挥农业的基础功能和农业生产之外的其他功能（包括一些营利性的功能和非营利性的功能），并且都取得了显著的效果。日本传统的村落难以实现农业与其他产业（主要是第二产业和第三产业）的融合，这样的情况就大大局限了农业作为一项重要产业的实际发展。通过改革和创新，日本的新型化村落就能够与"六次产业化""地区共同体"进行紧密的联系，以协同互助组织作为一种主要的方式，有效实现地区消费者的经济发展，并在很大程度上推动地区经济的发展。

日本在农业方面高度重视农业机械化的研发与推广，完善农户的农机配置，以确保每个农户都具备必需的农业机具，如施肥机、收割机、土地起垄机等设备，农家设有专门车间用于清洗、加工、处理农产品。在种植作物方面，日本表现出绣花般的细心与精致，其很多地区都在实行大面积无土栽培，无土栽培技术的实施与推广一方面克服了土地资源匮乏的问题，另一方面也体现出日本农民在管理上的精致。除此之外，日本农民对温室大棚里种植的番茄、草莓等作物进行精致的培育管理，整个温室大棚就像是一个花卉盆景展示园，因此日本农业又被称为观光农业、旅游农业。在农产品中，日本也追求产品的外在美和内在品质，如梨园里每根梨树的枝条都被固定在钢丝网上，引导枝条向四周延伸，以此方式来确保充裕的阳光照射和最大限度地利用有限空间。日本农民始终坚持科学合理的栽培方式，栽种出来的农产品不管是在产量方面还是在质量方面都有很大提升。

日本农业是典型的小农制，农业经营以分散、细小的农户为单位，其农业经济的快速发展得益于农村合作经济组织（即全农——全国农业协同组合联合会）的有效运作。全农作为社会化服务组织的一部分，是连接政府与农户、农户与市场、农户与企业之间的重要沟通桥梁，社员涵盖了日本 99%的农林牧渔产业人员，发展了农业生产力，显著提高了日本农民的收入和社会地位。日本的行政管理分为市、町、村、都、道、府、县和中央三级，与此相对应，日本农业也形成三级格局，市、町、村级是基层农协，分为综合农协和专业农协；都、道、府、县级（相当于中国的省级）是以基层农协为会员组成的县级联合会，包括农协中央会和农协联合会两种类型；中央级则以县级联合会为会员，组成全国联合会，进一步分为全国农业协同组合中央会和全国农业协同组合联合会两种类型。各级形成的不同类型的农协分别从事指导业务和经济事业，发挥着经济、社会和政治功能，具体又包括生产指导服务（为农业生产和农民生活提供各种指导服务，并且配备专职指导员）、农产品销售服务（组建批发市场和集配中心，组织物流、商流、信息流及结账等，进行集中销售）、生产生活资料集中采购、信用合作服务（以独立于商业银行的方式，为农协会员提供信贷业务，带来资金保障）、保险服务（建立了风险基金制度，弥补由生命、财产、受灾等不利事件引发的经济损失）、权益保障（保障政府政策落地和向政府传达农民诉求）。

日本农协通过家庭经营与农协的社会化服务相结合来促进集体经济职能与社会职能的有机衔接，不仅负责组织家庭经营主体进行农业生产、购买生产和生活资料、出售农产品等经济活动，还负责发放涉农补助金给农民或有关团体。同时，为确保农民的相关利益得到保障，日本农协会向政府行政部门提出相关意见并及时向农民反馈，提高了农民的积极性，其周到的服务也在一定程度上促进了日本农业的发展。

### （三）制定严密高效的生产与流通制度体系

日本政府的治理方式是较为严谨和规范的。日本农政是十分传统又非常具有历史性以及严格的法律规范，包括农业生产企业和农民在内，通常没有人愿意逾矩。通过对日本农业法律、法典的观察可以发现，法律条款的脉络非常分明，而且极具导向性，具有很强的操作指导性，对于补助资金和补贴方式的规定十分明确和具体，这样就有力地支持了农业的发展和转型升级。

举例来说，日本政府的"农业改革基金"是一种农业金融方式，可以为农业生产者（通常是一些法人组织）解决贷款分期还款的问题，借款人最高可以获得5000万日元10年期的无息贷款，并且前3年是可以不偿还利息和本金的。

另外，日本政府对购买和使用现金支付的农业机械极为重视，其补贴力度也较大。如果农业生产者（如农户）购买了农业生产机械（如小型旋耕机、收割机、自动施肥机等），那么其可以获得购买金额50%的政府补贴。此外，政府规定，依据机械化先进程度的测定结果，农业生产者采购的农机越先进，其获得补贴的额度也就越大。在这样的条件下，日本农民都会非常积极地选择更为先进高效的农业机械设施，因为政府的补贴可以让他们无所顾忌。

日本政府（主要代理人是农协）还设立了各种农产品价格安定制度，实际上这些制度都是由日本农协这个专业的机构按照政府的调控要求进行操作的，能够对农产品的价格兜底，农民可以没有顾忌地从事生产工作。由此，日本农村就形成了比较严谨的农业农村治理体系，这个体系包括法律和规章制度。同时，日本农民的素质也决定了他们对法律和制度的遵从程度，一般不会有人去破坏既有的制度体系。通过这样的方式，日本农村能够实现与城市几乎相同的发达程度。

## 二、典型案例

北海道是日本列岛最北端的一个大岛，四面环海，总面积为 8.7 万平方公里（占日本国土面积的 23%），处于温带气候与亚寒带气候交界之处。尽管天气比较寒冷，但北海道却是日本十分重要的粮食和畜产品供应基地，被称为日本食品原料基地，小麦、牛肉、牛奶、甜菜、马铃薯、大豆产量一直居日本前列，同时，它也是日本主要的农牧业基地，粮食自给率在日本处于领先地位。自明治维新以来，日本重视土壤改良，经过长期不断的努力，北海道肥沃的土壤保障了北海道特色农业的培育和发展。北海道地广人稀，拥有富饶的土地资源，但从事农业人口较少且老龄化现象严重。北海道的农业发展特点表现为农业现代化程度高，在北海道具有代表性的农业主要有特色农业、生态农业和精细化农业。

第二次世界大战以后，北海道加快了城镇化建设，导致耕地面积和农用劳动力数量双重减少，农用劳动力数量的减少是制约北海道现代农业发展的首要因素，相应地，如何挖掘和培养农业所需人才也是政府发展现代农业面临的巨大挑战。虽然北海道现代农业的发展在不同时期遇到了各种阶段性问题，但通过政府部门和相关农协组织采取合理有效的措施，在一定程度上缓解并解决了农业发展的某些主要障碍。例如，1999 年，日本政府颁布的《食品、农业、农村基本法》提出了"谋求食品、农业、农村的协调发展""实现农业可持续发展"等方面目标，并有计划地实施了"建立合理的农业结构、改善农业经营、开发先进技术"等一系列农业发展措施。2005 年，考虑到食品安全问题，日本政府部门制定了《关于"食"的安全·安心条例》，其核心在于减少农药和化肥的使用，发展环境保护型农业，大力推广无公害的粮食生产和蔬菜栽培技术，同时北海道地区参与有机农业生产的主体也越来越多（北海道参与有机农产品生产经营实体的具体数据见表 5-8）。

**表 5-8　北海道有机农产品经营主体情况表**

| 年份 | 经营主体总计/家 | 全生产过程管理员/人 | 有机农产品生产管理员/人 | 小分销商/家 | 进口商/家 | 农户数量/户 |
| --- | --- | --- | --- | --- | --- | --- |
| 2015 | 396 | 328 | 255 | 61 | 7 | 299 |
| 2016 | 392 | 326 | 253 | 59 | 7 | 274 |
| 2017 | 397 | 329 | 258 | 61 | 7 | 271 |

资料来源：日本《农林渔业部统计年鉴》（经课题组成员翻译和整理得到）

从整体上看，北海道是日本 47 个都道府县中最大的粮食产地。2013 年，北海道农业产值达到 10 536 亿日元，占到同期日本全国农业产出份额的 12.2%，为日本农业产出做出很大贡献。与其他都府县农户经营所得相比，北海道农户所得高出很多，2012 年，北海道农户平均农业毛收入、平均农业所得都远高于其他都府县农户平均水平。北海道农业绿色发展措施主要包括四个方面。

（一）推行"互联网+绿色生态经济"的发展模式

（1）借助互联网促进农业资源的合理配置与多方合作。通过互联网强大的网络体系，人们可以同时检索和发布信息，更加容易地进行资源的整合利用，可以随时搜索到自己想要了解的对自己有用的信息，并及时与其他人联系，农业资源的整合效率得到了大幅提高，促进了种田方、销售方、网络转接方等多方合作，以此实现了信息的共享。

（2）通过互联网提高农业从业人员的综合素质及农业生产标准化水平。过去的农民整天奔波于田间劳作，面朝黄土背朝天，互联网的出现一方面增强了从业人员的综合素质，通过学习操作方法提升了自身素质，实现了足不出户地利用互联网寻找、联系全国各地的商人，将产品卖给出价相对较高的买家，并从互联网中获得对他们更多有用的信息。另一方面，互联网应用技术提高了农业生产标准化水平，农户可以利用无线传感器自动记录农场的光照、温度、湿度等信息，农业系统通过整合接收到的信息制定出一条相对合理的标准，再根据制定的标准来调整农产品生产情况，保证生产的农产品是合格的，并依据市场种植情况适当调整种植面积，尽可能避免恶性竞争的发生。

（3）借助互联网销售缩短"产销距离"。相对于其他地区，北海道地广人稀，且随着城镇化建设的加快，年轻的劳动力多集中于东京都市圈附近，北海道从事农业的年轻人逐渐向外流动，网络直销成了一项使用率极高且直接的技术。通过充分利用网络直销技术，农业劳动者将农业产品从种植到收获的过程以及收获情况投放在相关产品的主页介绍里，消费者可以通过网络直接了解相关产品信息，并通过快递、代购等多种渠道购买农产品，借助线上网络宣传传播速度快、范围广的优势，缩短了农产品从生产到销售的距离。

### （二）高度重视发展环保型绿色农业，鼓励发展休闲观光农业

在地方政府的推动与指导下，北海道走在了日本各地的前列。大量农户通过堆肥等方式改良土壤，减少化学肥料和农药的使用比例。北海道跳出传统的农业经营模式，不仅只是种产销，还在新时代下探索新的农业发展模式，以原有的农业资源为基础发展休闲观光农业，通过发展农村旅游来促进农业的发展，并以此带动周边其他产业的经济发展。例如，日本最大的玻璃大棚——欧斯托领先农场，建于 1999 年，总面积达到 7.2 万平方米，西红柿年产 170 吨，创造产值 7 亿日元，在建设第三年就实现盈利；第一花世界——富田农场，是北海道著名的花田之一，农场面积为 12 公顷，园内植物种植由昔日以薰衣草为主拓展到 150 多种花卉。富田农场有五大景观花田和各种精油等加工制品，吸引了大量游客前往参观、体验、游玩，游客不仅能够亲身体验农产品的栽种、采摘及相关产品的加工，还能享受自己劳动带来的成果，用自己采摘来的作物做顿可口的佳肴。休闲观光农业的发展调动了农民的积极性，也促进了农业经济的发展。

### （三）先进的生产模式和科学的农田管理

北海道一般是集中育苗，从土地准备、播种、栽移到田间管理、收获等，通过有效地利用工厂化育苗设施进行分类管理，根据育苗的不同特点，不同程度地采用各种农业机械，这不仅减轻了农户的劳动强度，还有效地提高了劳动生产率。井关北海道株式会社是以先进的技术进行农业生产等一系列相关活动的代表，它是井关农机重要的分公司之一，主要从事农业机械的生产、销售、维修以及农业设施的修建和管理等全系列与农业相关的产业。井关北海道株式会社致力于全球卫星定位系统与农业机械信息化方面的应用和研究，普及推广智慧农业，并取得了卓越成效。经过多年的不懈努力，北海道地区通过应用 GPS 实现了水田平整、

播种、插秧、撒肥、植保等农田全智能化管理，使得农田管理水平得到有效的提高，变得更为科学。同时，该企业还根据北海道农业、农田特点专门为其研发供当地使用的产品，如洋葱全过程机械化在当地的广泛推广得到了一致好评。

（四）因地制宜的现代农业区域分工体系

由于北海道不同区域间的自然气候和土质条件存在很大的差异，依靠从外来引种、试种和农业推广为发展的有别于其他地区的发展路径，北海道形成了特色鲜明的现代农业区域分工体系。北海道的平原面积和土地经营规模较小而且还十分的零散，因此该地区重点发展集约型农业，主要作物有旱田作物、果树、大棚蔬菜等。东北地区和中央地区的农业用地较为平坦广阔，适合采用大规模机械化作业。此外，马铃薯、甜菜、小麦等旱田作物为其主要生产作物。东南地区多以丘陵和沼泽地为主，土质多以泥炭为主，气候阴凉，主要发展奶牛业。经过长期的持续发展，不同地区形成了特色明显、作业分工明确、规划执行良好、产业化程度较高的发展模式。实际上，这已经构建了科学的现代农业区域生产体系，为北海道全面高效发展特色农业奠定了良好的基础。

# 三、相关启示

中国西南山区，江浙沪沿海，福建、广东沿海，海南等地受资源条件限制，不可能发展大规模和中等规模农业，但完全可以参照日本的地标化、科技化发展适度规模农业。日本虽然在资源禀赋方面不存在明显优势，山多地少，但是农业发展水平一直走在世界前列。在绿色农业发展方面，日本有以下几个方面可供借鉴。

（一）以大数据思维推动农业绿色发展

国家、省、市、县、镇各级信息采集站应实现数据共享，推动生态农业朝着现代化、智能化方向发展。在大数据产业发展机遇背景下，积极搭建物联网络平台，建立园区环境信息与病虫信息感知监测系统、蔬菜质量产品溯源系统、信息平台展示中心、测土配方施肥平台，通过物联网技术充分采集农业生产各个环节的数据，再对其进行整理、分析，实现农业智能化生产管理。充分利用互联网技术，足不出户地对田间的苗情、病虫情、灾情、生态环境、质量追溯等进行实时监测、预警并自动防控，实现全天候、无人值守、连续自动工作。在生产过程中，充分利用集成应用感知技术、GIS 技术、无线网络技术和控制技术，实现农产品生产信息的定位、采集、传输、控制和管理，对农作物生长的土壤环境、生长状况以及灾情病情进行检测和展示。借助物联网、云技术对采集信息进行数据提取、综合分析、总结，并提出可行性解决方案，帮助农业生产者、管理者做出有效决策。

### （二）调整产业结构，完善产业链条

在有限的资源禀赋条件下，通过养殖带动、加工带动、人才带动和产业化水平带动，主动引导农产品的结构升级，促进农业沿着稳健、融合创富的路径持续发展。

（1）优化种养殖结构。相对种植而言，养殖的经济价值更高，应因地制宜推动种养区域布局结构优化，以高经济价值的养殖业带动低经济价值的种植业。但在转变过程中要注意资源的综合利用、综合开发，避免出现一窝蜂的现象。此外，也应注意市场风险和技术（特别是养殖技术）风险的识别与防范。

（2）完善农产品加工链条。以农产品就近生产、第一时间就近加工为基本要求，致力于农产品相关加工业的发展，形成相对完善的农产品"生产—加工"结构体系。建立围绕生产和加工一体的优质农产品基地，提升加工转化能力。

### （三）推进科技化农业园区建设，促进农业提质增效

中国农业发展在关注农业园区数量和规模并进的同时，还要注重农业园区的发展质量，确保农业园区向高质量方向发展，将农业园区打造成产业融合发展的排头兵，具体可以包括以下五种方式。

（1）建设"初级生产、精深加工、营销科技与科技负载"为一体的现代化农业园区。

（2）发展综合性园区，主要方式是拓展农业园区的功能性，可以通过将农业、休闲旅游、教育文化、健康养生等项目进行深度融合，实现观光式农业、体验式农业、创意式农业的有机结合。

（3）农业园区的农业科技孵化。通过在工业园区的实践，把示范带动、技术下乡、设施助力引入新型的农业园区中。

（4）将园区建成有机的或者按照无公害绿色标准建立示范。提高农产品的有机认证和绿色无公害认证，同时应该持续推动建立健全农产品地方性标准，包括生产标准、加工标准、物流运输标准等。

（5）用更好的园区进行招商。依托现代化的农业园区平台，发展招商项目。

# 第四节　以色列的主要措施、典型案例与相关启示

## 一、主要措施

以色列是一个国土面积狭小、人口密度大、资源极度贫乏的国家。以色列农业是世界农业的奇迹，因为以色列这个地区降水量很少，又是沙漠化严重的区域，很难想象在这样的条件下应该如何发展农业生产，因此，以色列是在极度恶劣的资源禀赋下开展高度现代化农业生产的。从以色列的基本农业条件看，不可能发展大规模、低效益农业或者粗放式的农业生产，调整优化农业生产结构才是唯一的出路。以色列在土地上进行农业创新，建立了极其复杂的农业试验场。

对于以色列这个国家而言，其农业曾经也是采用传统的生产方式，但在建国后，以色列通过多年大力调整优化农业产业结构发展了一种有别于世界所有其他国家农业生产的方式，这可以说是一项复杂的系统工程。农业生产结构需要根据市场对农产品的需求进行调整，并以技术为支撑，注重环境保护，确保农产品质量安全。以色列在农业产业结构调整和区域规划方面比较成功，再加上高效的水资源配给系统与农业技术体系，由此形成了以色列节水农业，其发展高效绿色农业的做法十分值得借鉴。

### （一）高度重视农产品质量安全与品质

以色列不仅解决了国内粮食安全问题，还以安全和高品质享誉世界，尤其在欧美市场特别受欢迎，仅出口欧盟的金额就占出口总额的 36%，享有"欧洲冬季厨房"的美誉，而这与以色列全方位的食品安全保障体系密不可分。该体系主要包括三个方面，即预防性管理、监督管理、第三方认证管理，具体体现为以下三个方面。

一是针对土壤耕作、肥料施用、病虫害防治、农业废弃物处理等各个环节建立管控措施，采取保护性耕作。根据技术检测结果配施肥料，严格控制农药数量，将畜禽排泄物等农业废弃物通过分散收集、集中处理的方法变为有机肥料，从而做到对农业种植的源头和过程进行控制。

二是食品安全的市场准入要求较高。针对药物残留限量、污染物限量、食品添加剂的使用以及食品包装标签等制定了一系列标准要求，若有不符合标准的食

品进入市场，政府将会采取严格的管制和惩罚措施。

三是犹太洁食认证和原料奶质量控制第三方检测机构在食品安全保障中扮演着重要角色。食品包装上印有的洁食标志代表了高于传统食品市场的质量和生产监督水平。

### （二）结构调整向高附加值产品倾斜

以色列国土面积狭小、人口密度大、资源贫乏，特别是水资源极其匮乏。为了调整农业产业结构，政府充分发挥科技效力，降低农业对自然资源的依赖程度，减少种植对土地质量有较高要求的粮食作物，增加对土地质量要求相对较低，但技术含量和经济效益高的作物，如番茄、柑橘、棉花、花卉等，其中，柑橘产量居世界前列；在西北部地中海沿岸的旱作农业区主要集中种植小麦等谷物。在以色列种植业中，园艺业具有举足轻重的地位，且发展较为迅猛。

以色列的畜牧业发展较为迅速，主要饲养鹅、鸭、火鸡、蛋鸡、猪、牛、羊（绵羊与山羊）等，其中，家禽业占全部农业生产的 20%，畜牧业与种植业占总产值之比为 4∶6。以色列充分利用区域水环境，合理规划不同作物的种植区域，建设高效的水资源配给系统和水分转化利用模式，满足农业生产和农产品供给需求。

### （三）普及高效节水农业，创新组织方式

以色列通过集中净化处理工业和城市生活产生的污水，将净化水用于农业生产灌溉。在有效控制污水净化成本的情况下，这种做法不仅有效地节约了水资源，还在一定程度上减少了各种污水、废水对土地资源或环境造成的污染与侵蚀，从而实现了对生活环境的保护和生态文明的建设，同时，净化水的低成本也激发了农业经营者使用的积极性。另外，以色列向农产品生产者普及压力灌溉技术和方法。以色列的农业灌溉技术并不是一蹴而就的，也经历了从大水漫灌的粗放方式，到沟灌、喷灌（多点式），再到滴灌（小股水流可控冒滴）的几次技术革命，其农业节水技术实现了大的飞跃，形成了大量的知识和技术的积累。

通过鼓励技术创新，以色列的企业每年都会推出新的滴灌技术与设备，在节水农业方面，由滴灌技术又派生出埋藏式灌溉（微灌技术）以及可控制的喷洒式灌溉（针对花卉）、散布式灌溉（针对水果和蔬菜）等其他灌溉方式，这样的生产方式极大地提高了水的利用率。从当前情况看，以色列 90% 以上的基本农田用地、100% 的果园、蔬菜种植均采用滴灌技术，超过了德国、法国、荷兰、瑞典等传统的欧盟农业发达国家，甚至超过了日本，位居世界之最。

通过这样的努力，以色列的耕地面积获得了大量的增长（主要是因为农业有利可图），从 1948 年建国时期的 16.5 万公顷增加到 2018 年的 43.5 万公顷。依托世界先进的技术，以色列的农业经济创造了巨大的价值。

在组织方面，基布兹就是一个公有社会，成员共同劳动，按需分配，实现内部民主和平等。如果外部人员加入基布兹，他们必须充公其财产，当基布兹成员外出打工，收入也归基布兹所有。莫沙夫是另外一种组织形式，以家庭为基本生产单元的村庄是一种农业合作组织，因此可以认为它既是一个行政村又是一个合作社，具有社会服务和经济管理的双重功能，而这样的组织在以色列大约有 450 个。

凭借以色列独有的农业组织形式，技术推广服务人员能够把技术全部推行"下乡"，并进行田间科学试验。另外，以色列还针对农业经营者的具体生产条件进行科学的示范工作，以便更加方便、高效、实用地为农民提供各种农业技术。

### （四）推行政产学结合的首席科学家制度

以色列在全世界范围内第一个推出了首席科学家办公室制度。首席科学家办公室的人员，总共设 100 人左右的编制。在首席科学家办公室下，政府还设置了多个专业的技术委员会（不仅是生产技术，也包括经济技术方面的委员会），这些办公室又由各农业领域权威的科学家和技术专家组成。

以色列的农业首席科学家不仅是科技研发与应用推广、技术创新、风险投资等领域的领军人物，其中很多人在商业上也同样有很高的成就。这些科学家成为首席科学家的前提是必须放弃自己非常赚钱的事业，专心投入科学工作中。在首席科学家的岗位上，政府提供的薪水并不高（只是相对来说），但得到了社会的尊重和荣誉，每一位首席科学家都能够感觉到真正的尊重。

首席科学家办公室一共有 13 个，其上一级机构是全国农业科技管理委员会，这个委员会由以色列政府设立的农业与农村发展部负责组建，并落实规划和工作。全国农业科技管理委员会也是以色列农业科技管理的最高决策机构，这个机构决定了以色列的农业发展方向。委员会的组成人员主要来自农业与农村发展部以及相关的农业科研机构、农业科技推广服务机构（不仅是技术团体，也包括经济团体）、农民组织等团体。也可以说，这个机构的主要职责就是制定全国农业科技发展政策以及审批全国农业科技项目计划，并负责实施。

## 二、典型案例

基布兹是一种建立在平等、民主、公有和自愿原则上的集体农庄，它既是以色列农村一种非常特殊的社会组织形式，也是一种农业生产方式，被誉为"以色列的社会主义或者共产主义组织"。

同时，基布兹的发展和创新在农业生产领域、农业组织领域，为以色列国家的建立和发展做出了不可磨灭的贡献。在基布兹，所有成员的土地都归集体所有，由集体来从事经营，所有生产资料（农药、种子、化肥）也都是集体所有，由基布兹实行统一劳作（这一点与中国的集体农业时代非常接近）。所不同的是，基布兹的发展规划、运行、调度、经营等工作是在以色列农业部门指导下统一制定，政府同时也为基布兹提供大量贷款和担保，确保基布兹的经营和发展。

既然基布兹的所有财产、生产资料为全体成员所共有，那么在这样的体制下成员之间就处于一个完全平等的地位。所有人一起参与劳动，也一起生活，宛如一个大的家庭。因此，基布兹的所有生活资料，如房产、汽车、学校、图书等，也都属于基布兹这个集体，属于每一个人。对于年度利润如何分配的问题，也是由大家一起商定，最后落实。所有成员的开支（费用的支出），包括衣食住行及休闲娱乐活动等在内都由集体统一支出，并由集体统一配置。在基布兹内还有一些经营机构，如食品店、服装店等，在这些机构的消费只需要基布兹成员签单即可。目前基布兹也在实施一些其他的变革，如在主要区域开始发展农业与工业的融合。基布兹农业绿色发展的主要措施包括以下几个方面。

### （一）调整产业结构

基布兹在早期尚处于小规模发展时，种植方式原始、种植作物品种单一，不能满足成员生活需要，直到 20 世纪 20 年代，基布兹大规模发展，在保证内部成员自给自足的基础上，农庄可以将多余的产品拿到市场上出售。基布兹成员一方面继续种植小麦、玉米等基础（利润较低的）农作物，另一方面也在尝试发展果蔬等农副产品（即利润较高的作物）。随后，通过更高规格的转型来发展饲养奶牛和家禽等。接下来，基布兹的经济结构也逐渐发生变化，开始发展手工业和工业，并且加工业在工业产业结构中的占比越来越大。目前，基布兹第三产业发展的速度很快，已经成为经济发展的重点领域。

### （二）建设引水工程，运用先进的灌溉技术

以色列近半土地为沙漠的地理条件对于农业生产来说是极其不利的。从 20世纪 50 年代开始，基布兹组织开始修建中型和小型引水工程，历时十余年实现了一期完工通水。这样的工程为沙漠创造了 5.7 公顷的绿洲，这些绿洲可以用来从事更多的事业。基布兹也具有较强的科技创新能力，通过现代技术，特别是一些生物技术，培养了很多别的区域不具备的优良品种，并采用现代化的方式生产这

类产品，如圣女果就是以色列培育出来的高产、特色品种。在生产技术上，基布兹基本采用的是节水农业技术。这种技术能够很好地提高水的利用率，同时将肥料和农药的利用率也提高到最大程度。经过我们的调研，其节水农业技术能够节约95%的农业用水量，很大程度上缓解了以色列缺水，尤其是缺少淡水的问题。

（三）大胆进行改革创新

从某种意义上讲，基布兹是一种理论意义上的公有制体系，这与马克思设想的共产主义社会具有很高的相似度。在基布兹，所有财物都由成员共同占有，又允许所有成员使用和享受。那么，基布兹能不能够让集体化的生活变得丰富和有趣呢？为此，基布兹努力创新，让集体农庄经济产生新的活力和动力，特别是在财产属性、分配制度、生活方式等方面不断追求变化和革新，譬如在1996年，基布兹工资收入差异化并不显著，占比仅为6%，换言之，就是更平均的分配。而到了1999年，基布兹工资实行改革，使得12%的工资收入出现差异化。到了2011年，差异化水平达到了76%。尽管如此，基布兹的生产率并没有受到影响，反而得到了大幅提升。

除此之外，基布兹为了拓宽发展前景，积极与国际接轨，扩展海外市场，与国际上的一些组织建立了合作关系。比如，不断加强在海外投资力度，扩大自身影响力，同时，通过请进来和走出去的方式提升经济实力。以2005年为例，以色列基布兹仅在美国就投资了10家企业，总投资达到了2亿美元，并以基布兹名义在美国和欧洲开展各类经济活动，让世界看到了基布兹强大的自我发展和创新能力。

# 三、相关启示

针对我国城市，以城市周边需求为切入，考虑发展示范性绿色化精致农业，在这一领域可以参照以色列的做法。从以色列的高效绿色农业发展来看，科技是绿色化精致农业的第一支撑力，促使以色列走上了精致、高效农业生产方式的道路，成就了这块"流奶与蜜之地"。以色列精致农业发展之路对中国农业绿色发展具有重要的启示意义。

（一）以科技为动力，推动农业由粗放型向精细化方向转变

以色列把"科技兴农"作为国策，其拥有的高科技公司数量和质量都是全球领先的，从数量上看仅次于美国，位居第二。以色列企业科技创新的研究领域包括电子、基因、细胞、材料、化工、医学等，这也得益于以色列各式各样完善的

教育体系。从农业来看，先进的喷灌、滴灌技术，机械化设备和设施，自动化的传感和控制体系主要受益于以色列在基础技术上的不断创新，这些基础技术投入农业中发展了应用型的农业技术。我们的调查显示，以色列大约有 3500 个高科技公司，其中 7 个专门从事农业高科技研发的企业，几乎为全世界的农业从业者提供了所需的设施和设备，以及各类农资化学品的解决方案。

此外，企业之间除了在科技上具有互动关系，以色列还以国家名义，正式建立了由政府部门主导的科研机构和社会科研机构相结合的科研和开发体系。具体而言，政府投资的科研机构需要承担大量的科研任务，这些任务以项目的方式（或者成果）推广应用于农业生产的实践中。该工作由政府主导，是一种竞争性的政府行为，显然不同于普通的市场化行为，其能够使科研成果迅速转化为组织的生产力和组织能力。从农业生产和经营的经济指标来看，以色列的单位用地农业产出水平位居全球第一，超过德国、荷兰、法国等传统工业强国。

参考以色列农业集约化生产的组织形式，中国可尝试以生产要素，如资源、劳动或技术等，在单位土地上密集投入的方式来提升单位土地生产效率，通过对土地精耕细作，使土地利用效率和产能达到最优，从而实现传统农业对土地粗放经营的改变。

### （二）加强农田水利基础建设

以色列是全世界最为缺水的区域之一，尤其是缺淡水，但是犹太人的智慧使得他们从建国开始就利用约旦河上游的淡水资源。通过开凿运河，将格式管道、隧道连接起来，再采用泵站、人造水库的方式对水资源进行科学的开发和利用，如此一来，以色列境内就形成了一个可以覆盖大多数国土的水利体系，这个体系类似于我国的"南水北调"工程，只是规模没有中国那么大。以色列的调水系统能够实现每天 170 万立方米的输送量，基本上满足了以色列的产业需要和人民的生活需要。中国境内也有水资源贫乏的地区，对于中国干旱地区，尤其是北方来说，可以大范围地引用基布兹农庄的滴灌技术，当地的农业合作社或者农民集体可以采用这种方式浇灌庄稼，以此解决水渠供水不足或不及时等诸多问题。因此，学习借鉴以色列的农田水利基础设施建设思路和方案是一种比较适用的方式。

### （三）人与组织有效结合的制度保障

在以色列，除了之前提到的基布兹以外，还有一种名为莫沙夫的农业组织形式。基布兹是典型的集体农场性质，而莫沙夫则是一种单个联合起来的农业家庭联合体形式。以色列的农业生产经营具有一个重要的特点，就是不走大规模的产销式的传统农业道路，而是从事一种更为高效的"订单式农业"（也称订单农业）。这种订单农业与国际市场紧密联系，即收到订单才开始生产，没有订单则无须生产。无论是基布兹还是莫沙夫，两者都以出产高品质的农作物著称，这两种组织的农产品生产是根据订单需求，从生产、加工到包装、销售的整条产业链完全满足客户需要，特别是挑剔的欧洲客户需要。

可以说，以色列的集体经济和家庭联产方式对中国各类新型农村农业合作组织予以极大的启发。以家庭联产承包责任制度为例，这种组织方式完全可以参照以色列的莫沙夫开展，首先要确立农业合作组织的外部市场，特别是国际市场的经济地位，同时按照市场经济规律办事，协调农业合作组织主体的经济关系，建立良好的市场运行秩序。

除此之外，以色列的职业教育制度也值得我国大力借鉴。以色列国民受教育程度之高是世界闻名的，以色列农民中大学以上文化程度的比重达 47%，余下部分的文化程度至少为高中。要实现农业产业现代化，具有先进科学文化知识和技能的现代农民储备是必不可少的。鉴于此，中国也应该紧密结合发展现代化农业的需要，以快速实现产业发展为根本目标，加快现代农业人才储备与培养计划的实施，重点培育新型农业经营主体带头人和现代职业农民，着力推进政府主动接触+农民自觉自愿+城乡"两个"市场引导。最后，利用农闲时间，举办文化程度提高班、专业技能培训班等，实现我国农民培训制度的可持续性。

# 第六章 基于绿色发展理念的农业供给侧结构性改革的国内经验及启示

改革开放以来，我国农业生产经营体制经历了一个制度变迁过程，这一过程极为复杂多变，而贯穿始终的核心主题则是如何提升农业生产效率和化解小农体制与农民组织化之间的矛盾。进入 21 世纪，国家鼓励和引导产业化、专业化经营，不仅要解决农业生产效率的问题，更是要兼顾绿色发展的问题。十八届三中全会以来，绿色发展理念成为产业发展的引导性、前沿性、驱动性力量，承载着社会主义新发展阶段高质量转型的重要任务。"十三五"期间，全国各地在推动以绿色引领的农业供给侧结构性改革方面加速发力，取得了显著的成就，其间所形成的政策、举措、方案及模式都可以进行总结归纳并应用于实践。

在党和国家的重视和领导下，在各级地方党委政府的积极引导和支持下，全国各省区市在开展绿色农业供给侧结构性改革方面出台了多项政策，通过创新农业新型业态，完善绿色农业生产和经营体系建设，打造提升农业精品园区，盘活生态农业观光资产，扩大绿色农产品出口等系列举措，持续提升农产品品质，减少生态环境破坏，在提高农村、农业和农民经济效益的同时，还将进一步推进农业供给侧的改革向着生态绿色的方向持续演进。基于此，本章就山东、河北、宁夏、海南、贵州五个省区在"十三五"期间的举措进行深入剖析，进而归纳总结形成相关启示。

## 第一节 山东省的举措和相关启示

### 一、概况

山东省地处我国东部沿海，地形多样，以平原为主，丘陵、山地、台地等多种类型为辅。全省大部分地区地势平坦、地宽坡少、土层有厚度，并且气候温和、降水集中，十分有利于农林牧渔业的发展。截至 2019 年，山东省粮食总产量连续 6 年稳定在千亿斤以上，尤其是肉蛋奶、水产品、蔬菜、水果等产量已位居全国前列，农业增加值与农产品出口值也以极大优势连续多年领跑全国，农业生产建设可谓稳中有进、屡创佳绩，农产品从过去长期供给不足转变为产需平衡有余的状态后，开始进入结构性过剩的新时期。在这一过程中，各项政策举措发挥了十分重要的作用。

同时，作为种植业发源地之一的山东，素有"全国农业看山东"的说法。山东省独特的自然条件和优越的地理环境，使得其在农业生产经营方面具有示范引领作用。各地市积极响应国家及省政府号召，致力于推进农业绿色高效发展，并结合自身资源禀赋，走出了各市县差异化发展的道路。例如，济南市作为山东省省会，深入贯彻"三化"（国际化、现代化、特色化）发展理念，围绕粮食、蔬菜、渔业等特色产业，加大力度建设四大功能区，着力打造"一圈、两带、三区"农业经济板块；又如以"小"农业取胜的青岛市，坚持以"小"为美、以"小"为特、以"小"为精、以"小"而优的发展思维，利用山海平原相间的特殊地域优势，结合现代型农业发展特点，着力打造沿海都市型现代农业。"国家有机产品认证示范区"——潍坊市峡山区，通过建设标准化、规模化的种植园区，充分利用园区景观，打造生态农庄，大力发展休闲农业，抓住了依托资源拓宽农业发展渠道的有效着力点。除此之外，山东省其他各地市均依靠自身的区位优势和自然资源形成了特色农产品优势区，如济宁市梁山县鲁西黄牛、威海市威海刺参、枣庄市峄城区的峄城石榴等，共同助力山东省农业绿色高效发展。2018 年山东省农业发展概况见表 6-1。

**表 6-1　2018 年山东省农业发展概况**

| 地区 | 农业总产值<br>/亿元 | 农业增加值<br>/亿元 | 粮食作物播种面积/<br>万公顷 | 粮食作物产量<br>/万吨 |
| --- | --- | --- | --- | --- |
| 山东省 | 4678.27 | 2907.37 | 840.49 | 5319.51 |
| 济南市 | 318.55 | 195.16 | 44.43 | 251.42 |
| 青岛市 | 329.07 | 193.95 | 48.11 | 310.10 |
| 淄博市 | 173.98 | 105.71 | 21.95 | 139.24 |
| 枣庄市 | 185.64 | 117.68 | 28.08 | 172.00 |
| 东营市 | 98.12 | 59.96 | 25.57 | 146.55 |
| 烟台市 | 395.57 | 232.96 | 30.78 | 183.27 |
| 潍坊市 | 500.94 | 321.33 | 69.78 | 427.69 |

续表

| 地区 | 农业总产值/亿元 | 农业增加值/亿元 | 粮食作物播种面积/万公顷 | 粮食作物产量/万吨 |
|------|------|------|------|------|
| 济宁市 | 492.31 | 311.84 | 72.39 | 470.48 |
| 泰安市 | 313.10 | 195.82 | 36.65 | 246.78 |
| 威海市 | 90.18 | 55.18 | 12.32 | 70.52 |
| 日照市 | 116.02 | 69.87 | 13.47 | 85.11 |
| 莱芜市 | 72.91 | 44.43 | 3.97 | 25.52 |
| 临沂市 | 395.67 | 247.09 | 65.03 | 409.23 |
| 德州市 | 308.95 | 190.15 | 107.23 | 729.97 |
| 聊城市 | 359.42 | 225.01 | 80.76 | 520.84 |
| 滨州市 | 199.80 | 123.24 | 60.83 | 384.62 |
| 菏泽市 | 328.04 | 217.99 | 119.14 | 746.17 |

资料来源:《2019 山东统计年鉴》

注：2019 年莱芜市已并入济南市，更名为莱芜区

## 二、举措

目前，虽然山东在农业绿色化发展方面实施了许多有力举措，构建起了比较完善的发展体系，实现了对农业支持和保护的历史突破，但在山东农业发展中仍有障碍与亟待解决的问题，主要在于供给侧的结构方面。如何从政策改良角度出发，针对山东农业供给侧结构性改革中的突出问题，创新体制机制，加大改革力度，成为当前的任务重点。近年来，当地深入贯彻绿色发展理念，并将其贯穿农业供给侧结构性改革始终，主要采取了四个方面的措施：一是多种方式创新农业新型业态，提升农业竞争力；二是促进绿色农业生产的发展，不断提升绿色农产品供给水平；三是贯彻绿色发展理念，协同耕地的高标准、高水平建设以及管护和培育；四是大力推进农业生产的绿色化替代工程。

### （一）多种方式创新农业新型业态，提升农业竞争力

为加速产业"接二连三"融合发展，山东积极探索农业新型六大产业的发展方向，最终确定将终端型、体验型、循环型、智慧型作为产业业态的四种形式。在此基础上，进一步明晰发展的重点任务，积极促进农业新型六大产业的壮大和发展，实现农业增效、农民增收、农村繁荣。

一是丰富终端业态——围绕优势特色产业，大力发展加工业。围绕当地特色的优势产业，实现从农产品的生产、加工到销售环节的"节节发力"，促进三大环节的高度融合，让农产品完成从初级产品到终端消费的无缝连接。以加工环节作为发力点，推动农业向前向后发展，向前打造标准化生产农田，向后延伸连锁超市、服装、百货、餐厅等后续产业。同时，与商贸物流业合作，加强农产品种养殖基地打造，发展订单农业及与之配套的生产加工服务。

二是改善体验业态——挖掘传统农耕文化，引入创意元素。山东省政府为促进农业产业融合，考虑在各方面寻求创新和突破，立足于本地的优势特色资源禀赋，建立以农业文化底蕴为基础、以现代商业模式为机制、以政府扶持为保障的农业，并向第三产业延伸发展。通过创新发展"产业+"模式，利用生态资源发展旅游，利用文化宣传与品牌打造，积极将农林渔业与旅游、娱乐、康养等产业深度融合，发挥景观资源优势，充分展现乡村文化底蕴，构建多功能休闲农业产业体系，达到农业生产与生活娱乐融为一体的效果。当地充分挖掘农业文化，如茶文化、酒文化等，拓宽商业活动思路，从休闲娱乐到文化体验，积极创新具有吸引力的农业文化活动，打造相关展览馆、主题街道等，制作具有农家特色的手工艺制品，提升旅游消费者兴趣，在古村落里感受"诗与远方"。

三是发展清洁业态——实现加工业清洁化生产，提升绿色环保水平。基于合理利用农业废弃物资源及加工副产品资源，坚持绿色发展方向，打造低碳、低耗、循环的绿色农业业态，加强生产过程绿色化建设，建立化害为利、可持续发展的生态环保新体系。产业之间形成有机关联，加强农业废弃物再生能力，资源化利用，使资源利用效率得到有效提升。加强加工技术改革创新，采用经济高效的梯田利用方法，对加工副产品层层把关，生产各类精深加工产品。采用先进、经济高效的环保技术，加强对废弃物的收集处理，重视农产品和加工副产品综合利用及清洁化生产，为绿色循环经济的发展奠定基础。

四是驱动智慧业态——借助现代科技促进产业发展。充分利用现代科技力量，如大数据等现代信息技术，促进现代农业发展。加大力度建设电商销售平台，创建现代农业新格局，推动其更加方便、快捷地服务"三农"。利用科技助农，发展智慧农业，对农业产加销环节进行智能化控制，精准高效把握产业实况。构建现代科技思维，引入模式创新，加快农业现代化。

（二）促进绿色农业生产的发展，不断提升绿色农产品供给水平

为提升农业绿色供给能力，山东省坚持"质量兴农、绿色兴农"，采用低碳循环的农业发展模式，根据当地生态资源禀赋，构建符合当地实际状况的农业发展新格局。

一是积极建设国家农业可持续发展试验示范区。将现代农业产业示范区与农业绿色发展技术有效结合，探寻绿色农业可持续发展机制。除了有效利用绿色技术及相关机器设备，还要注重学习并将种植养殖与农牧相结合，坚持资源节约与循环农业相融合，改革创新原有畜牧业生产方式。持续推广净化动物疫病与渔业健康养殖技术，通过科学测定确定养殖规模与密度，注重污染防控，加大力度建设畜牧业绿色种养及水产健康养殖示范基地与示范县，全力打造现代农业示范点。

二是精准利用生态优势，统筹推进绿色发展与乡村振兴有效结合。了解挖掘符合贫困地区特色的生态优势，并将其转化为产业优势，打造绿色健康的农业品牌，鼓励发展绿色有机农产品，根据地区情况构建具有创意、特色的体验业态，让自然融入产业发展，帮助贫困群众在绿色发展中受益。

### （三）贯彻绿色发展理念，协同耕地的高标准、高水平建设以及管护和培育

绿色发展的前提是保证充足的耕地面积，因此必须以粮食安全作为耕地红线，做到生产安全与耕地安全并行。

一是加快农田标准化建设，提升土地利用率。保证土地的有效供给是提高农业供给侧结构性改革能力的重要基础。同时，技术的先进性、可用性也是确保农业生产的关键因素。只有将两者良性地结合起来才能够真正落实国家粮食安全战略，为此，当地积极建设高标准农田。首先，总体规划建设规模，如平原地区大于1000亩，丘陵山区大于500亩；其次，加强基础设施建设，完善输水灌溉系统和与其相关的配套设施建设，推行水肥一体化，提升水资源利用率，减少浪费；最后，加大土地利用力度，整治荒地管理，打造村容村貌，加大投入开垦荒地，保障土地的利用率。

二是推行资源化利用，推广绿色生产方式。作为农业大省，多年来的耕种历史使山东的土壤肥力呈现下降趋势，地力培肥又不能依赖过多的化学品投入。为此，山东省农业部门采取了以下有力举措：首先，优化畜禽产业布局，实行区域划分管理。山东省农业部门针对各乡镇实际情况分别制定了畜禽养殖规模标准，划分禁养区、限养区以及适养区，并结合种植业共同考虑配套布局，组织搬迁或关闭违规养殖主体。其次，对生产清洁工作进行统一标准管理，引进先进生产技术，加强对养殖过程的全程监控力度，配套管理粪污处理设备的储存、利用等，基本实现粪污无害化处理，推广政府集中收集、企业集中处理的方式，开展政企合作，推进无害化处理工作。最后，稳步推进农作物秸秆的综合利用提升工作，杜绝秸秆露天焚烧现象，推动秸秆资源化利用产业的规模化发展，拓宽秸秆利用渠道，并强化秸秆利用相关知识宣传和技术培训服务工作，加大资金支持力度，

对提升秸秆综合利用率的相关项目进行合理补贴。

### （四）大力推进农业生产的绿色化替代工程

为进一步从源头上减少污染，使农村青山绿水，山东省加强了农业农村污染治理工作，重点体现于农药减量控害、化肥减量增效、有机肥增施替代、节水农业和生态农业四个方面。

一是将开展农药减量工作作为核心思路。除了严格控制高风险农药的使用外，加大投入资金进行高效率、低毒性、低残留农药的研发及推广，并加大新型产品及施药机械配置力度，弱化化学农药使用。制定严格的农药质量标准，健全完善并落实相关经营许可制度，对禁用农药严格把关，杜绝其生产使用。加强农民用药技术的宣传与学习力度，对农民的用药意识进行引导。融入现代农业科技，根据各地区具体情况合理使用植保无人机、固定翼飞机、直升机、自走式喷杆喷雾机等新型高效施药设备。针对绿色防控方面，首先，种植前对种苗品种进行调查，选用优质、抗逆性和生存性强的品种进行试种；其次，根据土壤肥沃程度合理测定种植密度，确保光照充足、不封闭、不潮湿；再次，对于果树种植要注意挖排水沟，及时排水，防止积水带来的潮湿问题；最后，针对不同靶标病虫应当采取不同的绿色防控措施，如利用相应杀菌剂、灯光诱杀方式、高效害虫诱捕器、孢子捕捉仪等专业防控装备进行有效防控。

二是深入推进化肥减量与增效并重。严格对照化肥质量标准，将现代施肥技术与新型产品结合，如农家肥与化肥混合施用、使用高效缓控释肥料、利用生物肥料及施肥机械等。一直以来，当地大力倡导以有机肥替代化肥，绿肥施用成为其中的重点。绿肥是一种清洁肥料资源，不含重金属等危害物质，它通过绿色植物体提供有机质，从而在改善土壤性状，提升耕地质量的同时，还为农作物提供大量养分。山东省加大力度研究发展多种种植技术模式，主要有：专用绿肥净（套）作技术模式、专用绿肥混播技术模式、肥菜兼用绿肥净作技术模式及油菜绿肥压青技术模式。根据当地种植水平、耕作条件、种植结构与习惯来划分不同的种植区域，结合区域特征将重要技术模式进行示范推广，并积极反馈适用程度，评定不同技术模式的普及和应用程度，发挥引领示范作用。对各种作物耕地质量进行全面监测，提高配方肥应用水平及利用率，扩大应用面积，实现精准施肥。

三是有序开展有机肥增施替代。首先，当地积极开展测土配方施肥行动，扩大适用范围，拓展优势特色作物播种面积，通过化肥减量实现农田减污；其次，施行绿色增产增效技术示范推广项目，如"粮油绿色增产技术""稻鱼鸭"种养模式，大力推广有机肥、绿肥等，改善土壤质量，提升土壤有机质含量，调节酸碱程度，提高农作物生产品质，并降低农田污染度；最后，对农药经营主体实行统一规范化管理，精准用药水平，开展科学用药的宣传服务工作，提倡施用高效低毒农药。

四是加强推进节水和"现代-原生态"农业发展。为加强灌溉水的有效利用，当地大力推广滴灌、微喷等水肥一体化技术，并通过抗旱新技术、生物节水技术等措施，提高节水综合效益。对农作物的耕作和栽培进行合理安排，悉心培育与选取抗旱优质的高产品种，并在地膜利用方面积极探索，研究开发周年覆盖及穴播技术，推广无纺布覆盖、旱地覆盖等技术，充分发挥现代农业技术效用。

## 三、启示

自古以来，山东都是我国的农业大省，即便在新时代也是中国现代化农业的重要阵地和绿色农业发展的标杆区域。山东绿色农业供给侧结构性改革一直走在中国的前沿，本书从其实行的举措中得到了几点启示：一是加快推广应用，促进农村产业绿色发展。以绿色发展理念引领农业供给侧结构性改革，需要将实现农村增绿目标放在重要位置。这不仅能引导农业生产绿色化，提升农产品品质，满足消费者对绿色农产品的需求，还能利用生态环境大力发展农业第三产业，满足市场对农业服务业产品的需求，将生态价值转变为经济价值。因此，要实现农业绿色供给，就要重视农村增绿，全面推进农村人居环境治理和美丽宜居乡村建设。要重点把握主要治理区域，建立起治理技术和治理机制，清洁土壤，利用划定总量红线与效率红线保证农田灌溉水得到有效利用。同时，减少化肥、农药施用量，并针对畜禽污染创新处理模式，加强地膜回收，把握秸秆资源化利用，对村民生活垃圾进行有效处理。二是大力推进农业废弃物资源化利用，改善耕地质量。以关键核心技术为引领动力，在水肥利用、畜禽废弃物处理、秸秆的资源化利用、农膜回收、病害虫绿色防控方面攻克技术难关，创新绿色栽培技术，研发适用性强的关键核心技术及相关配套技术，利用大数据、云计算、人工智能等当前前沿科技进行动态数据监控及智能化系统建设，为农业绿色化行动提供科学依据和技术支撑，通过在示范园基地的试验和应用，将技术进行推广普及，进一步改善耕地质量。三是切实提升农产品质量安全水平。牢牢把握农产品品牌绿色、无公害、有机特征，主导安全优质农产品公共品牌，积极开展农产品"三品一标"认证工作，重点把握现代农业园区、龙头企业、大规模养殖场等无公害产地认证，确保主要农产品百分之百通过无公害产品认证，提升农业质量和效益。

# 第二节　河北省的举措和相关启示

## 一、概况

河北省位于我国的华北平原地区，是我国少有的在地形地貌上兼有高原、山地、平原、丘陵、湖泊和海滨的省份。河北省面积达 18.88 万平方千米，优越的自然环境使得农产品种植种类繁多，主要有小麦、玉米、高粱等。河北省有超过10%的播种面积属于经济作物播种面积，是种植经济作物省份中较发达的地区，更是我国主要的粮食和棉花生产地。改革开放 40 多年来，河北省立足自身资源禀赋，提高生产效益，创新农业科技，实现了农业繁荣发展。2019 年，河北省农业总产值达 3114.9 亿元，较上年增长了 0.94%。在粮食面积对比去年有所下降的情况，粮食产出量仍达到了 3739.2 万吨（增长率为 1.0%）。可以说，河北省正致力于提高科技创新水平，形成标准高端、绿色高端、品牌高端的现代农业发展新格局。

此外，作为传统的农业大省，河北省农业具有人口多、支撑作用强的特点，富饶的自然资源和丰富的人文景观支撑着河北省不断推进生态农业和现代特色高效农业发展。例如，石家庄市持续加快本市的农业供给侧结构性改革，充分调动农业产业新动能，建成了集绿色产业农业、生态观光采摘、农业科普于一体的赞皇县莲华农庄现代农业产业园区；唐山市开平区加快休闲农业和乡村旅游融合发展，致力于形成生态采摘和农家体验相结合的地区性特色农业休闲产业，带动周边六村连片，打造距离市区最近的"菜篮子"；保定市则坚持持续调整当地的农业产业结构，通过引入项目、壮大产业、推广技术、提高水平等组合方式，使得安国祁山药、小白嘴山药成为特色品牌，"保定苹果"获得了国家地理标志证明商标。除此之外，河北省其他各地市也在积极筹划自身农业发展道路，依托自身资源禀赋，打造了如鸡泽辣椒、晋州鸭梨、涉县核桃、武安小米等一系列特色农产品品牌，为整个河北省稳步推进农业供给侧结构性改革提供了强劲的动能，2018 年河北省农业发展概况见表6-2。

**表 6-2　2018 年河北省农业发展概况**

| 地区 | 农业总产值/亿元 | 农业增加值/亿元 | 粮食作物播种面积/万公顷 | 粮食作物产量/万吨 |
|---|---|---|---|---|
| 河北省 | 3017.62 | 2080.84 | 653.86 | 3700.86 |

续表

| 地区 | 农业总产值<br>/亿元 | 农业增加值<br>/亿元 | 粮食作物播种面积<br>/万公顷 | 粮食作物产粮<br>/万吨 |
|---|---|---|---|---|
| 石家庄市 | 337.16 | 260.48 | 77.36 | 487.34 |
| 唐山市 | 395.63 | 284.74 | 47.27 | 278.17 |
| 秦皇岛市 | 148.52 | 102.58 | 13.13 | 74.22 |
| 邯郸市 | 308.05 | 200.90 | 80.58 | 528.20 |
| 邢台市 | 305.37 | 204.51 | 78.24 | 466.52 |
| 保定市 | 383.72 | 259.58 | 91.87 | 547.74 |
| 张家口市 | 195.06 | 115.24 | 48.22 | 182.84 |
| 承德市 | 249.87 | 185.18 | 27.61 | 140.05 |
| 沧州市 | 243.95 | 168.47 | 89.49 | 434.46 |
| 廊坊市 | 215.75 | 153.94 | 29.01 | 147.42 |
| 衡水市 | 234.54 | 145.22 | 71.08 | 413.90 |

资料来源:《2019 河北经济年鉴》

## 二、举措

河北省自落实《农业供给侧结构性改革三年行动计划（2018—2020 年）》文件以来，绿色农业的发展格局初具雏形。河北省始终围绕农业供给侧结构性改革的主线，贯彻落实绿色发展理念，重点突破各主要区域，逐步扩散拓展领域，并采取了几个重要的举措：一是逐步完善绿色农业生产和经营体系建设；二是系统提出并启动河北省耕地质量提升工程；三是大力推进新种法，集约提高产出与品质；四是启动创建省级农业可持续发展试验示范区；五是打造提升现代农业精品园区。

### （一）逐步完善绿色农业生产和经营体系建设

一是持续推进农业水、肥、药"三项节约"行动。河北省是中原地区极度缺水的区域之一，同时也是农业用水量最大的区域之一。如何在有限的条件下做到节约用水是造福当地群众乃至全国人民的一项意义非凡的工作。在这方面河北下了"狠功夫"，取得了较为显著的成效。近年来，河北省继续扩大地下水超采综合治理范围，在全省范围内推行结构节水、工程节水和农艺节水，通过推广小麦节水新技术及配套技术，节约农业生产用水，重点考虑应用节水、高产品种及节水技术。此外，在农地降肥、节药上，河北省采用的方式是实行测土配方施肥，鼓励新型农业经营主体和社会专业化组织开展化肥合理统配与使用和病虫害系统防治。以果蔬和中药材为重点领域，推行有机化肥取代化肥和病虫害的全程绿色监控，并集中推广了如深松整地、高效水肥一体、病虫综合治理等绿色生产技术，实现农业生产的节水、节肥、节药，使粮食生产走上绿色发展、提质增效的轨道。蔬菜不打药，防虫有诀窍，如在饶阳县吾固村，通过采用熊蜂授粉、黄板诱虫、丽蚜小蜂防治温室白粉虱等手段，促使整个蔬菜生产过程实现了物理防治技术和生物防治技术替代传统的农药喷施，绿色化病虫害防治技术也得到大面积应用。

二是充分打开、延伸绿色农业价值链。河北省是畜禽面源污染压力较大的省份，因此近年来河北省持续展开农业废弃物资源优化利用，形成了畜禽排泄物、秸秆、地膜的回收利用机制，大力支持循环生态农业。在省内 34 个畜牧大县内施行畜禽粪污资源化利用，重点围绕沼气、生物天然气和农用有机肥等开展，年内规模以上畜禽养殖场粪污处置设备的配套率达到 90% 以上，资源化利用率突破70%。所有县内严格执行秸秆禁止焚烧的规定，保障了农作物秸秆高质量、高效益的综合利用，综合利用率维持在 95% 以上。同时，充分考虑山地农业的特点，鼓励秸秆新能源企业建设投资，并尝试构建多方利益联结机制，通过政府政策支持、以企业为主导的参与、农民合作社的思想引导，让秸秆等农林废弃物变废为宝，形成一条绿色生态的农业循环产业链。以县为单位开展废旧农膜再回收利用的试点，形成农膜回收管理和综合利用体系。例如，在河北省永清县大青垡村的蔬菜基地，以前在田间地头到处可见的黄瓜秧、西红柿秧等蔬菜种植产生的废弃物都已经不在了，这些东西被农户回收变为了有机肥继续还田使用。这样的有机肥不仅保障了蔬菜的新鲜度，同时避免了环境污染，这些措施侧写了永清县循环生态农业发展的部分现状。

三是首创"草长制"，加大保护草原生态环境力度。对草原生态保护举动实行奖励补贴措施，实施并完善相关政策。严格执行草原禁牧休牧轮牧制度，强化草原资源产权、生态保护意识，对草原资源的修复治理及合理利用要有章可依，对相关破坏行为保留责任追究。具体措施包括：①准确了解草原资源的产权状况，完善健全草原资源管理的产权体系。对现有的草原资源进行专业评估，开展产权确认登记，明确相关的产权主体人及其所拥有的权利义务；健全草原承包经营制度，严格规范草原承包经营权的有序流转。②持续加强草原资源保护力度。实施科学精准的草原资源管理手段，管控草原资源，包括草原面积、草原质量及草原用途。另外，严守草原资源的生态保护红线，对危害草原资源的破坏行为以及其他不符合草原资源主体功能定位的一切活动都不得开展；增强对草原保护的担当感与使命感，对破坏草原资源的行为采用草原资源保护权责一体机制。③有计划、科学地进行草原保护修复计划的编制工作，对草原范围内规范功能区定位，有针对性地建立草原修复治理机制。对于草原植被覆盖率低于 40% 的重度退化草原，采用围栏封育、人工育草、典型治理等办法。④合理利用草原资源，探索建立"草长制"，积极组织相关管护队伍构建生态保护安全屏障。一边健全草原资源资产监管机制，避免草原超载过牧；一边实施划区轮牧和在返青期间休牧措施，并不断加强相关交通基础设施建设。⑤建立健全草原保护修复目标评价制度，将草原保护修复相关约束性指标纳入领导干部自然资源资产离任审计。⑥持续加强草原野生动物的保护力度。在重点区域进行不间断的视频监控防护，加强管理信息平台的建设，对破坏野生动物的行为和造成的自然资源损失依据相关法律进行一定的赔偿。⑦建立生态管护示范区。将重点林区、草原区、湿地、饮水水源地及生态环境脆弱区，如塞罕坝机械林场、红松洼国家级自然保护区、御道口牧场、闪电河国家级湿地公园等作为生态管护示范区建设中心，辐射周围其他林区。⑧对草原资源的基础性工作更加重视。建立覆盖范围更广的草原监测体系，利用水陆空一体化监测，每年更新草原资源信息数据库，为后续草原资源的科学管护、精准修复及合理利用打下基础。

### （二）系统提出并启动河北省耕地质量提升工程

一是扎实开展季节性休耕工作。河北省在 2017 年对 120 万亩土地实施季节性休耕，2018 年休耕面积达到 160 万亩，2019 年休耕面积继续扩大到 200 万亩，三年共计季节性休耕面积为 480 万亩，改变了原本冬季小麦、夏季玉米一年两熟的种植模式。通过休耕试点区域缩小冬小麦种植面积及减少地下水的开采，形成一季自然休耕，一季雨养种植模式（只种植一季雨热同季的玉米、油料作物、杂粮杂豆或牧草的一年一熟作物）。河北省在地下水漏斗区 6 个市、41 个县季节性休耕试点区域设置耕地质量监测点 205 个，在非季节性休耕区域布设监测点 192 个，通过统一调查、采样、检测和评价的方法，将季节性休耕区域的耕地质量变化情况与区域外的耕地质量进行对比，科学评价季节性休耕的效果。

二是为土地科学"减负"，强调了五个突出的作用。①注重田野调查所发挥的作用，科学获取土壤状况的基本信息。河北省是第一个在全国开展追查农用地和重点行业企业用地土壤的省份。现如今，河北省已经全部完成了农用地土地污染情况的摸底调查，也对全省农用地环境状况和重点地区的风险分级有了初步掌握。这些工作为将来进行农用地土壤质量的分级分类以及相关分类管理奠定了基础。②突出安全利用土地原则，合理科学分类管理耕地。河北省是全国第一个完成耕地土壤环境质量类别划分且划分结果得到省政府审定同意的省份，它将全省耕地划分为重点保护类、安全使用类和严格监管类。③强调进行土地风险管理，对建设用地审批进行严格把关。河北省重视对污染地块的环境监控，尤其是重点关注建设用地的土壤质量，对其监管和修补补偿实行严格的名录制度，对于列入名录的建设用地不能用作住宅、公共管理与服务用地。④突出土地"减负"的重点领域，有序推进相关工作，强化对污染源头提前预防。截至 2019 年底，河北省测土配方施肥技术覆盖率达到 92%，土地化肥投入量实现连续四年降低，主要农作物专业化统一防治的覆盖率达到 89%、绿色防控技术覆盖率达到 34%。⑤突出依法、依制度治污的原则，对污染土地的违法行为绝不容忍。环境监管、公安等部门开展联合打击非法在农田内处置高危废弃物的违法犯罪行动，彻底排除环境风险隐患，坚决制止因环境违法产生的土壤污染问题。

### （三）大力推进新种法，集约提高产出与品质

为何相同土地与生态环境会生产出价格大相径庭的农产品？怎样从种植方面入手提高有效供给，增加质优价高的农产品产量，为大力推行农业供给侧结构性改革提供途径？通过河北省部分县区种地的新方法能够得到启示。

一是降低化肥用药量，利用绿色生产技术促进农产品质量和效益双升。春耕前，通过农业部门对土壤样品的化验结果得出测土配方肥料的相应数据，农民就能利用该数据进行肥料的购买参考。这一技术被称为测土配方施肥，该技术在河北省正被大力推广，其核心是在对土壤减肥的同时，因地制宜地加入一些作物所需的营养元素，与传统观念相比，这样能够更加有针对性地为作物提供营养，且其用量也能够得到保障，实现养分平衡供应。这种技术不仅能增产、节约成本、增加效益、提高农产品品质，还能改善生态环境，缓解农药和肥料对土壤造成的污染。除此之外，河北省还普及推广运用绿色物理防虫治虫手段，如太阳能杀虫灯、黏虫板等成为该地区另一项农业绿色防控技术，这使得果树果实和蔬菜生产提质增效。河北省加快转变施肥方式，在降低化肥用量的同时还能提高化肥效果，研究推广新型肥料和新技术，积极指导农户使用有机肥和种植绿肥，扩大测土配方施肥在主要农作物使用的覆盖率。加快推进绿色防控技术的运用落地，提升农业废弃物资源化利用水平。

二是利用机器人、物联网等构建现代智慧农业体系，提升农业绿色供给水平。宁晋粮食高产高效综合技术示范基地内现有 300 亩核心示范区，有关农产品种植的数据都被完整详细地记录在内部操作控制间里，如土壤实时湿度、土壤含水率、农作物需水量、需肥量等。该基地拥有水肥一体化微喷灌设施和智能管理系统，农作物达到需水量后便能智能停止浇灌。借助互联网技术，能够解放更多劳动力用于其他方面，且其管控技术比一般工作人员更加成熟精准，通过远程控制就能进行相关防治工作，对于农作物生长情况也能尽在掌握，实现手机种植。只要有移动网络，就能随时随地对农产品种植过程中类似光照强

度、土壤湿度等各项参数进行调整。现代化信息技术及农业科技使河北省农业生产更加精准高效。

三是在农业中融入工业化思维，实现品牌化、标准化发展。在大部分地区出现小麦、玉米市面价格低迷的大背景下，河北省玉田县农民专业合作社生产的"麻山碧玉"牌优质小麦、玉米正以高于市场的价格在北京、天津、唐山及东北地区热销，并且远销俄罗斯、韩国、日本等国家。这一局面得益于绿色农产品生产的规模化发展，通过整合各家各户土地资源，因地制宜规划土地，以及标准化的生产过程，保障产品质量，并利用现代种植养殖技术提高农产品效益。这是集家家户户能量于一身，实现"1+1>2"的规模效益。河北省上万家的农民专业合作社和家庭农场的经营体现着将工业化理念融入农业的思想，积极引导农民进行多种方式的土地流转，加快农用地向专业种植养殖大户、家庭承包农场和农民合作社流转。通过集约化生产和专业化经营，构建规模发展体系，提升了农业生产集约化程度，带动河北省农业生产方式的不断转变，为农民创收增益。

### （四）启动创建省级农业可持续发展试验示范区

为顺利建设农业可持续发展试验示范区，河北省建立了农业行业、生态资源、乡村可持续发展的目标，集中关注如何提高资源利用效率、如何整治生态环境，以及如何保护和恢复生态这三个方面的问题；统筹分类了不同类型自然生态区中各个主导产业间的协调发展规划，创新性地推广绿色可持续发展的一般模式和集成技术，进而构建农业可持续发展的运行机制，成为全国农业可持续发展的试验示范区。

一是构建农业标准化示范区。河北省石家庄市主导"精品农业"和"高端农业"，利用标准化专业技术优势，深化单一产品生产加工，形成区域性综合示范，组织并成立专门机构负责统筹规划并推进试验示范区标准化构建与发展，在绿色农产品生产的同时兼顾环境保护，有力地扩大了示范规模，在示范区辐射带动和示范引领下，大力支持和鼓励专业合作社及龙头企业发挥主导作用，引导示范区统一提供规范服务、供应农业资源，并制定一致的工艺标准和操作流程。针对不同种养殖区域的标准和要求，河北省正逐步开始构建多品种、多样化的农业标准体系，建设了不同规模的示范区，实现从生产、加工、流通到检验检测领域的全面覆盖。

二是重点创建 13 个乡村振兴示范区。在乡村振兴战略布局下，河北省强调全省域土地治理理念，以县为单位，加快乡村振兴示范区的建设节奏，全省范围内共重点扶持建设 13 个示范区，每个市重点支持建设 1~2 个具有代表性的示范区。

各县市符合条件的地区可以进行科学的用地规划,因时制宜、因地制宜地开展农村新型社区、现代化产业园区、农村生态功能区建设,当地市县委书记对所辖区域的乡村振兴实行统包负责制并进行监督考核,示范区创建实施挂图作战,压实创建责任,将其纳入重点工作检查范围。在建设过程中,示范区内部产业结构不断调整优化,在稳定物资配供的基础上,对农作物严格实行"一增四减"方针,即对高耗低效的粮食作物采取适度调减,加大农业加工设施、农业产业集聚区、农业规模化生产中心和生态绿地的建设力度。

三是建立农业物联网应用示范区。近年来,河北省依据《关于推进"互联网+"现代农业行动的实施意见》大力推进农业智能化生产、网状化经营、数据化管理和在线服务。依托互联网技术,推动互联网与农业实现从生产到销售全产业链的深度融合,加快智慧农业的建设,全面提高河北省农业信息化技术的应用水平,并且在粮油、活禽、蔬菜、水产、水果等方面设立农业物联网应用试验区。第一,加快农业大数据平台建设,实施运用农业大数据项目。第二,推进农业智能化生产,利用农业物联网示范工程进一步带动建设农业物联网综合服务管理平台,提供集统计、显示、监管、风险提示、管控等多种网络数据功能于一体的物联网综合服务。第三,加快建设智慧农业示范区。建设一批现代农业示范区、农业科技园区和国有农牧场等,建立渔业养殖、林木种植、畜禽养殖、花木园艺等示范基地,积极引导各农业新型经营主体和农户学习使用节水农业技术、精准投放饲料技术等进行农业生产作业,在示范区内使用物联网测控体系,对蔬菜园区进行网络化环境监测,使信息技术的触角延伸到整个示范区。第四,加快信息进村的基础性工程建设。河北省采取政府牵头、市场化运作方式,成立益农信息社来加速推动信息入村到户。根据各地实际情况,在部分地区采取先建后补、奖补结合方式,统一建立农业信息综合服务管理平台,在河北全域内逐步施行信息入村到户工程。第五,积极引导农民学习使用手机应用技能。在乡镇中,加强信息技术宣传,定期开展组织信息技术培训,增强当地农民使用网络的能力,提高网络安全意识,学习培训基础信息理论,运用实际案例与示范教学强化相关技能的应用。第六,加快推进农业电子商务。大力扶植本地化的电子商务平台,投入资源建设具有地方特色的电子商务服务站,整合地方优势推广农产品、农产品线上营销与服务,获取农业信息,充分彰显科技进村的作用,加强建设综合服务站点,引导物流企业入村投资,探索订单生产、产地直销等模式,推动完善信息管理系统,鼓励农户在电子交易平台开展跨境交易。

(五)打造提升现代农业精品园区

根据河北省颁布的《现代农业精品园区建设专项工作方案》,对省内 2019 年的 36 个国家级和省级现代农业精品园区继续实行高标准建设，并以此为参照，继续在省内打造 36 个省级特色的现代农业精品园区，使得累计总数量达到 72 个。所有园区的宗旨均为"姓农、务农、为农、兴农"，以"四个农业"为着重点，实现一个精品园区形成一个具有优势的主导产业，引入一家大型龙头企业，亮出一个驰名品牌，培养一支技术研发团队，带动一片地区经济发展，真正地成为农业高质量发展的先行区、产业致富的引领区。依照该方案，园区主要在以下六个方面寻求突破。

第一，突破基地建设。各精品园区将重点放在具有强关联性的 1~3 个主要产业上，主要产业适用范围达到 60%以上，综合改善种养基地，使其向规模化、设施化、绿色化发展。创新发展多样合理的规模经营，集中连片建设原料生产基地，形成集中连片区域。加强标准化道路的建设开发，建立高标准高质量农田，完善相关信息基础设施的配套。在种植、植物保护、收集、干燥、秸秆处理和其他主要过程实施完全机械化，推动主要农作物化学肥料和杀虫剂的利用率超过 40%，包装垃圾的农膜回收率超过 80%，家畜家禽类饲养垃圾的整体利用率超过 75%，并对生产的农产品实行可追踪管理。

第二，突破培育对象。培育发展互助农业经营主体，小规模的农户也可以参与精品园区建设体系。发展壮大龙头企业、农业合作社、农户利益共同体，农户参与新型经营主体占比超过 80%。在园区内，至少引入 1 家省级龙头企业、3 家市级龙头企业和 5 家农民生产合作社，达到协同联动效应，形成上下分工协作的生产布局。创新实行小农户与园区的权利共享机制，引入"农业+红利、土地流转+聘租、返租倒包"的模式，使农户长期享有持续稳定的收益。

第三，强化科技投入力度。在各精品园区间建立紧密协作的关系。例如，园区需要与省级以上的科研单位结成长期合作研究关系，加强同省内 18 个创新农业技术团队的合作交流，聘任至少一位省级的专家进行现场指导服务，并能在一年内试用或推出两种以上的新技术或新品种。各城市应至少选取一个基础扎实且具备良好研发条件的园区，并在其内部建立研发中心、农业试验室、博士后流动站或院士工作站等，以推动新工艺、新品种、新设备在园内进行试验应用。

第四，实现融合发展。强调全产业链融合发展，引导深加工企业向农产品加工园区进行集聚，形成农产品产出、加工、科技、销售全过程相互支撑、相互影响、相互促进的新发展格局。推进农特产品销售市场、冷链运输体系建设，鼓励推行"互联网+"农业，保障产销顺利。充分挖掘生态农业、旅游休闲价值，打造乡村旅游产业，推荐旅游精品路线，发展休闲农业、乡村旅游等新产业、新业态。

第五，突破品牌造势。每个精品园区至少要拥有区域性的公共品牌、知名企业品牌或产品品牌。依托中国国际农产品交易会等大型国际农业展览会入驻国内知名度较高的电子商务平台，大力推广本土品牌，扩大品牌农产品销路，进而提升产品和品牌的市场影响力。

第六，突破大型服务业深化。各县要建立由县党委和县政府领导的专班，充分发挥园区管委会工作机制优势。从省到县设立园区开发建设专项资金，用于精品农业园区的建设工作。系统制订农业发展规划及合理规划高质量农田建设、农业资源与生态复原等资金的使用途径。严格执行城乡建设用地增减挂钩制度，确保年度新增用地指标向园区建设倾斜。进一步做到简政放权、"放管服"相结合，优化服务型政府建设，改善园区营商环境，增加投资力度，引入大资本、大主体企业进入园区。

# 三、启示

河北省是中国重要的粮食作物产区，具有悠久的历史和传统。近年来，河北的农业发展面临极大的挑战，尤其是由环境质量的下降、农用化学品的过量施用和农业开发的高度自动化、机械化带来的绿色发展障碍引起了人们的广泛关注。为此，河北省委、省政府和农业部门开展了系列工作，取得了较好的成效。一是贯彻绿色理念，提升绿色产出。绿色发展理念并不意味着提高生产成本，以及推高产品最终的价格。在农业技术不断优化的条件下，绿色理念同样能够带动更高的生产效率和组织效率，并减少产供销环节中的浪费现象，促进更高的产出数量和质量。河北省的多项举措已经表明，将责任落实到人、将制度付诸行动，形成鼓励和约束并举的格局，能够促进生态防控和提升环境质量。二是绿色示范牵引，层层推进发展。河北的实践同样显示出这样的特点：通过示范区的创建和辐射能够带动区域化的可持续发展；示范区的作用是形成绿色发展的蓝本和榜样，不但能够将绿色理念转化为价值导向，更能够形成以点带面、以强扶弱的格局，形成区域性的共识，最终转化为村民的共同理念和行为。三是做大做强，推进产业生态化。依据绿水青山就是金山银山的发展理念，因时因地制宜，助推区域产业兴旺，推动发挥农村经济发展、现代农业体系建设作用，实现农村生态和产业的融合，达到农村生态产业化和产业生态化，大力发展生态绿色经济，将绿色优势转变成发展优势，唱响生态农工业，做优高效农业，做强绿色产业，让更多地区从产业链上受益，实现农民增收，人人有门路，推动产业生态化发展。

# 第三节　宁夏回族自治区的举措和相关启示

## 一、概况

宁夏位于我国西北地区，地处黄河中上游。古老悠久的黄河文明，神秘多彩的西夏文化，丰富浓郁的民族风情，共同孕育了源远流长的农耕文明。根据宁夏的地理环境、资源状况以及经济发展水平，将其划分为北部引黄灌区、中部干旱带和南部山区三大区域。北部得益于黄河水灌溉，土壤得到了很好的滋养，土质肥沃，因而稻丰鱼鲜，瓜果飘香，被称作"西部粮仓""塞上江南"。中部土地广袤，草原辽阔，主要以旱作农业和特色种养殖业为主。南部山区气候温和凉冷，雨热同期，因而水草肥美，环境洁净，是发展特色农业的较佳区域。

宁夏下辖 5 个地级市，其中，银川地处宁夏引黄灌区的中部，东依黄河水，西靠贺兰山，地势开阔平坦，土地肥沃，气候四季分明，光照充足，得天独厚的地域气候优势为农作物生产创造了优良的生长环境。石嘴山市位于宁夏最北端，不仅是呼包银兰经济带、宁夏沿黄经济区、宁蒙陕乌金三角经济区的重要节点城市，地理位置优越，而且这里自然资源丰富，尤其是煤炭资源。吴忠市，地处宁夏平原腹地，地势南高北低，因此当地气候比较干旱，但它不仅是丝绸之路的重要通道，还是新丝绸之路经济带上的重要节点城市。固原市，位于南部的六盘山地区，地形丘陵起伏，沟壑纵横，气温偏高，光照充足。目前，固原市已形成清水河流域冷凉蔬菜、马铃薯、枸杞特色产业带，葫芦河流域马铃薯、西芹特色产业带，渝河流域中药材、花卉特色产业带，泾河流域黄牛养殖、苗木特色产业带，红河、茹河流域辣椒、经果林特色产业带等五大优势特色产业带。中卫市，地处宁夏中西部，是宁夏平原向黄土高原的过渡带，光照充足，昼夜温差大，适宜瓜果种植，该地区大力发展以硒砂瓜为主导的瓜果产业，并成功打入国内高端水果市场。2018 年宁夏农业发展概况见表 6-3。

表 6-3　2018 年宁夏农业发展概况

| 地区 | 农业总产值<br>/亿元 | 农业增加值<br>/亿元 | 粮食作物播种面积/<br>万公顷 | 粮食作物产量<br>/万吨 |
|---|---|---|---|---|
| 宁夏回族自治区 | 344.63 | 194.12 | 73.58 | 392.58 |
| 银川市 | 83.49 | 50.34 | 9.78 | 82.42 |

续表

| 地区 | 农业总产值<br>/亿元 | 农业增加值<br>/亿元 | 粮食作物播种面积/<br>万公顷 | 粮食作物产量<br>/万吨 |
|------|------|------|------|------|
| 石嘴山市 | 37.88 | 22.18 | 7.35 | 52.33 |
| 吴忠市 | 65.69 | 36.65 | 20.80 | 103.59 |
| 固原市 | 80.34 | 40.56 | 22.12 | 84.29 |
| 中卫市 | 77.23 | 44.39 | 13.53 | 69.95 |

资料来源：《2019 宁夏统计年鉴》

## 二、举措

以促进农业转方式调结构为目标，宁夏农业部门从八个方面入手，积极推进自治区内农业供给侧结构性改革，大力推动绿色农业发展。一是推动宁夏农业"统防统治""绿色防控"体系建设；二是通过整合式创新提高耕地质量，确保绿色供给侧源头健康；三是消除资源障碍，走特色农业发展创新道路；四是创新完善"支部+公司+合作社+基地+农户"的产业发展模式；五是依靠"政策+科技"稳步推进节水型农业发展；六是盘活生态农村观光业，发展"稻渔综合种养"模式；七是全面布局特色农业"旅游+"产业；八是做大做强绿色农产品加工业。

### （一）推动宁夏农业"统防统治""绿色防控"体系建设

一是科学推进农药化肥减量施用工作。针对宁夏旱直播稻区过量施用化肥农药，导致水稻产量减少、品质降低问题，宁夏农林科学院着力开展"西北旱直播稻区化肥农药减施增效关键技术集成与示范"课题研究，并在灵武、青铜峡、贺兰、平罗等市县建立示范区，集成示范化肥农药减施增效关键技术。在其不懈努力下，2019 年，宁夏地区肥料利用率提高 8%、化肥减量 17%，化学农药利用率提高 11%、减量 30%，水稻平均增产 3%。同时，按照农药零增长行动要求开发出的"宁夏农作物病虫害数字化监测预警系统"也起到了十分重要的作用，该系统高效准确地上报了监测调查数据，稳步推进了专业化统防统治与绿色防控融合示范区建设。

二是科学推进资源化利用。自 2018 年以来，为提高秸秆资源综合利用水平，宁夏联合全国高校专家、中国科学院微生物研究所与当地知名企业一起对秸秆资源化利用关键技术与装备研发进行了深入的研究，共同讨论并研发了一项以作物秸秆、果树枝条等各类农林废弃物为原料的发酵和酶解新技术，并开发出了一套秸秆快速降解的新装备及工艺，并在此基础上开发了一系列新产品，这为提升宁夏现代循环农业水平奠定了良好的基础。

### （二）通过整合式创新提高耕地质量，确保绿色供给侧源头健康

一是实行"三减"行动。具体为：①大力推广使用生物有机肥，以处理过的牛羊粪代替尿素等；②积极开展测土配方施肥，减少肥力浪费和造成的环境污染，平衡供养，保持地力；③大力推广水肥一体化技术，提高水肥利用率，减少化肥、农药的使用；④积极推进生态控制、生物防治和化学防治相结合，科学选配绿色环保农药；⑤大力推广使用以多旋翼植保无人机为主的新型环保机械，提高各类农药的利用率。深入实施"三减"行动，充分发挥其在提高农业种植技术、促进农民增收、推动农业规模化发展方面的积极作用。

二是培养有机农业成为市场"新宠"，倒逼化肥施用量负增长。①加大测土配方施肥和有机质提升技术推广力度。2018年化肥施用量实现负增长，全区化肥施用量为106.24万吨，与2017年比减少了1.26万吨，化肥利用率达到38.7%，有机肥替代化肥比例达到22.4%，节省化肥50%以上。②大力开展促进畜禽粪污减量化生产、无害化处理、资源化利用项目，全区畜禽粪污产生总量为2330.10万吨，资源化利用总量为2317.09万吨，综合利用率为99.44%，有效实现了从"污染源"向"资源"转变的目标。③大力推广农作物秸秆综合利用技术。2018年，宁夏已初步形成了"种植户+加工配送+养殖户"的饲草料加工生产供应体系，农作物秸秆收集资源量为452.65万吨，资源化利用总量达到385.37万吨，综合利用率为85.14%。

三是以确保农作物统防统治、绿色防控有效执行为目的，加大财政投入。一方面，为实现农药零增长，宁夏各级农技部门充分发挥"宁夏农作物病虫害数字化监测预警系统"的作用，利用监测技术准确、高效上报监测调查数据。另一方面，财政提供资金支持，稳步推进农作物统防统治和绿色防控融合示范区建设，专业化统防统治与绿色防控融合面积不断扩大。2017年，企业免费示范使用的绿色防控技术面积超过9000亩；针对小麦病虫害，累计推广的小麦拌种技术达到190多万亩；针对水稻稻瘟病、水稻立枯病等，累计推广水稻种子包衣技术300多万亩。财政支持对全区农药减量工作起到了有效的促进作用。

四是加大治理"生产性"农业"白色污染"力度。近几年，宁夏大力开展农用残膜回收利用行动，昔日"牛皮癣"式成片的白色农用残膜已很难觅到。一方面，大力宣传减量化、资源化、再利用的循环经济理念，降低农用残膜对农业生产可持续发展的影响。另一方面，以设立残膜污染防治专项资金、对回收残膜的工厂给予补贴等方式深入推进农用残膜回收利用工作。此外，宁夏还把有关农用

残膜污染整治的相应指标加入政府效能目标考核，利用长效整治机制，大大提升了农用残膜回收率。目前，宁夏回族自治区农用残膜利用率超过了80%，大大降低了白色污染造成的危害。

#### （三）消除资源障碍，走特色农业发展创新道路

一是因地制宜发展特色农业。宁夏丘陵沟壑林立，地势南高北低，气候干旱，水利设施相对落后，农业长时间无法得到充分发展。为找到更科学的农业发展路径，宁夏进行了全面系统的分析，针对本地地形地势、资源、天气等一些客观因素限制，探索出了一条立足宁夏本地特色的农业发展道路。自20世纪90年代起，宁夏通过对一批特色优势农业产业予以重点支持，逐渐形成了一批以优质粮食及草畜、枸杞、瓜菜、葡萄为主的"1+4"的促农增收带动力强、受惠面广的特色优势产业，走出了一条"特色产业、高端市场、高品质、高效益"的"一特三高"现代农业发展2.0之路。

二是优化内外实力打造优势产业。宁夏中卫环香山降水匮乏，年均降水量低于300毫米，可蒸发量却高于2000毫米。为解决这一现实因素所带来的农作物缺水问题，当地政府结合农业农村厅的指示，引导农民将种子播进铺在荒地上的厚砂石下的土壤里，并铺上薄膜，在利用光照的同时，又能减少水分蒸发，使西瓜甘甜可口，这已经成为促进当地增收的支柱产业。通过巧用自然资源，化劣势为优势，这需要创新思维，让资源成为特色农业的外部实力。除此之外，宁夏回族自治区党委、人民政府制定了相关政策，通过完善相关服务和提供科技支撑，来提高现代农业发展水平，提升自身内在实力。

三是利用品牌效应推进现代农业。除了拥有高质量的绿色产品外，宁夏回族自治区政府还将农产品进行包装打造，利用市场品牌效应，加强当地特色农产品宣传，投资进行品牌打造，通过发展品牌农业实现提高农民收入的目标。例如，宁夏枸杞在远近闻名之前，被质优价不优的问题困扰了许久，一直无法探寻有效增收的途径。后来当地政府加大投资力度，持续推进宁夏枸杞区域公用品牌建设，并在此基础上招商引资，全力推进三产融合，打造全产业链带动产品销量。通过这一系列措施，宁夏回族自治区打破了销量瓶颈，提升了农产品附加值。

四是大力发展"1+4"特色优势产业。宁夏以农民增收为核心，突出抓好农业供给侧结构性改革这条主线，立足当地特色资源大力发展以优质粮食及草畜、瓜菜、枸杞、葡萄为主的"1+4"特色优势产业，并在此基础上由特色产业增产向特色产业提质方向积极转变。在粮食生产方面，注重绿色高效高产；在草畜产业方面，大力发展优质奶牛、牛肉、滩（肉）羊为主的现代畜牧业；在瓜菜产业方面，注重规模化、标准化生产种植，延长产业链。与此同时，不断加快特色农业品牌

建设，培育一批区域公用品牌及企业品牌，把一批宁字号品牌做大做强。

五是农业生产走规模化、集约化、标准化道路。近年来，宁夏水稻产业以工业化理念治理，以现代科学技术武装，以先进现代生产方式改造，实现了种养规模化、品种优质化、生产标准化。例如，宁夏水稻种植摒弃了以往传统的生产方式，通过规模化、集约化、标准化种植，在育秧插秧、收获等方面已经基本实现机械化，极大节省了工作时间，降低了生产成本。除此之外，宁夏还积极探索了"稻鱼共生、稻蟹共生、稻鸭共生"的种养模式，不仅实现了立体养殖、增加效益，还极大地提高了产品品质和农民生态农业种养管理水平。

六是打造黄河流域现代农业高质量发展示范样板。宁夏坚持绿色发展理念，积极推动形成现代农业绿色发展格局，努力打造现代农业高质量发展示范样板。目前，宁夏正在努力加快国家农业绿色发展先行区建设，加快国家葡萄暨葡萄酒产业对外开放发展综合试验区建设，加快打造以全国优质黄金奶源、高端牛肉生产和精品羊肉生产加工基地为主的国家级现代草原牧业示范区建设。通过示范样板来打造优质品牌，吸引优质资金投入，为其他地区的发展提供经验。

七是科技引领农业发展腾飞。缺水是宁夏面临的最大问题，但充足的阳光也成了宁夏高品质农作物生产的有利条件。针对水资源缺乏的问题，宁夏大力推广自动化移动苗床、移动式洒水车、行走式喷灌机等现代化节水设备。在机械化、现代化方面，宁夏运用现代科技化管理手段经营大棚，极大地增加了种苗成活率，降低了种植的成本，并将销售产品与市场直接对接，企业可以为农民提供需要的优质种苗。与此同时，土地的流转、冷库的扩建也使得宁夏生产的高质量菜品可以销售到北京、上海等一线城市。

### （四）创新完善"支部+公司+合作社+基地+农户"的产业发展模式

"单打独斗""靠天吃饭"的种养生产方式已经无法满足时代的要求，规模化种养、机械化生产、产业化销售才是宁夏主流的生产方式。目前，瓜果业已经形成了"支部+公司+合作社+基地+农户"的产业发展模式，在合作社带头示范作用下，农民科学种养理念日渐深入，抗旱保苗、疏秧去头、富硒检测等技术得到有效推广，生产上的精耕细作也极大地提升了瓜果的品质。销售方面，合作社将农户的瓜果统一兜底收购销售，极大地降低了硒砂瓜滞销的隐忧，合作社与华润万家等大型连锁商超企业建立长期稳定的合作关系，极大地拓宽了销售渠道。

### （五）依靠"政策+科技"稳步推进节水型农业发展

近几年，宁夏贺兰针对水资源缺乏的问题，积极推进节水灌溉综合改革工作，以实现单一灌溉技术向农业综合集成技术转变为目标，以综合运用工程、农艺、生物、智能管控等措施为手段，深入推进节水灌溉与农技、农艺、农机、智慧农业的融合，加快节水灌溉技术研发与设备引进，在高效利用水资源的同时实现农作物优质高产，确保科学配水、高效节水，全面形成可复制、可推广的农作物灌溉技术集成体系。预计到 2025 年，全县建设的高标准农田将达到 57 万亩，高效节水农田达到 25 万亩，年均节水 2600 万立方米，粮食种植面积稳定在 34 万亩，总产值达 5 亿元。

### （六）盘活生态农村观光业，发展"稻渔综合种养"模式

宁夏顺应时代发展的要求，大力发展生态农村观光业，走出了一条具有自己特色的乡村振兴新路。贺兰县根据自身区位，以资源共用、节约水田为目标，创新发展出了"稻渔综合种养"模式。在贺兰县常信乡四十里店村的广银米业稻渔生态产业观光园内，不仅有大面积的有机稻田和鱼塘，而且还建有教育长廊、稻田画、观景塔、玻璃栈道等观景设施。在这里不仅能够购买到优质的大米和新鲜的水产品，园区内还会举办各种农耕活动、垂钓比赛、摄影大赛等活动，让游客亲近自然，感受自然。贺兰县打造的集生态农产品种养、旅游观光、文化教育、餐饮服务、自然体验于一体的"稻渔空间"发展模式是宁夏贺兰近年来三产融合试点工作的重大成果，在促农创收、绿色生产、减少污染等方面发挥了积极的作用。

### （七）全面布局特色农业"旅游+"产业

一方面，推动特色农产品与旅游业深度融合。有"中国塞上硒谷"之称的沙头坡区凭借着"一村一品"的硒砂瓜，结合古老的黄河文化，大力投资打造了以硒砂瓜、富硒苹果、有机枸杞为主的特色农业休闲体验区。以南北长滩古村落为代表的黄河农耕乡村记忆旅游带和以童家园子为代表的大漠丝路乡村休闲体验之路满足了不同层次游客需求。银川市西夏区利用葡萄果酒文化，形成了独特的"西夏模式"。大力投资打造葡萄生产基地示范区，建设生态葡萄采摘体验园，融合旅游、文化、体育、生态等功能，打造具有西夏特色的酒庄休闲度假区，坚持"小酒庄、大产业"的发展模式，带动盘活了一批具备旅游接待能力、极具当地特色的酒庄，有力推进了西夏区全域旅游事业发展。

另一方面，做好基础设施建设。为了深入开发当地旅游资源，宁夏还积极做好基础设施建设。例如，青铜峡立足当地优势资源和自身情况，合理进行项目规划，打造了一系列展现葡萄文化的示范园区，并培育了 3 条特色餐饮街区、10 家

特色餐饮名店，充分满足了游客住宿与餐饮需求。与此同时，为了保障消费者的食品安全，该地对全域内餐饮卫生进行大力整治，加大监督力度，还组织开展了黄河峡谷等旅游景区、高速公路服务区餐饮食品安全专项整治活动，为消费者营造了良好的餐饮消费环境。

（八）做大做强绿色农产品加工业

一方面，提高绿色农产品深加工能力。依托区位优势，延长产业链，提高农产品深加工能力；依托优质羊绒资源，提高羊绒深加工和精加工能力；依托枸杞和葡萄等农产品资源，打造果汁饮品为全国知名品牌；以玉米淀粉为原料，加快淀粉、糖醇、变性淀粉新产品开发和现有工艺改造升级，深加工赖氨酸、味精、苏氨酸等主导产品；依托植物秸秆资源，引进先进制浆工艺和设备，发展高档文化、生活和包装用纸；依托优质牧场资源，开发有机奶、免疫奶和奶酪等营养性和附加值高的乳制品。

另一方面，强化舆论引导。一是充分发挥新闻广播、影视传媒、社会团体的信息传播作用，大力宣传与绿色农产品生产加工相关的法律法规、方针政策，大力推广先进典型农户和企业，帮助全民形成和加强可持续发展理念及绿色消费观念，营造良好的生态文化氛围。二是加强社会和舆论监督，完善信访、举报制度，鼓励群众检举不合规定的农户与企业，对破坏生态发展的农户和企业进行彻查。三是开设绿色农产品生产加工相关的课程，对领导干部加强干部理论培训，提高领导干部对开展节能和发展循环经济的认识和推动能力，培养农户的绿色发展理念和消费观念。

# 三、启示

宁夏自古以来被称为"塞上江南"，物产丰富且品质极佳。但是，由于长期粗放式开发会给环境造成不可逆的危害，一些区域已经难以承载。为此，宁夏回族自治区政府和农业部门积极应对，通过开展一系列工作来推进干旱地区农业的绿色发展，以高品质、特色化、健康化为抓手，不断创造宁夏农业发展新奇迹。一是加快模式创新。传统上宁夏的成熟产业是枸杞、苹果等，但在农业格局发生巨变的今天，宁夏积极拓展农业发展新思路，根据自身条件积极引进新的种植品种和新的产业模式。例如，利用大田作物秸秆和各种农艺肥料进行新的资源化开发，较好地弥补了地力不足的问题。与此同时，宁夏回族自治区还通过整合式创新带动了农产品整体质量的提高，在多种措施的共同作用下，宁夏有机果蔬的品质得到了极大的提升，而且原有的枸杞产业优势也得到了进一步的巩固。二是加快政策创新。在政策方面，宁夏各级政府特别是中卫、中宁两地大力引入了"硒元素"这个概念，并从技术入手将这种有益元素与农产品联系起来，突出枸杞、西瓜、果蔬的健康理念，促进了康养业与农业的融合。在绿色防控方面，宁夏通过市场化的手段对污染治理进行合理的补贴，不断提升村民的绿色理念，降低污染物对环境的破坏。除此之外，宁夏还积极推进生态防控的政策宣传，并切实推动政策落地实施，起到了减少农用化学品投入和使用的效果。三是突出宣传创新，提升绿色意识。通过对市场、合作社和农民的宣传，促使其逐渐形成了更强的绿色意识，消除了人们的疑虑和意识障碍，倒逼农用化学品的减量使用，推动了优质农产品、品牌的建设工作。在市场上紧盯效益这个指挥棒，将农户的增收意识与产业化、规模化、标准化紧密结合，形成了多措并举的良好格局。在试验示范方面，通过细致的调研和创新，将示范区的效益逐渐释放出来，并对其他区域起到了辐射带动作用。在产业融合方面，宁夏很好地借助了旅游品牌来促进绿色农业的升级发展，形成了以旅游促进绿色农业发展的新模式。四是加大引入水肥一体化技术，增强本土化应用与创新能力。加大力度建立技术示范园区，提高其技术应用的覆盖度，根据示范区内的土壤环境等信息，对作物进行水肥供给设计，提高资源利用率，实现作物优质高产。开展水肥一体化技术集成试验，每个示范区内的试验数量不少于3次，建立观察监测点，记录好观察数据，为大面积推广提供依据。开展土壤养分和墒情监测，及时掌握耕地土壤养分及水分变化并开展分析预测，为项目区开展农田节水、土壤培肥、科学施肥提供科学依据，充分发挥了土壤大数据的功能。大力开展玉米、马铃薯、葡萄、黄花菜水肥一体化技术培训，全年技术人员培训次数应达到2次以上，针对项目区农户应用滴灌水肥一体化技术进行田间现场指导与技术培训，使技术到位率和到田率不低于90%，统一提高农户对水肥一体化技术的认知度。

# 第四节　海南省的举措和相关启示

## 一、概况

海南省位于中国南端，土地总面积为351.87万公顷，约占全国热带土地面积的42.5%，是中国最大的"热带宝地"。海南省属热带季风气候，光温充足，光合生产潜力高，是"天然大温室"，阳光让热带特色高效农业成为海南省农业的代名词，并成为其优势产业。海南省已开发利用了331.36万公顷的土地，20.51万公顷土地未被有效利用，其中有90%以上的土地可用于农业开发利用。土地后备资源较丰富，开发潜力较大。2019年，海南省实现农业增加值531.36亿元，比上年增长5.4%，全省农业经济总体运行平稳。近年来，海南省立足资源优势与区位优势，全力打造"南繁硅谷"，建设国家热带农业科学中心和国家热带现代农业基地，不断做大做优做强热带特色高效农业。

海南省凭借热带高效农业的资源优势条件，积极梳理各市县区域生产优势和省外市场需求特点，引导各市县差异化发展。例如，作为海南省省会的海口市，凭借丰富的特色农业资源与得天独厚的区域优势，重点打造了西部火山富硒带、南部农业金丝带及东部万亩红树林生态核心区等三大农业黄金板块；三亚市因地制宜选择优势特色水果产业，促进热带特色农业实现了新跨越；五指山市则立足山区实际，依托山地资源优势大力发展茶叶、百香果等小而精的特色产业。此外，其他市县也纷纷立足地域特色农业资源优势，不断优化农业产业结构，为海南省农业新发展奠定了坚实的基础。海南省农业发展概况见表6-4。

**表 6-4　2018 年海南省农业发展概况**

| 地区 | 农业总产值/亿元 | 农业增加值/亿元 | 粮食作物播种面积/万公顷 | 粮食作物产量/万吨 |
|---|---|---|---|---|
| 海南省 | 729.51 | 480.80 | 28.61 | 147.12 |
| 海口市（地级市） | 49.76 | 34.36 | 2.58 | 12.05 |
| 三亚市（地级市） | 65.76 | 43.77 | 0.90 | 4.83 |
| 儋州市（地级市） | 51.64 | 34.92 | 2.64 | 14.47 |
| 五指山市（县级市） | 4.85 | 3.17 | 0.30 | 1.63 |
| 文昌市（县级市） | 52.09 | 34.26 | 2.58 | 11.15 |
| 琼海市（县级市） | 72.49 | 47.25 | 1.86 | 10.06 |
| 万宁市（县级市） | 53.75 | 34.46 | 1.78 | 8.55 |
| 东方市（县级市） | 50.57 | 31.51 | 1.72 | 8.75 |

资料来源：《2019 海南统计年鉴》

## 二、举措

为深入推进农业供给侧结构性改革，海南省采取了一系列有效措施，努力把热带特色高效农业打造成富裕农民、服务全国、振兴经济、绿色崛起的王牌产业。在这一阶段，海南省为提高农业的核心竞争力，进一步优化农业产业结构，降低低效产品产量，注重发展高效、优势产业，优胜劣汰。总体上，以绿色发展为理念，海南省主要从六个方面开展农业供给侧结构性改革：一是着力打好资源牌，突出热带绿色生态农业特色；二是以"绿色"为效益，努力建设绿色农业大省；三是"流转+轮作"，优化生产经营能力，提高耕地绿色效益；四是加大建设投入，打通农业设施落地的"最后一公里"；五是创新热带特色高效农业发展模式，发挥热带特色王牌效应；六是借助自贸港建设机遇，促进生态农旅新发展。

### （一）打好资源牌，突出热带绿色生态农业特色

一是注重长期规划和顶层设计，践行绿色发展理念。近几年，海南省政府着力转变农业发展方式，大力发展生态循环农业。海南省第七次党代会报告明确了今后五年农业的奋斗目标和主要任务，提出打造热带特色高效农业王牌。海南省政府建立了农业工作联席会议制度，为做大做强热带特色高效农业提供组织保障。与此同时，当地政府部门还积极推动成立海南省生态循环农业科技创新与技术推广联盟，并集合省内知名专家和部分国内知名学者提供科技支撑。将生态循环农业示范工程列为重点扶持对象，设立专项发展资金资助海南省热带现代农业，专项资金扶持包括畜禽粪污综合化利用、地力提升、测土配方施肥等30多个项目。加强农业试点工作，支持创建一批种养一体化示范点和示范县，在实现示范点内部的小循环后，逐步推广全省应用。

二是强调示范效应，逐步推进。海南省重点开展了畜禽粪污综合化利用、田间清洁、化肥农药减施、秸秆综合利用等行动。例如，海南屯昌进行了生态循环农业试点，将"两害"变"一利"作为工作的总体思路，利用治理种养殖污染展开了环保改造工作。将"零排放"作为实现目标，政府出台相关方案引导养殖场进行统一设计、统一规划、统一实施，目前全县已有45家规模以上的养殖场完成该方案的实施工作。经过全面改造升级，循环农业取得了显著成效，整县畜禽养殖场的畜禽粪污综合利用率超过50%，年沼液沼渣利用量为11万吨，获得农民的认可，为下一步全县推进打下坚实基础。

三是主动优化产业结构和组织结构，创新农业发展模式。自"十三五"以来，海南省不断调整优化农业产业结构，如调整农业品种种植面积。"十三五"结束，甘蔗种植面积减少了40万亩左右，以水果、桑蚕等产业替代，在已有的水稻种植面积上推广优质水稻88万亩左右。组织结构调整方面也获得显著的成果，如在昌江县，农业龙头企业等新兴经营主体的引进和培育、"龙头企业+专业合作社+农民"等合作方式的采用、种养结合的生态循环农业模式的推广，都在带动热带特色高效农业的发展。同时，基于当前12个特色高效产业，海南省积极推动建设特色产业园和特色产业村，提高农民对生态循环农业的认同感和参与感。

四是探索服务新模式，完善管理保障体系。进一步推进全县生态循环农业，需建立新的农业管理体制，推广新型农业科技服务体系。为提升科技服务水平，农业农村厅积极推进完善设施建设，整合农口部门检测楼、实验室等硬件设施，成立现代农业检验检测预警防控中心，并配备专业技术人员，为生态循环农业提供服务保障。优化农业管理方式，积极探索适合各乡镇的农业技术，建设服务体系。因地制宜地发展现代农业需求体系，推进循环农业改革，转变农业生产方式。积极探索政府、民间资本互助的发展模式，将农业废弃物妥善、绿色处理，实现资源的最大化利用。

五是强化柔性监管，加强绿色防控。海南省严格管控农药使用，在做好农药备案的基础上，出台了相关政策法规约束农药使用，如出台了《海南经济特区禁止生产运输储存销售使用的农药名录》以及相关农药市场监督抽查的工作方案，严格农药监管和抽查工作。自 2016 开始至 2017 年底，海南省农业部门陆续建设了各类示范区，其中农作物病虫绿色统防示范区 23 个，农药减量示范区 18 个，分别位于海口、三亚、东方、琼海、万宁等市县。在此基础上，扩大核心示范区的建设面积，截至 2017 年已推广带动面积 166 万亩、生物菌剂约 12 万亩次、植物诱导免疫技术 73 万亩次、统防统治面积达 15 万亩次。同时，深化粪污治理，截至 2017 年 6 月底，划定禁养区 116 个，关闭或搬迁养殖场 24 家，依法关停养殖场 453 家。

六是突出热带绿色品牌系列。海南省积极打造农业特色品牌，进一步完善生态循环农业技术标准，推行认证制度，为农业产品增加附加值。海南省已对 637 个产地进行了无公害、绿色有机认证，对有较强品牌影响力的农业特色产品授予地理标志产品，如霸王岭山鸡、姜园圣女果、枫木苦瓜等，对质量高的生产基地也予以标准化基地认证。加强品牌建设，农村电商的发展必不可少，在建设互联网小镇的基础上，带动农民加入互联网经济，发展农村电商，提高农民的品牌意识。

七是组建科技联盟，加快科技推广速度和提升效益。海南省成立了生态循环农业科技创新与技术推广联盟，致力于为实现生态循环农业提供现代农业的科技支撑。针对不同地区因地制宜地发展有效的农业模式，组织专家团队调查研究各地制约生态循环农业的关键因素，并提出具有针对性的解决方案，同时对相关农业技术进行研究，为发展生态循环农业提供技术支撑。建立生态循环农业科技推广和服务体系，并将农业机械、农业废弃物综合利用、病死畜禽无害化处理、沼气利用等第三方服务纳入生态循环农业服务体系。加大对农民的培训力度，可以通过新型职业农民培育等为农民提供生态循环农业技术培训以及信息技术培训等服务。

## （二）以"绿色"为效益，努力建设绿色农业大省

一方面，让绿色为技术创新加力。海南省按照每吨废弃农膜回收处理 3500 元、每吨废弃农药包装 1.4 万元的标准开展田间废弃物处理。与此同时，海南进一步制定了"向大海要农药"的措施。有关研究发现，可以通过提取废弃蟹壳和虾壳中的低聚糖免疫诱食剂——"孤岛蛋白"来制成新型生物农药，能够防病、增产、提高农产品品质。"海淘"的使用可以减少 30% 以上的化学农药的使用。目前，海南企业生产的"海淘"已在全国 25 个省区市推广至 5000 多万亩。海南省将农业科研院所、农业高新技术企业和龙头企业联合起来，建立以企业为主体、产学研相结合的技术创新体系，促进开发和推广生态循环农业技术。

另一方面，多重突破，释放绿色生态效益，利用绿色生态农业技术获得经济效益。比如，在海南省儋州市推广应用的"以草代木"技术，通过将菌草粉碎装袋，可"以草代木"培植灵芝、食用菌和药用菌，同时也为畜牧业提供优质饲料，还能在腐烂发酵后产生沼气，当地已形成"草成金"产业，成为国家菌草工程技术研究中心海南示范推广基地，并为其带来了 3000 多万元的经济效益。屯昌县设立了海南首个生态循环农业试点县，积极推进农村生态农业社区建设，实现种养循环。目前，屯昌县畜禽粪污综合利用率达到 95% 以上，化肥农药分别减少了 20% 和 30%。

## （三）"流转+轮作"，优化生产经营能力，提高耕地绿色效益

海南省通过利用合作社市场化运作、推广轮耕轮作及种植海水稻技术等方式，让撂荒地复耕。

一方面，通过土地流转让撂荒地"复活"。近几年来，海南省采取多项措施改善生产条件，提高土地利用率。完善农业基础设施建设，并对每块撂荒地的基础设施建设情况建档立卡，建立管护机制，让农业生产地遇旱可灌、遇涝可排。根据具体情况调整荒地种植结构、作物种类，如对土质差、较干旱的土地可种植玉米、豆类植物，地力较好的土地可种植热带高效作物和优质水稻。对于部分盐碱地或者水淹地撂荒的地块，可使用酸碱中和的方式或者增强地块排水能力。加大农业科技推广力度，鼓励农民使用小型农业机械，减轻农民的劳动强度，提高农民劳动效率，缓解农村劳动力短缺问题。

另一方面，采用"轮作+新品种"方式提高土地利用率。鼓励农民实施"瓜菜稻"轮作，在瓜菜种植区选择两栖水稻新品种种植，能够提高农民生产积极性和生产效率。目前推广的水陆两栖水稻新品种有"海鲜香 5 号"和"中科西陆 4 号"，这些新品种适合机械化种植，在提高生产效率的同时缓解了农业劳动力短缺的问

题。此外，在一些地质较差的撂荒地，采取对玉米、豆类等生长条件要求不高的作物反复耕种的方式。同时，加快推进农业基础设施建设，推广农业机械使用以及做好良种良法推广工作。

### （四）加大建设投入，打通农业设施落地的"最后一公里"

为应对工程性缺水问题，海南省加快推进农业水利工程建设，加大对农田水利设施的投入力度。结合"多规合一"和水网建设，实现水系连通，完善农田灌溉设施。与此同时，对管理体制进行改革，提升建管能力，更好地保障农业供水。

一方面，完善田间配套工程，建设干渠。针对农业用水紧张问题，海南省规划建设一系列水源工程、排灌工程和补水工程，综合利用好大中小型水库、灌区骨干渠系及大中小河流，形成覆盖全岛的水网架构，提高应对区域性缺水和防御自然灾害的能力。除此之外，海南省为提高灌溉网络覆盖率，不断加大灌区建设力度，并同时推进农渠、斗渠、毛渠的建设，进一步完善田间配套工程，实施水系连通工程，有效解决水源问题。

另一方面，建立农田水利管理机制。农田水利设施的管理与建设对农业发展至关重要，如对水利设施管理体制进行改革，落实设施运行和维护的主体，培养专业化服务队伍，如防汛抗旱、灌排服务等。构建由骨干渠道和下级渠道、田间工程管护形成的链状管护体系，但是中间有环节管理不善的话可能造成"肠梗阻"，耽误农业及时用水，推广村级水利管理员机制，将责任层层落实，将田间水利工程管护和用水一体化管理，厘清责任与义务，更好地为农业发展提供用水。

### （五）创新热带特色高效农业发展模式，发挥热带特色王牌效应

近年来，海南省重点打造热带特色高效农业，着力发展12个农业特色产业。基于当前存在的生产规模小、品牌影响力弱、产业结构不合理等问题，海南省有针对性地提出解决措施，助推形成热带特色高效农业。

一是腾笼换鸟，突出特色高价值热带绿色农业优势。海南省根据近年来市场需求的变化，对一些低效作物进行减量或者淘汰，如甘蔗、浆纸林以及老化橡胶园等。将低效作物换成经济作物，扩大优质水稻、冬季瓜菜、热带水果等经济作物面积。海南以"腾笼换鸟"的方式建构起了热带特色高效农业产业体系，培育优势产业带。在昌江黎族自治县，以王品蜜瓜地取代大片甘蔗林，促使农民收益增长了近1倍。

　　二是宣传绿色生产和绿色消费方式，增强农业可持续发展动力。海南省告别过度依赖资源消耗和简单扩大生产规模的传统生产方式，鼓励发展生态循环农业，并选取屯昌县作为生态循环农业试点。试点区域重点围绕畜禽粪污的综合化利用，大力推广生态循环种养模式，如"猪—沼—农作物"模式。在屯昌县，养殖场排泄物综合利用率和沼液沼渣利用量已大幅提高。同时，海南省为加快转变农业生产方式，还提出了化肥农药减量、农作物病虫害防控、田间清洁、秸秆综合利用等工程。

　　三是击穿产业壁垒，拓宽农业产业链。加快三产融合，将农业产业拓宽，提升农业效益。例如，推进农旅融合，发展休闲农业以及农产品精深加工产业。目前，海南省已形成各类特色观光休闲农业区，如琼海龙寿洋、三亚水稻国家公园、保亭三道镇等观光园区。海南省依托一些稀缺的热带农业资源，促使热带特色高效农业在全省"开枝散叶"，拓宽农业产业体系。同时，海南省还不断推进农业与其他产业融合，探索出产品认养、土地租赁、自行耕种等"私人农场"服务，并培育了农旅融合发展新业态。

　　四是热带优势资源向绿色优势区域收敛。海南省深入推进供给侧结构性改革，不断调整优化农业结构，调整产业布局。基于各地优势农业资源，进一步优化农业资源布局，突出地方农业特色，改变之前缺乏产业规划、布局混乱、不能发挥区位和资源优势的状况。立足区位和农业资源优势，重点推广农业优良品种，着力打造热带特色高效农业，形成区域性主导产业，提高农业产业核心竞争力。

　　五是推进绿色品牌集群建设，努力打造品牌社群。海南省整合原有的500多个农业品牌，将小而散、杂而弱的品牌一并整合，将海南省特色农业品牌做大做强，努力实现成为知名品牌的目标。将省域品牌作为重点来打造，把"一县一品""一项一特"作为"组合拳产品"推出。同时，组建并进一步完善产业协会机构，加强对农业品牌建设管理，提高海南农业品牌竞争力。

### （六）借助自贸港建设机遇，促进生态农旅新发展

　　海南省"三农"建设在自贸港建设中占有举足轻重的地位。海南省作为旅游大省，将旅游与热带高效农业融合发展，借助海南国际消费中心释放出更大的经济效益，为自贸港的建设做出更大的贡献。

　　一方面，要提供政策支持，创新土地制度释放新活力。共享农庄是海南省发展农旅融合的重要载体，但当前仍然存在多种问题，主要根源在于土地政策的制定，如建设民宿、加工产业园和农庄用地时缺乏完善的用地手续。因此，海南省出台"三块地"政策，明确农场经营性用地、土地所有权、承包权均可办理，有

效解决了用地问题。同时，海南省进一步探索有效的土地利用方式，不断调整优化农业建设用地布局，有选择地开放部分荒地的使用去向。

另一方面，"生态农业+旅游"开辟新天地。海南省农业的发展不是仅停留在可见的表面，如扩大农业生产面积、打造农业特色品牌、提高农产品质量等，而是在建设现代特色农业体系的基石。海南省作为旅游大省，不断通过旅游来扩大农业功能，从只能提供农产品转变为休闲农业旅游。通过对"农业生产+农事体验+农业科普"的深入挖掘，明确第一产业是根本，做到精细加工、深入耕种，充分阐释农业发展的内涵。明确游客的市场定位，进行精准规划，抓住国际旅游消费中心的机遇，以品牌强农、农旅融合的方式将资源优势转化为市场优势。

## 三、启示

海南省是我国耕地面积较小的省区之一，也是自然条件、资源最为优越的区域之一。海南省旅游的不断趋热，带动了本地初级农产品和相关深加工业的转型升级，这也为海南省实现绿色农业省的目标提供了绝佳的契机。近年来，海南发展农业的系列重大举措为具备自然优势区域的农业发展提供了很好的借鉴。一是突出资源禀赋优势。海南省的优势是低纬度、海洋性气候，这确保了作物的多样性和丰富性，也为海南省开展特色农业提供了全国其他区域所不具备的优势。海南省农业部门紧紧抓住了热带绿色生态农业的牛鼻子，注重长期规划和顶层设计，切实践行绿色发展理念，取得了良好的成效。首先，为了提升热带特色作物的品质，重点实施了化肥农药减量的政策，但更注重的是循环农业的推行。其次。开展大规模的产业结构调整，创新农业发展模式，通过种植优质品种，实现大田作物价值的提升。最后，通过柔性监管建立了绿色防控体系，在没有提高农用化学品投入量（如农药）的前提下，最大限度地降低了病虫害危害。二是创新制度和政策。通过组建科技联盟，弥补了海南本土技术力量的不足；通过探索新的管理模式和服务模式，不断完善绿色农业的保障体系，确保农业生产和经营环节的稳定和连续性，避免了因为自然灾害、市场波动而对生产者造成的不利影响；通过创新流转和轮作制度，不断提高耕地的绿色效益，并将收益尽快转移到生产者手中。这样的创新举措提高了农民种粮养殖的积极性。在抢抓机遇方面，借助自贸港释放的红利机会，加快新业态与绿色理念的融合发展，打造了生态农业和全域旅游的新概念，将饮食体验、感官体验进一步嫁接，构筑了较强的竞争优势。三是全面发展，全面创新。本着查漏补缺、完善精进的原则，在海南省农业、建设等部门共同努力下，农业基础设施建设得到了进一步的提升和完善，设施化农业得到更强的推动。在品牌建设方面坚持以上为导向，以消费者的感官、健康为目标，大力推进王牌品种的塑造，改变了小、散、弱的特点，充分发挥了地域优势和特色。在产品价值链提升方面，根据资源条件进行合理规划，淘汰落后产能，积极引进高附加值产品，连续冲击新市场、更新老市场，逐步形成了海南省的系列产品组合。在宣传推广方面，海南省不断提升农产品口碑，将绿色理念植入其中，打破产业壁垒，拓宽了农业产业链，形成了生态农旅发展的新格局。

# 第五节　贵州省的举措和相关启示

## 一、概况

"地无三里平、天无三日晴、人无三分银"是长久以来人们对于贵州的主要印象，原因主要在于贵州的地势呈现出西部高东部低，从中部开始向北向东向南三面倾斜，常年多雨少晴天。因此，"八山一水一分田"的民间说法形象地刻画了贵州农业发展的现状和主要困境：缺少农业用地，农业产出低，农业技术落后，进而导致农业发展缓慢。实际上，贵州境内的山地分布呈现为高原特色，山地、盆地和丘陵共存，属于典型的亚热带温湿季风气候，由于降水量较为丰富且温度适宜，贵州的农业资源比较丰富，总体上对农业生产是比较有利的。就发展生态农业的角度而言，当地适合种植经济类作物，如蔬菜、水果、茶叶、土豆（马铃薯）、中药材等，因此，贵州是支撑我国西部城市重要的"菜篮子"基地，也是全国有名的中药材四大产区之一，在民间享有"夜郎无闲草，黔地多良药"的美誉。从2018年的统计数据来看，贵州在蔬菜、水果、茶叶的产量上位居全国前列，从纵向对比的时间维度上看，相比"十二五"同期，这三个产业在"十三五"时期分别增长了74%、96.7%和305%。整个"十三五"时期，贵州在茶叶、辣椒、刺梨、薏仁米等绿色生态农产品发展领域的产量规模上居全国第一，得益于先天的生态条件优势，贵州将继续推动生态农业向全国领先地位发展，并在"十四五"时期巩固和延续。贵州多山的地理条件、丰富的气候和生态环境为立体农业的发展孕育了土壤，但也正是在这样的条件下，贵州农业生产的地域性、区域性呈现出较为显著的特点。从开发方式上来看，贵州的农业适合采用整体综合开发，统筹策划发展现代山地特色高效农业，而不适于开展分散经营的农业模式。比如，贵州都匀地区常年云雾笼罩、气候温润、土层深厚、土壤疏松且含有大量的磷酸盐和微量元素，这样的条件在我国是绝无仅有的，特别适合高端绿茶的生长，对此黔南州人民政府重点规划，突出以"都匀毛尖"为品牌的茶叶产业，从产能到品质不断优化，推进贵州从茶产业大省向茶产业强省演进。再如罗甸，因为常年气候温暖被誉为贵州的"小三亚"，凭借得天独厚的温度优势成为贵州早熟果蔬、反季蔬菜、热带农作物的特色产区。再如贵阳近郊的龙里县，日照十分充足，拥有得天独厚的温泉资源，通过发展特有的刺梨产业，近年来已成为中国有名的"刺梨之乡"。除此之外，贵州每个市州和县乡都根据自身的地理条件和气候特点，以市场为导向，以技术为推动，在国家和市州产业政策扶持及资金帮助下，逐步发展了以"一乡一品、一村一特"为主要生产经营方向的特色产业，取得了较为显著的经营成果。在逐步提升农业竞争力的同时，丰富完善了特色产业链，提高了农业经济效益、农民的收入和幸福感。2018 年贵州省农业发展概况见表 6-5。

表 6-5　　2018 年贵州省农业发展概况

| 地区 | 农业总产值<br>/亿元 | 农业机械总动力<br>/万千瓦 | 农用化肥施用量<br>/吨 | 茶叶产量<br>/万吨 |
|---|---|---|---|---|
| 贵州省 | 2 288.7 | 2 910.52 | 89.59 | 18.03 |
| 贵阳市 | 115.11 | 201.27 | 53 475.41 | 0.49 |
| 遵义市 | 279.39 | 496.25 | 193 141.85 | 7.50 |
| 安顺市 | 97.65 | 215.58 | 63 224.00 | 0.58 |
| 毕节市 | 293.42 | 592.16 | 195 522.96 | 0.37 |
| 铜仁市 | 160.74 | 306.01 | 90 828.03 | 3.50 |
| 六盘水市 | 102.56 | 186.60 | 60 027.46 | 0.24 |
| 黔南州 | 151.06 | 324.29 | 100 663.47 | 3.05 |
| 黔西南州 | 139.29 | 290.00 | 68 797.22 | 0.84 |
| 黔东南州 | 122.86 | 298.36 | 70 207.66 | 1.46 |

资料来源：《2019 贵州统计年鉴》

## 二、举措

"十四五"时期是我国经济社会发展的新阶段，是农业从快速发展向高质量发展的关键时期。贵州省委省政府紧密围绕国家战略发展的方向，在农业农村工作中继续推进农业供给侧结构性改革，其核心是把握稳中求进的主基调，结合贵州改革开放以来所形成的重要经验积累，在政策推进过程中注重产业链、供应链的整体布局规划，通过精确调整产业结构，提升产业规模，发展农业园区，以农村生态农产品品牌的打造和建设作为主要发展理念，推动贵州走上山地特色高效农业发展的道路。而贵州"十四五"农业发展战略的提出，离不开贵州"十三五"期间农业发展所提供的坚实的物质基础、经验理论和实践启示。"十三五"期间，贵州农业创新发展的主要举措可以归结为扩大绿色生态农产品出山通路，主动作为、狠抓细节、集成推动，推动资源高效聚集与内涵式发展，化荒为田、变废为宝、特色致富，加大检验检疫助力绿色农业发展五项重要举措。

（一）"左右逢源"：扩大绿色生态农产品出山通路

贵州在农业发展方面坚持解放思想，针对贵州本地和省外的农产品市场，尤其是绿色农产品市场开展了深入的研究，根据当前人们对绿色安全食品需求越来越旺盛的特点，通过不断巩固贵州本地市场，加快拓展省外市场，积极与国外企业经销商合作，提高贵州绿色农产品的出口能力。在经营模式上，由于贵州较早实施了大数据战略，农村电商在贵州普及较为广泛，为贵州特色农产品拓宽农业生产销售渠道，促进农产品与市场的高效对接起到了极为重要的作用，较好地推动了贵州绿色农产品生产和经营发展。

一是夯实扩大省内绿色生态农产品市场。从本质上来说，城市菜篮子工程的最佳解决途径是由城市周边农产品生产基地提供，但是长期以来贵州人吃不到本地菜，主要体现在贵州城市居民无法从周围农村购买到本地农产品。为了解决这一比较尴尬的现实，贵州在严格控制产品质量安全的前提下，以政府为主导，与农业生产基地组织建立了长期稳定的生产合作机制，且广泛对接销售市场和组织。比如，在贵阳市政府主导下，贵阳周边的农产品生产基地走入了公立学校、幼儿园、医院和机关行政事业单位、国有企业以及工业园区。通过加强农业农村与机关单位的联动，较好地为贵州绿色农产品生产基地解决了市场销售问题。统计数据显示，在贵阳市带动下，贵州省内中小学食堂、市州中等职业学校餐厅普遍通过本地农产品生产基地采购绿色农产品，解决餐厅食堂的农产品供应问题。

二是兼顾省内外，提升当地绿色生态农产品知名度和美誉度。一般而言，绿色生态农产品的价值和市场价格都要高于一般农产品，因为这类产品的生产条件、生产过程与一般农产品都不同，因而也具有了特殊的营养价值。针对高价值的农产品，打开市场主要从以下两方面着手：一方面，在贵州省各级政府的积极组织下，通过省内农产品批发市场、大型连锁超市、龙头企业、物流企业、电商平台等多个市场主体的协助，将贵州生态绿色产品的生产基地和生产单位（包括农民专业合作社和适度规模的个体农户）纳入帮扶对象，促进绿色生态产品的经销。

另一方面，加强省内外政府层面的沟通对接，在各级政府的积极推动下和补贴政策的支持下，与周边省份同步推出零房租地租、零佣金的政策，在省外大型农产品批发市场和大型超市专门设立特色农产品摊位和柜台，在城市社区和居民小区兴建了"农超对接"专区，专门销售具有贵州特色的绿色生态农产品，在城市人群密集社区、地铁站公交站、公共汽车站、飞机场开辟智能化销售的新模式，尤其是安置智能升降容器，在保鲜存放蔬菜和水果的同时实现便捷买卖，保证了贵州生态绿色产品的品质。通过一系列的重拳组合，在各界的协助和支持下，贵州生态农产品在本省扎根，获得了较高的市场认可度。同时，借助省级层面各种通道的衔接，使得贵州农产品同步走出贵州、走向全国，赢得了美誉度，这有利于绿色生态农产品通过"优质优价"的方式反哺农村，提高贵州农民农业生产的积极性。

三是借助大数据优势，促进乡村电商发展。在"十二五"和"十三五"期间，贵州抓住机遇发展大数据产业及其他衍生产业，形成了产业之间的相互融合和相互促进，显著推动了贵州经济尤其是农业领域的发展。第一，在大数据创业创新的背景下，贵州农村加快了农产品电子商务的布局速度，通过"互联网+农产品"的组合推动贵州生态农产品以更为便捷、快速的方式进入城市消费圈。在各级政府的引导下，电子商务站点如农村淘宝、京东生鲜在不少山区城镇建立了社会组织与村落之间的利益联动机制，建立了农产品"上行"的众多基地并形成相关的产业链条，如包装、品牌设计、加工以及溯源系统。第二，农村基层生产经营组织积极拓宽电子商务致富的渠道，主动探索农产品生产销售的新型模式，如与抖音、微博等平台积极合作，推出优秀主播带货销售，借助地方政府背书、书记背书、书记带货等多种形式，加强市场主体与农村生产劳动经营主体的深度互动，使得新型电子商务成为农村与市场之间的坚实桥梁，不断加快贵州生态农产品从田间地头走上餐桌的步伐。第三，在推进电子商务与农产品"上行"通道建设方面，各级政府主动作为，抓落实、抓试点，大力推进正安县、息烽县、贵定县试点示范建设，不断完善新型电子商务供应链体系，通过把县乡村快递物流中心和创业园区、农产品加工基地、物流配送中心的功能聚合到县一级的电子商务服务平台中，加快提升电子商务运营服务能力。第四，各级政府、农业合作社、农业龙头企业主动出击，着力培育和壮大农村电商实体发展，积极引进省外乃至国外的专业运营商到贵州农村发展，与贵州农村一起成长，提升了贵州生态农产品走出去的效率和速度，培育了组织运营能力，降低了生产经营风险。第五，加快完善农村乡县一级的物流配送体系建设，通过推动农村快递项目整合物流运营渠道，畅通了贵州生态农产品走出去的"最后一公里"物流通道。

### （二）"多措并举"：主动作为、狠抓细节、集成推动

2020 年底贵州已经顺利完成脱贫攻坚任务，下一步要向全面建成小康社会、实现"两个一百年"奋斗目标而努力。贵州作为一个非传统的农业大省，在乡村振兴的主战场面临许多挑战，对此，贵州省各级政府组织积极落实"学习先进经验—发现自身问题—弥补巩固提升"的实践逻辑，高标准严要求推进农产品生产与销售的对接工作，积极促成贵州乡村振兴战略与大生态战略的实现。

一是各级政府机关自上而下主动作为。贵州因为农业人口多、工业发展长期滞后而较为落后。自十八大以来，贵州将产业扶贫作为推动贵州农村农业发展的重要举措。首先是在各级政府的推动下，加快了绿色生态农产品营销体系的建设，推动"黔货出山""黔货出海"，这有利于发挥农村劳动力的生产积极性，确保实现稳定生产。在此基础之上，各地自上而下推动贵州农业供给侧结构性改革，以市场为导向，通过发展山地高效特色农业模式实现贵州农业的高质量发展。其次是各级政府自上而下推动农业标准化体系建设，通过补齐短板加快农产品流通速度，严格把关农产品质量，形成贵州农产品的品牌效益。最后是各级政府同心协力，加大品牌宣传力度，增设农产品销售途径，建立完善的对接机制，大力发展农产品生产基地与销售出口的订单农业模式。

二是着力解决农产品产销机制的各项细节问题。农产品产销一体建设难度大、复杂性强、不确定因素多，只有通过精准规划把握重点，才能顺利实现农产品产销机制的搭建和实施。贵州各级政府组织，尤其是农业对口部门深入基层开展调研，掌握了当地关于特色农产品相关工作的开展情况，要求各地既要落实生产方面的任务，又要针对特色和主打的产品梳理流通主体、流通渠道、流通市场的关键环节，因地制宜开展工作。首先是狠抓细节的落实，加强控制。许多工作要具体到采取何种措施，提前布局生产规模、品种特色、技术方案等细节。其次是推动精准选择行业，通过在全省范围内树立典型推广"企业+合作社+农户"的高效生产经营模式，利用八大要素优势，分散生产经营的风险，着力解决如何将贵州生态产品更好销售给城乡群众的问题。最后是各级农业部门主动寻找市场，通过接订单、接大单来促进产销良性循环，一方面根据市场订单的需求 "以销定产"，引导农业生产主体提高标准和组织能力，另一方面抓住冷链物流循环的各个细节，统筹实施建设，着力培养相关技术人员，推动大型冷链企业加入贵州农业绿色生态大循环经营之中。

三是建立大生态、集约化供应链体系。生态是贵州农业的出路和贵州实现乡村振兴的依赖路径。在贵州省委省政府的积极推动下，以农产品需求侧驱动，大力实施了农业供给侧结构性改革，通过整合资源实现大生态、集约化供应链体系的搭建。首先，利用龙头企业带动农产品的快速流通，通过采用互联网与农产品

流动相互促进的模式，积极拓展农业企业、农产品、大数据之间的联动关系。其次，针对贵州山地特色农产品，积极探索构建产业与市场、乡村振兴与城乡商品互联互通的平台体系建设，加快培育以"政府主导+企业承接+合作实施"为主导的产供销一体化能力，大力推广"能人带动+党员推动+村民主动"的生产方式，积极探索"1+1+1>3"的产业升级模式。

### （三）"内外兼修"：推动资源高效聚集与内涵式发展

尽管贵州身处云贵高原属于西部地区，但却是连接云南、广西两个出海通道的中转站，有利于农产品的交易和物流转运。一方面，从气候特点来看，贵州总体上比较湿润温暖，温度差异不大，因此适合绝大多数农作物的生产。得益于这样的自然条件，农作物在种植过程中较少发生病害问题，所以农药用量不高。另一方面，贵州境内的土壤总体来说酸碱适中，且土壤本身含有较为丰富的微量元素，适宜种植健康生态有机的无公害农产品，本身就是优质农产品的天然生产地。近年来，随着多条高铁的贯通交汇，高速公路网络的不断完善，以及空港建设的逐渐优化，贵阳作为贵州的省会，也是西南地区的交通枢纽，可以成为南下华南、东到华东的重要出海通道，这也为贵州成为重要的农产品流通枢纽提供了现实基础。近些年来，在贵州各地政府的积极引导下，各类资源要素高效集聚，贵州生态绿色得以实现内涵式发展，并在宣传推广上取得了良好的效果。

一是政府牵头，着力解决要素资源高效集聚问题。一般而言，绿色农业的生产方式与其他的生产方式不同，如注重合作、园区建设、种植养殖一体化、农产品深加工及物流体系的配套建设。一方面，在各级政府的鼓励下，贵州积极应用大数据、优良品种、高新科技推动农业生产，休闲观光农业的多种要素聚合促进了产业链条的不断完善和丰富，在众多资源的加持下进一步延伸产业链，夯实农业发展基础，成为推动贵州农业供给侧结构性改革的利器。另一方面，贵州各部门及企业积极利用贵州交通基础设施不断完善以及西部地区区位优势带来的机遇，主动向成渝经济区、长三角和珠三角地区拓展产品出口，重点选择北上广深、成都等地全面开展招商引资工作，尤其重要的是，各地政府注重加大外部产业转移和承接的工作力度，坚持围绕贵州最缺乏的关键领域进行招商。在农业园区和相应配套物流园区的建设方面，着力按照"前瞻研究—预先规划—分步实施—区域实现"的发展路径，结合贵州各地资源禀赋优势和当地基础产业，统筹多种资源和能力，重点在农产品深加工、新市场开发以及冷链物流设备设施领域实现突破。在农业合作方面，加大对休闲观光农业、养老农业等产业的扶持力度，在贵州本地缺少资金和管理基础的情况下，大力引进具有优势的企业和资源进入贵州本地共谋福利，使得当前贵州在农业旅游方面的开放程度和由农业旅游带来的经济效益在全国名列前茅。总体来说，贵州在有限的资源条件下，只有不断通过资源集聚开发、巩固、赋能，才能实现多种业态、企业、农村共同发展的良好态势。

二是改变策略，加快贵州农业绿色生态的"内涵式"发展。一般而言，农业和农产品的标准化较为困难，很难实现走出去与国际化发展。然而，贵州各级政府突破重重阻碍，主动与来自全国各地的企业客商进行深度接洽，不仅如此，还与农业发达国家如以色列、荷兰等国家的政府和企业加深合作。首先，在政府的引导下，贵州农业龙头企业、合作社和种植能手与伊利、统一、光明等企业进行了频繁的互动交流，通过开展双向实地考察，促成多方达成合作意向。其次，贵州省农业相关部门每年赴上海、广东、江苏、浙江、福建等沿海和发达省区组织推荐贵州农产品和贵州本地龙头企业。一方面，通过茶博会、农博会、数博会、广交会等形式将不同的市场主体结合在一起，加深认识，促进交流，形成共同合作的意识，推进贵州农业走向全国；另一方面，各级政府部门密集开展有针对性的小型招商活动，使贵州以外的客户、商人对贵州农业园区的建设发展有了更多的认识，通过磋商和接洽使他们对贵州农产品的品质、规模有了全新的了解，并加深了他们在本地市场推广贵州品牌、贵州农产品的信心。最后，贵州坚持请进来和走出去相结合，与发达农业地区开展了广泛深入的合作，尤其是注重向我国台湾学习，积极借鉴台湾在农业方面推行的组织方式和生产技术。

### （四）"深挖潜能"：化荒为田、变废为宝、特色致富

虽然贵州大多数市州和县自然生态条件较好，但是晴隆县、望谟县和紫云县位于石漠化集中连片的区域，以往受到地理环境的制约，农业生产条件十分艰苦，农业生产呈现出"效率低、消耗大、成效差"的局面，尤其是在缺乏技术产业支撑的情况下，当地农户和干部群众依靠农业实现乡村振兴的难度很大。但近年来，通过抢抓产业革命机遇，瞄准自身短板发掘自身优势，切实选择适宜的产业，这些地区突破重重困难，推动农业发展迈上了新的台阶。

一是在石缝里种出致富树。贵州省晴隆县青山村土壤酸性比较强、昼夜温差大、干旱少雨、海拔相对其他地区较高，一般粮食作物和经济作物的种植难度比较大，但是却比较适合花椒种植，当地就有许多花椒老树林。但是这些树的种植水平比较低，难以保证花椒的品质，以至于当地经营效果一直欠佳。针对这样的情况，晴隆县青山村党支部在了解本地现状后，积极引进了花椒种植龙头企业从事花椒种植。经过多年的努力，这家龙头企业与村民进行了良好的合作，将原先的地势和气候劣势转变为优势，使花椒成为当地的特色支柱产业。通过这样的转

型发展，村民不但能够得到土地流转的收益，还能够通过在种植基地从事劳务工作获得至少一天 80 元的工资。此外，在主导产业的带动下，村里还构建了花椒"生产加工销售"一体的农业产业链体系，丰富了农业产业业态，改变了产业单一的局面。

二是在老林子孕育新产业。贵州省望谟县一直是贵州较为落后的县级行政区，主要原因是当地的土地荒漠化十分严重。党的十八大以来，望谟县政府积极推动板栗产业发展，虽然当地品种品质较好，但往往由农户自发种植，造成板栗产业的规模效应一直难以形成。2017 年，县委县政府将板栗作为重点扶持产业，聚焦"一树"（板栗）带动"一县一业"的目标，合理使用产业扶贫资金，建立了以洛郎村老树林（板栗为主）为核心的万亩基地。当地政府部门始终围绕扩大板栗种植范围的目标，采取"提高技术、改造老树、优化效果、促进丰收"的发展方式，注重手把手教授农民种植板栗技术，定期开展培训，形成"统一规划、统一观念、统一种苗、统一技术、统一销售"的生产体系，使板栗产业从原先的粗放型种植方式转变为高质量内涵式的发展方式。在获得了板栗生产经验的基础上，望谟县还积极引进澳洲坚果等产品和产业，创造了前所未有的经济效益，使原先穷困的山村焕然一新。望谟县的澳洲坚果和特色板栗得到了上海均瑶集团的合作订单，以鲜果最低保护价格收购，切实保障了农户的收益，降低了他们的风险。

三是在山沟沟里结出振兴果。紫云县是贵州省县级行政区中海拔差异最大的地区，坡地多且十分破碎，坝区面积仅占全部耕地的 3.3%，几乎可以忽略，在如此原始落后的生产条件下发展农业是十分艰难的。党的十九大以来，白岩乡党委政府率先按照农村产业革命八要素的要求实施创新发展，以当地特色的红芯薯为主导产业，开展产业扶贫。白石岩乡首先在幸福园和甘水井两处开发了近 500 亩生产基地，并以此作为产业结构转变和调整的核心，尝试种植 1.5 万亩紫云品牌的红芯红薯，很快就创造了 9000 万元的产值。白石岩乡的成效得到了青岛市的重视（青岛市是紫云县的对口扶贫城市），进而获得了总共 4200 万元的投资（包括获得青岛市首批启动资金 1200 万元，获得其他地区直接投资 3000 万元），吸引了 2968 户农户加入到该项目中，通过"企业+合作社+农户"的模式将红薯产业迅速做大，并形成了紫云品牌。最近两年在省城贵阳大型连锁超市的高端柜台上，紫云品牌的红薯和鸡蛋（吃红薯的鸡下的蛋）得到了市场的高度认可，并具备了冲击农产品高端品牌的潜力。通过红薯这一传统产业的升级、延伸和转型，紫云县这个原本贵州最为贫困的地区，率先完成了脱贫攻坚的任务，为乡村振兴奠定了较好的基础。

### （五）"保驾护航"：加大检验检疫助力绿色农业发展

发展绿色生态农业离不开检验检疫的助力：一方面生态农产品的标准制定与是否达到标准要求影响着市场的走向；另一方面，很多国内及海外市场对高端农产品的要求较高，如果未能达到这样的要求是无法进行现货交易的。对此，贵州省检验检疫部门积极探索农业合作的新方式，提出了全方位服务的模式，破解省内绿色生态农产品出山困难，有效帮助龙头企业基地和农户提高产品种植质量，拓宽销路，提高效益。

一是提高平台服务质量。为了能够更好地实施"黔货出山"战略，贵州省检验检疫部门积极开展工作，深入基层了解实际情况，提出了众多举措。首先是计划在省域境内建立检验检疫实验区，在"不沿边、不沿海"的条件下争取在相关制度上获得率先试行的机会。其次是努力打造贵州生态绿色标签，先期在贵州省六盘水市建立了"生态原产地产品保护示范城市"的标签，成为全国首创，2018年又带动贵州省获得了4个生态原产地产品保护示范区和45个生态原产地保护产品系列，以及3个"国字头"生态原产地平台，在多个单位的共同努力下，贵州农产品的绿色生态名片已经开始走向全国，走向世界。

二是促进绿色品牌建设。为了打造具有贵州特色的绿色品牌，贵州省检验检疫部门积极开展农产品品牌法律保护相关工作，通过吸取国内外先进品牌的管理机制和经验，加强省局与省内各部门之间的协调合作，理顺了原先杂乱的管理系统，强化了商标的管理，着力打造"贵州标准"。"十三五"期间，贵州省有12个农产品获得了全国驰名商标的称号，247个农产品品牌获得了省域地理标志。其中，农业农村部登记的保护农产品地理标志58个，国家市场监督管理总局批准的国家地理标志保护产品品种127个，国家市场监督管理总局批准的地理标志商标62个。2021年3月1日，《中华人民共和国政府与欧洲联盟地理标志保护与合作协定》正式生效，贵州共15个地理标志产品被纳入互认产品清单。

三是夯实技术保证质量。产品品质和质量好坏直接决定了贵州生态绿色产品的内在价值和市场价值，而如何从根本上确保产品质量的稳定提升成为贵州省检验检疫部门的核心工作。对此，省局积极开展绿色农产品重点监测实验室的建设工作，在贵阳设立了辣椒及制品重点实验室，同时还申报了国家果蔬检测重点实验室（六盘水）等。通过这些实验室的建立，能够促进农产品加工企业、合作社和大户之间开展更紧密的合作，改变了以往农产品不得不送到外地或者国外进行检疫检验的状况，突出了"贵州人办本地事"方便、快捷的效果。经过贵州省检验检疫部门的努力，已经有多个大类产品获得了国家实验室认可，在监测能力和范围上已经能够满足贵州农产品出山检验的需求。

四是创新监管模式为放行提速。贵州绿色生态农产品的优良品质突出表现在口感适中、酸甜适宜，得到了亚洲发达国家诸如日本、新加坡等的青睐，同时也对加拿大、美国等西方国家产生了很强的吸引力。但是受到这些国家贸易保护壁垒的影响，对贵州出口的农产品有着极为苛刻的要求，只有确保贵州农产品远远高于这些国家生产和最终产品的标准，才能更好地满足东道国市场的需要。为此，贵州省检验检疫部门攻克难关，大力推动"中国 WTO/TBT-SPS"国家通报咨询中心"茶叶白酒"产品技术性贸易措施研究评议基地落户贵州，帮助贵州在茶叶和白酒这两项主导产业的国际规则制定上占据主动权，降低了非贸易性关税壁垒对贵州生态农业的限制和影响。另外，贵州省检验检疫部门还创新了监管模式，通过加强事后监管和构建"审单直放"组合，极大地提高了贵州农产品的出口效率。

# 三、启示

贵州是中国唯一没有平原的省份，地理条件复杂，气候多样，且少数民族杂居情况比较普遍，农业发展长期滞后。为改变贵州旧貌，贵州省政府和农业部门开展了大量工作，突出抓好绿色农业、分布式农业、现代山地农业的改造和精进工程，取得了较好的成效，为多种地貌、气候条件下发展绿色现代化农业提供了较好的样本，其经验启示如下。一是解放思想，改变策略。贵州以革命式的方式开展农业农村改革，坚持解放思想、改变策略，放弃得过且过的传统农业方式。通过打通物流渠道，将贵州优质农产品向省内和省外输出。面对物流费用居高不下所造成的农产品综合成本难以控制的困境，贵州通过发动相关单位和组织先行尝试（品尝），走上了一条扩大绿色农产品影响力和口碑的较优路径。在拓宽省外市场方面，相关部门组织经销、生产、租赁、金融等工作组织和团队展开多方考察，发挥群策群力的作用，通过各种方式和渠道打开市场，活跃消费。在注重口碑和长期影响力的农产品领域组建专业化、专门化队伍，自上而下主动作为，建立完善的绿色、集约化供应链体系。二是请进来，走出去。杜绝故步自封，通过招商、引进技术和人才等多种方式，既把贵州的优势宣传出去，吸引省外甚至国外企业入驻贵州农业领域。首先通过政府牵头，将难以解决的要素资源进行高效聚集。其次，大力引导具有产业、资金、技术、人才优势的外部企业和组织到贵州考察，促进绿色农业项目在贵州落地发展。在宣传推介方面，贵州省改变了以往只注重民族特色，而忽略当地现代化发展的不足，不仅强调了贵州农耕文化的多样性、丰富性特征，更注重将贵州的发展以愈加多彩的方式向世人宣传，这在很大程度上改变了外部对于贵州的误解和曲解。最后，借助本省大数据产业的优势，将数据应用与绿色农业紧密结合，为优质农产品的规划、精准生产、精准运输和精准推送进行了缜密的整合。三是充分发挥群众智慧,促进农民创新。紧密依靠群众特别是少数民族群众,发展特色少数民族传统种植和手工业,将无公害的传统做法、工艺发扬光大,不断鼓励基层创新特别是农民创新。在石漠化地区,依靠农民的智慧,结合气候、地理因素开辟现代农业的新战场,将贫瘠、落后转化为优势。在促进品牌和品质建设方面,以检验检疫为抓手,督促绿色意识的不断提升,形成农民的自觉行为和主动意识,这在很大程度上确保了农作物品质和口碑的稳定性,形成了长期的绿色竞争优势。

# 第七章 以绿色发展理念引领农业供给侧结构性改革的理论思路

前几章探究了绿色发展理念对农业供给侧结构性改革的引领作用，分析了绿色发展理念下中国农业供给侧结构性改革存在的主要问题。为使改革改出成绩、改出效果，更具有倾向性、针对性，充分发挥科学理念的价值，有必要提出绿色发展理念下中国农业供给侧结构性改革的理论思路，这是本章要解决的主要问题。因此，本章提出了该理论思路的四点内容，即改革的前提、原则、重点以及目标，为下一章提出具体的改革路径奠定基础。

## 第一节 以绿色发展理念引领农业供给侧结构性改革的前提

前提主要指事物的先决因素。明确绿色发展理念下中国农业供给侧结构性改革的先决因素，有助于我们在改革的具体实践中找准起点、把握底线、改出成效，具有重要意义。因此，本节提出绿色发展理念下中国农业供给侧结构性改革的三大前提，即保障国家粮食安全、严守生态保护红线、坚持农民主体地位。

### 一、保障国家粮食安全

在中华民族历史上，曾发生过许多因粮食问题而产生的社会动乱甚至国家政治危机，这是历史的教训。新中国成立初期，百废待兴，人们的生活水平普遍较低，饿肚子的现象还时常出现。那个时候，方寸大小的粮票、油票、肉票就成了关乎中国老百姓生存的大事情，"吃饱饭"曾经是上至最高领导人、下至普通老百姓最关心的一件难事。如今，随着中国经济的发展和农业生产能力的提升，主要粮食的供给在数量上基本达到宽松，人们开始追求更高品质的农产品。但在粮食问题上，我们应谨记历史对我们的告诫，现实情况也表明，国际粮食供给的矛盾将长期存在，自然灾害、气候变化、粮食危机、政治因素等导致国际粮食市场不稳定的因素仍在加剧，国际粮食产量的增长并不能满足国际消费需求的增长，而中国作为一个人口大国，粮食供给完全依赖国际市场，是不可能也是不现实的。世界上真正强大的国家，没有哪一个是不能确保自己粮食安全的。因此，我们必须保证中国口粮的绝对安全，实现谷物基本自给，党的十九大报告提出："确保国家粮食安全，把中国人的饭碗牢牢端在自己手中。"[①]党的二十大报告中指出："全方位夯实粮食安全根基，全面落实粮食安全党政同责，牢牢守住十八亿亩耕地红线，逐步把永久基本农田全部建成高标准农田，深入实施种业振兴行动，强化农业科技和装备支撑，健全种粮农民收益保障机制和主产区利益补偿机制，确保中国人的饭碗牢牢端在自己手中。"[②]

## 二、严守生态保护红线

农业是与大自然紧密联系的产业，生态环境的好坏直接关系到农业的可持续发展，这不仅仅是一个经济问题，更是一个生存的问题。资本主义国家发生的日本水俣病事件、富山"痛痛病"事件，以及我国的黄河水土流失、华北地下水空层、西北荒漠化、长江鱼类濒危等，这都是历史给我们留下的教训。因此，在绿色发展理念下推进中国农业供给侧结构性改革，前提就是严守生态保护红线。严守生态保护红线，首先要科学地划定生态保护红线，开展综合评估，充分考虑生态环境的系统性、关联性、综合性，对农业生态的敏感区、脆弱区、损伤区进行鉴定，采取不同程度的封林、圈禁、禁止开发等措施，严格划定农药化肥施用量、农业用水量、耕地保有量等红线。其次要确保中国生态保护红线守得住。做好国家层面的顶层设计，中央与地方形成上下联动机制，统一思想，步调一致。落实守护生态保护红线的责任主体，强化地方党委和政府的责任，建立目标责任制，把保护目标、任务和要求层层落实落细，建立定期评价机制以及考核机制，将其作为离任审计的重要参考，对生态保护红线守得不实、不牢的领导班子和干部进

---

　　① 《习近平：决胜全面建成小康社会　夺取新时代中国特色社会主义伟大胜利——在中国共产党第十九次全国代表大会上的报告》，http://www.gov.cn/zhuanti/2017-10/27/content_5234876.htm[2022-01-25]。

　　② 《习近平：高举中国特色社会主义伟大旗帜　为全面建设社会主义现代化国家而团结奋斗——在中国共产党第二十次全国代表大会上的报告》，https://www.gov.cn/xinwen/2022-10/25/content_5721685.htm[2023-01-25]。

行追责，从而确保农业生态保护红线划得实、守得住。

## 三、坚持农民主体地位

从历史脉络来讲，农民历来都是农村的主人，是决定农村前途命运的根本力量。农民在对农村、农业发展的不断探索与实践中，确立了家庭联产承包责任制，发展了乡镇企业，创新了基层组织建设，农民的智慧为我们的顶层设计提供了宝贵的意见，为解决中国问题探索出了中国方案。从时代脉络来说，只有凝聚千千万万农民的力量，才能推动农业供给侧结构性改革的顺利进行，改革的任何具体实践，只有依靠生于农村、长于农村、扎根农村的农民才能进行。因此，绿色发展理念下推进中国农业供给侧结构性改革，必须坚持农民的主体地位，充分尊重广大农民的意愿，充分考虑到农民在市场主体中的弱势地位，切实维护农民的合法权益，赋予农民更多的选择权，保障农民的知情权、参与权、表达权和监督权。无论是改革方案的制订、具体方案的实施过程，还是相关制度的建立，政府都不搞强迫命令、不刮风、不一刀切，充分利用示范、引导、交流的工作方式，调动农民的积极性、主动性、创造性，在与农民的互动中，不断完善顶层设计，并将一切发展的成果与农民共享。

# 第二节　以绿色发展理念引领农业供给侧结构性改革的原则

原则是指说话或行事所依据的法则或标准，具有方法论意义。推进绿色发展理念下中国农业供给侧结构性改革，必须制定出相应的原则，这对于保障改革的顺利进行具有重要意义。基于此，本节提出四个原则，即稳中求进原则、以人为本原则、因地制宜原则、市场主导原则。

## 一、稳中求进原则

稳是基调，稳是大局，稳中求进是绿色发展理念下推进中国农业供给侧结构性改革工作的重要原则。农业供给侧结构性改革涉及面广、程度深，不仅包括农户、企业、集体经济组织、政府等多个主体，还包括农业生产、加工、销售等多个环节，甚至还有农业体制机制、农业金融信贷、农业文化旅游等多个领域，推进农业供给侧结构性改革，不可避免地会触及各方主体的利益矛盾，使利益格局发生变化，甚至会牵一发而动全身，必须慎之又慎。因此，要立足当前、着眼长远，从化解农业当前突出矛盾入手，兴调查研究之风，搞好顶层设计，把握好节奏和力度，久久为功。"稳"，一是指农业基本制度改革要稳，二是指农业宏观调控政策要稳。要把握制度改革的根基性，保障制度改革的科学性，破除体制机制对农业经济发展的阻碍。同时注重农业宏观调控政策的长远导向，处理好政策与市场的关系，要让生产者及经营者明白哪些是政策确保的，哪些是市场做主的，从而确保农业经济平稳前进、农村就业总体稳定、农产品物价不出现大的波动。"进"，一是指农业产品产业结构调整有效，二是指农业发展新动能培育有效。面对市场需求结构，保障有效供给，倒逼农业产业升级，改造提升传统比较优势，培育现代化新型农业经营主体，以创新驱动发展。"稳"和"进"相互促进，以农业经济稳定为农业供给侧结构性改革提供一个良好的外部环境，以农业供给侧结构性改革取得的实质性成效为农业经济平稳运行创造良好的预期，在稳的前提下，农业关键领域有所进取，在把握好度的前提下，奋发有为。

## 二、以人为本原则

在绿色发展理念下进行中国农业供给侧结构性改革必须坚持以人为本原则，这不仅是绿色发展理念的要求，也是保障改革顺利进行的必然。绿色发展理念具有深刻的人民情怀，本质上是追求人的自由而全面的发展，人不再作为人格化的资本，不再信奉物欲至上的经济人理性，不再对自然巧取豪夺，从而达到人与自然的和谐发展，消除了经济发展与自然环境的对立关系，人自身也在这个过程中得到解放，摆脱了"异化"的魔咒，回归到自由而全面的发展。因此，坚持以人为本为原则，具有人民情怀地推进中国农业供给侧结构性改革，是绿色发展的本质要求。另外，只有坚持以人为本，才能保障农业供给侧结构性改革的顺利进行。正是为了满足人民对于美好环境的需要，才对农业供给侧生产方式中某些污染环境的行为进行改革；正是为了满足人民对于高品质农产品的需求，才对农业供给侧产品结构进行升级提质；正是因为满足了消费者对高品质农产品的需求，农民与农业企业的经济利益需求才能得到满足；正是因为农民与农业企业的经济利益得到满足，才可以保障消费者持续不断地购买到优质农产品；又正是因为把每个人的需要当作农业供给侧结构性改革的一部分，才能调动最广大主体的积极性，这里所指的主体不仅包括农民、农企职员、消费者，还包括最广大的群众，最终保障了农业供给侧结构性改革的顺利进行。因此，在绿色发展理念下推进中国的农业供给侧结构性改革，必须坚持以个人需要的满足为群体需要满足的基础，群体需要的满足是个人需要满足的前提，本质上就是坚持了以人为本原则，坚持了为人民服务。

## 三、因地制宜原则

《晏子春秋》中"橘生淮南则为橘，生于淮北则为枳"，我们先祖的传统文化里就有"因地制宜"的思想。中国幅员辽阔，地形、地貌、土壤、水体、植被、气象等自然因素差异很大，历史背景、文化特征、宗教习惯、民俗风情等人文因素也各有不同，社会经济状况、心理因素、潮流趋势等现实因素也有很多，众多因素汇聚在一起，因地制宜就有了狭义与广义之分。狭义的因地制宜只是自然条件内部的因地制宜，即农作物生长所需的自然条件与自然提供的条件是否相匹配，这种因地制宜没有考虑到市场需求的因素，存在一些瑕疵。例如，某个地方很适宜种植某种农作物，大量种植后，却由于市场狭小销售不出，最后烂在地里，造成资源极大浪费，这显然不符合因地制宜的宗旨。因此，我们通常所说的因地制宜是指广义上的因地制宜，其旨在使资源配置达到最优，既要考虑到有关生产适宜与否的因素，也要考虑到市场需求大小的因素。通常情况下，在进行农业区域布局和种植结构安排时，都是以广义的因地制宜原则为指导，使资源配置达到最优。但在绿色发展理念下，坚持农业供给侧结构性改革中的因地制宜，要更多地考虑生态因素。例如，有的地方本不适宜进行某种农产品的生产，但市场需求量巨大，这时宁愿放弃对需求的满足，也不能违背自然状况，人为地刺激生产。再如，有的地方的自然状况很适宜生产某项农产品，但本地区的需求市场狭小，也可多生产一些，再运用现代交通工具将其送到有需求的地方进行销售。

## 四、市场主导原则

回顾中国经济发展历程，在20世纪七八十年代就经历了一场关于计划与市场的性质、作用及其相互关系的争论，这场争论直到1992年党的十四大才被提出，即要使市场在社会主义国家宏观调控下对资源配置起基础性作用。从此之后，市场主导的原则随着中国市场经济的发展越来越受到各界重视，但是对于农业却具有一定的特殊性，这是因为在新中国成立初期，农业为中国的工业发展提供了极大的支撑，牺牲了许多农民的利益。随着中国市场经济的放开，农业由于自身的局限性，在市场竞争中的不利地位开始显著，农民的农业收入低、增收难，极大地打击了农民的生产积极性。到 21 世纪初，党和政府开始逐步实施工业反哺农业政策，提出和实施了许多支农惠农政策，尽管这些政策在保障农民增收、刺激农业生产方面起到了一定的积极作用，但是不能从根本上解决农业发展的问题。因此，在绿色发展理念下进行农业供给侧结构性改革，必须把农业推回市场，以市场的竞争性来促使中国农业综合实力的真正提高。

## 第三节　以绿色发展理念引领农业供给侧结构性改革的重点

重点是指一个复杂事物中多个矛盾中的主要矛盾，一个矛盾中的主要方面。抓住重点，对于有效地展开实践活动具有重要意义。而农业供给侧结构性改革本就是一个复杂事物，具有层次多、方面广、系统性等特点，为了保障改革顺利进行，必须把握重点，有主有次地逐步推进。因此，在绿色发展理念视域下，本节提出中国农业供给侧结构性改革的重点，即农业科技创新、农业管理创新和体制机制创新。其中，农业科技创新和农业管理创新对体制机制创新具有诱致性，体制机制创新对农业科技创新和农业管理创新也具有积极的作用。

### 一、农业科技创新

首先从国际上来说，世界农业已经进入到了新的农业技术革命时代，在国际市场深度融合的背景下，各国纷纷采用先进的农业技术，培育优质高效的幼种、良苗，提升农业生产效率，降低农业生产成本，从而提升本国农业竞争实力，争取国际市场份额。尤其是对于发达国家而言，它们依靠雄厚的经济实力，起步早发展快，已经在农业科技上优先于发展中国家。其次，从我国的国情来讲，中国人多地少，山地多平原少，农业自然禀赋不占优势，长期粗放型的农业生产使得中国农产品的国际竞争力薄弱。因此，在绿色发展理念下推进中国农业供给侧结构性改革，重点之一就在于科技创新。科技是第一生产力，是推动生产关系变革，推动上层建筑变革的根本力量，不仅是现阶段中国农业供给侧结构性改革的重点，更是实现中国农业现代化的重点，正如 2013 年 11 月 28 日，习近平在山东省农业科学院召开的座谈会上所讲，"农业出路在现代化，农业现代化关键在科技进步"①。农业科技创新主要包括农业良种创新、农业机械创新、农业基础设施创新等，创新离不开人才，应尤其注重对农业科技人才的培养，利用发展中国家的后发优势，积极赶超国际先进农业技术水平。

## 二、农业管理创新

历来中国农业管理的创新都为中国农业发展注入了巨大的活力。从 1978 年安徽凤阳县小岗村村民施行的"大包干"，到随后推广至全国的以家庭承包经营为基础、统分结合的双层体制，再到现阶段实施的农村土地"三权"分置模式，都极大地解放和发展了农村生产力，为中国农业农村的发展提供了强大的动力。农业管理创新也是符合绿色发展的内在要求的，合理的农业管理模式将极大地提高农业生产效率，提高资源利用率，达到节约资源、保护环境的目的。因此，在绿色发展理念下推进中国农业供给侧结构性改革必须以实现农业管理创新为其中一个重点。农业管理的范围很广，涉及农业生产经营的各个方面，大致可以分为农业生产管理、加工管理、销售管理与利益分配管理等。农业管理创新就是对农业各个方面的管理方式、管理内容等进行创新，最终实现农业管理创新对农业生产力的解放与发展，提高农业经济效益。农业管理创新在一定程度上还依赖于农业技术创新，因此，要大力发展现代农业科技，发挥农业科技对农业管理创新的诱导作用。

## 三、体制机制创新

马克思曾用大量的篇幅论证了"生产力决定生产关系，经济基础决定上层建筑，而上层建筑对经济基础具有反作用"这一观点。因此，合理的体制机制对生产力、生产关系的发展具有极大的促进作用，也将有利于提高资源利用率和生产效率，从而实现节约资源、保护环境的目的。因此，在绿色发展理念下，推进中国农业供给侧结构性改革的重点之一就是农业体制机制创新。农业体制机制从本质上来说，就是将农业生产管理的规章制度与运营方式用明文规定的方式确立下来，并借以国家权力保障其实施运转，具有强制性，是农业经济调控较深层次的手段。农业体制机制包括很多方面，大致可以分为农业生产体制机制、农业管理体制机制、农业销售体制机制、利益分配体制机制等。以绿色发展理念推进中国农业供给侧结构性改革，重中之重就是农业体制机制绿色创新，如建立农业绿色

---

① 《习近平：手中有粮，心中不慌》，http://politics.people.com.cn/n/2013/1128/c70731-23688867.html[2022-01-27]。

科技创新激励制度、转换制度、考评制度，促进绿色农业科技发展；建立绿色的国土规划利用制度，明确农业主体功能区，完善农业空间布局；建立反映资源稀缺性、不可再生性的农业要素价格调整机制，明确生态资源的归属关系与权责关系，创新农业生态转移支付与生态补偿机制等。

# 第四节　以绿色发展理念引领农业供给侧结构性改革的目标

目标是对活动预期结果的主观设想，是在头脑中形成的一种主观意识形态，也是活动的预期目的，为活动指明方向，具有维系组织各个方面关系，构成系统组织方向核心的作用。因此，绿色发展理念下中国农业供给侧结构性改革要想实现精准发力，靶向准确，避免走弯路，走错路，就必须具有明确的目标导向。因而本节提出了中国农业供给侧结构性改革的目标，即保障有效供给、实现农业增效、促进农民增收、促进农村增绿，四者之间相互联系、相互促进、循环贯通、相互制约，其中保障有效供给是直接目标，后三者为间接目标。

## 一、保障有效供给

在绿色发展理念下中国的农业供给侧结构性改革，必须实现供给的有效化，只有农业供给有效、产品适销对路，资源的有效配置才算实现，前期投入的生产资料才没有浪费，农民的经济利益才得以保障。但如果不能保障有效供给，不仅前期投入的生产资料成本难以回收，消费者的有效需求不能得到满足，而且那些不被市场需要的农产品也会因时间作用，不断变质腐烂、滋生蚊蝇，处理这些变质的农产品垃圾也会对生态环境造成负担。因此，绿色发展理念下农业供给侧结构性改革的首要目标就是实现农产品的有效供给。在中国的农业现状下，保障农产品的有效供给，必须实现大农业下粮经饲协同发展，调低三大主要粮食的产量，增加草饲料的种植面积，协同发展多种经济作物，不仅要做到数量平衡，更重要的是在大众消费升级情况下，做到农产品质量的提高，保障优质、绿色、多样的农产品供给。同时，随着农业的文化、康养、观光、旅游等多重经济价值被不断挖掘，大众对农业第三产业等新型农业业态的市场反应良好，应该积极发展农业第三产业，保障这类农产品的供给，促进中国农业发展模式特色化、多样化，保障市场各类需求得到有效满足。

## 二、实现农业增效

　　绿色发展理念下中国农业供给侧结构性改革必须实现农业增效，这不仅是面对国际市场日渐激烈的竞争下的必然选择，中国农业现代化的必然要求，也是保障农民增收的前提。农业增效是指，在单位投入没有改变的情况下，依靠农业科技进步、农业生产组织的合理化等手段，实现农业生产效率的提高、农业的内涵式增长。农业增效，是中国从传统农业向低投入、高产出的现代农业转变的必然要求。在这个过程中，农业生产力变革是农业飞跃式发展的基础，生产力的发展必然会促进农业生产关系的变革，促进新型的农业生产体系、经营体系的发展，经济基础的变革会随之促使上层建筑的变革，破除体制机制、法律法规对农业发展的掣肘，最终使农业由传统的、落后的日益转变为先进的、高效的。因此，农业生产力的发展是基础，而生产力发展的关键在于科技进步，首先要给农业插上科技的翅膀，坚持以科技创新为引领，推动现有技术手段与农业的集成创新。同时，推动新型农业生产关系形成，积极培育新型农业经营主体，促进一批高素质"新农人"的发展，加大对农业科技人员的培育的投入，注重延长农业产业链，积极创建农耕文化展、创意农业、教育农业等农业体验式服务业，增加农业附加值，实现农业增效。

## 三、保障农民增收

　　农民是农业发展的主要参与者、建设者、贡献者，是中国农业发展最广大的力量，居于主体地位。新中国成立以来，农业农村农民对新中国的建设发展贡献了极大的力量，尤其是新中国成立初期，为中国城市工业的发展，提供了大量的人力、物力、财力支撑。如今，在绿色发展理念下推进中国农业供给侧结构性改革，必须实现保障农民增收的目标，这不仅有利于工业反哺农业政策的继续实施，也是保障中国农业长效发展的关键，同时也体现了绿色发展下对人的关照的本质要求。目前在中国，从农民的收入分类来看，主要包括工资性收入、家庭经营性收入、财产性收入以及转移性收入四个部分；从农业增收机制来看，主要包括市场型增收机制、计划型增收机制、长效增收机制，短期增收机制等。习近平指出："增加农民收入，要构建长效政策机制，通过发展农村经济、组织农民外出务工经商、增加农民财产性收入等多种途径，不断缩小城乡居民收入差距，让广大农民尽快富裕起来。"①对此，应建立多种风险共担机制，维护农民主体的正当权益，保障农民的工资性收入，增加家庭经营性收入，拥有更多的财产性收入，提高转移性收入，构建符合中国国情的科学农业支持体系，真正让农民分享农业供给侧结构性改革带来的收益，给农民带来实实在在的好处。

## 四、促进农村增绿

以绿色发展理念引领中国农业供给侧结构性改革，必须实现农村增绿的目标，这不仅能引导农业生产的绿色化，提升农产品的品质，满足消费者对绿色农产品的需求，还能利用生态宜居的自然环境大力发展农业第三产业，满足市场对农业服务业产品的需求，将生态价值转变为经济价值。农村增绿能有效地解决中国农业供给侧存在的问题，是中国农业供给侧结构性改革的必然要求，因此，要实现农村增绿，推进农村人居环境治理和美丽宜居乡村建设。农业部印发的《农业资源与生态环境保护工程规划（2016—2020年）》指出："通过5年努力，实现农业资源永续利用水平明显提升，农业环境突出问题治理取得积极进展，农业生态功能得到改善恢复，农业绿色化发展取得重要进展。"同时，实现人居环境综合治理有效，统筹各部门的项目、资金、技术等资源，形成合力，将生态价值转变为经济价值，从而增加绿色发展的原生动力。

---

① 《金秋迎丰收　习近平这些话说进农民群众心坎里》，http://politics.people.com.cn/n1/2018/0922/c1001-3030
9209.html[2022-01-25]。

# 第八章　以绿色发展理念引领农业
# 供给侧结构性改革的路径选择

发挥绿色发展理念的引领作用，针对中国农业供给侧存在的主要问题，遵循绿色发展理念下中国农业供给侧结构性改革的理论思路，本章提出了绿色发展理念下中国农业供给侧结构性改革的具体路径，分别是积极培育各农业主体的绿色发展观、积极调整农业产品产业结构、大力提高农业生产效率、着力推行农业绿色生产方式、加快推进农业体制机制改革五个方面。

## 第一节　积极培育各农业主体的绿色发展观

### 一、积极培育企业绿色发展观

一是加强企业绿色发展意识建设。姚莉萍（2018）在探究各维度绿色创业环境对农业龙头企业绿色创业行为的影响后指出，政策支持、环境规制、利益相关者压力及企业环境意识都对农业龙头企业绿色创业行为有显著的正向影响。因此，在树立企业环保意识时，要侧重于政府政策的引导，对绿色发展企业予以财政、税收上的支持，对于绿色践行效果良好的企业予以贷款支持。

二是加大对企业环保意识的文化建设。把环保意识纳入企业文化，企业决策领导人应具有环保意识，明确在现如今大众消费升级的趋势下，绿色安全高质的农产品才能最终赢得市场，企业的绿色转型是必然趋势。

三是定期开展多种环保宣传活动，加大对企业员工的绿色发展意识的教育。从法律层面，加强法务工作者对《中华人民共和国环境保护法》等相关法律的宣传力度，提升相关法律法规在企业的普及，使企业知法、懂法、守法，明确国家对违规排污排气的企业严惩不贷的态度。在绿色技术方面，设立专门开发绿色生产技术、废污处理技术的职能部门。企业应积极承担社会责任，加强企业对初级农产品生产者的引导，加强农户对清洁生产技术以及操作规范的学习，提高农民对农药化肥的施用鉴别能力，杜绝使用高毒、高污染的农业投入品。

## 二、积极培育农民绿色发展观

加强农民的绿色发展观培育，从政策引导、文化建设、学习教育、法律层面等方面构建农民绿色发展观培育模式。

一是在政策引导上，制定农业绿色生产奖惩制度，对于节水大户、清洁生产大户予以生产补贴，对于超标施用农药化肥、过量使用水资源的农户予以环境税的梯度征收，把农业安全检测的数据纳入主体诚信经营信息网络，作为农业补贴、惠农政策享受资格的考察依据。在经济利益诱导下，建立与绿色农产品加工企业的联动机制，对于绿色初级农产品生产者，予以优先与企业签订收购合同的优惠，提升农产品的收购价格。

二是在文化建设上，开展"有形、隐形"等多种形式的宣传工作，如通过歌舞、电影、宣传片、绘画、广告等宣传，树立农村农业清洁生产新风尚。

三是在学习教育上，开展多种教育形式，如课程、讲座、座谈会、公益讲堂等，加强农户对清洁生产技术以及操作规范的学习，增强农民对高毒、高污农业投入品的识别程度，宣传推广绿色环保新型农药代替品，传播立体农业生产技术，普及农业资源循环再利用技术教程。

四是在法律层面上，加强法律法规的宣传学习，让农民懂法、信法、依法，守住农业绿色生产的法律底线。

## 三、积极培育政府绿色发展观

一是政府在推进中国农业供给侧结构性改革以及农业绿色化转型中扮演重要角色，因此政府的绿色发展观必须落实，这个落实一是指政府工作人员真正将绿色发展理念学懂、弄通，而不是停留在文件中、口号里、标语上，要全面、系统地学习绿色发展观，既要抓住学习重点，也要注意拓展学习领域，既向书本学习，也向实践学习，既向群众学习，也向专家学习，既总结学习国内经验，也学习国外先进经验，从而全面、系统、富有探索精神地树立绿色发展理念。

二是指将绿色发展理念坐实，并在实践中总结和发展绿色发展理念。首先从制度上改变 GDP 考核的经济导向性，将环境保护成效、资源利用率、污水排放率、环境综合整治成效等环保项目综合纳入公职人员的考核范围。其次落实农业绿色发展的相关政策，从法律法规、体制机制、农业补贴、品牌计划等方面形成合力，推动农业供给侧结构性改革，同时向绿色农业转型。

三是强化政府公信力，充分利用微信、微博、自媒体等快捷高效的新媒体平台，构建真实的行业信息传导模式，既严厉打击、曝光某些企业的关于食品安全违法犯罪的行为，也大力打击诬告、诽谤、传谣等误导公众的行为，重建中国公众对农产品质量安全的信心。

# 第二节　积极调整农业产品产业结构

## 一、调整农业产品结构

一是优化种植业产品结构。针对人们饮食结构的转变以及畜禽业的发展，树立大农业观，把维护"粮食安全"转变为维护"食品安全"，将粮食安全建立在更加广泛、全面、科学的食品安全上，促进粮经饲三元协调发展。面对目前水稻、小麦、玉米三大主要粮食过剩情况，尽快消耗已有库存，在未来种植规划上，适当减少三大主要粮食的种植面积，规划好未来的三大作物的生产比例以及区域布局，稳住东北、华北作为中国粮仓的主位优势，开展高标准农田建设，对于华北部分水资源匮乏地区，地下水开采超标地区，减少小麦种植面积，改种棉花、油葵、马铃薯等耐旱作物。在动物饲料方面，在农牧结合区域，推进饲料、粮食作物的轮种和饲养循环模式，在华北等地下水严重超采地区，进行粮转饲、粮转经，尤其是改种耐旱类饲料作物。在华南地区，推行"水稻+饲料""水稻+蔬菜""水稻+花卉"等轮作模式。在经济作物方面，针对消费升级下对瓜果蔬菜的新鲜、绿色程度的要求，全国均衡并积极发展城乡接合部的区位优势，因地制宜发展本土蔬菜瓜果。着眼全国范围来说，稳定新疆棉区，大力发展盐碱地、干旱期种植技术，提高机械化采棉技术；加强长江中下游油菜区位优势，开发围湖、沿江水域的双低油菜种植技术；发展桂中南、滇西南地区的蔗糖种植优势；在北方水资源与农业资源错配地区扩大花生、玉米、大豆等耐旱作物种植面积。

二是增加农业服务业产品供给。建立以农业文化底蕴为基础、以现代商业模式为机制、以政府扶持为保障的农业向第三产业的延伸发展机制，运用"生态+""旅游+"等模式，积极将农林业与旅游、文化、康养等产业深度融合（刘灿和刘明辉，2017），开展乡村休闲旅游、农耕文化体验、城郊农家乐等商业活动，积极挖掘地区农业特色、农业文化，如蚕桑文化、白酒文化、茶文化、酒文化，开展具有吸引力的农业文化节，建立农耕文化博物馆和农业文化展览主题街，开发特色农业手工艺和民俗工艺品，结合产业融合旅游产品的体验性以及参与性特征，提升市场旅游消费者兴趣。

三是做好绿色农业产业宣传营销。打造具有影响力的农业文化产业集群，开展多种形式的文化传播活动，积极利用微博、微信、自媒体等新型传播平台。建立政府扶持机制，对于地方特色产业予以财政、税收上的支持，突出地方农产品的特色，突出政府官方宣传对市场宣传的强化作用，增强政府对人才引进的重视程度，吸纳专业的文化产业研发、管理人才。

## 二、提高产品供给质量

一是大力提升初级农产品源头供给质量。提升农产品的供给质量要从源头做起，建立绿色生产的标准化生产基地，对农产品产地环境进行检测，优化市级农业标准化生产基地环境。通过整合农业生产者进入农业生产链，形成具有集成实力的新型经营主体，大力发挥家庭农场大户、农民专业合作社、农业龙头企业等实力较强的主体的带动作用，提升农业主体的专业化、组织化，从而推进农业生产的智能化、节能化。利用现代计算机设备对农业生产的全过程进行档案记录，将农产品生产技术操作规程进一步修订完善，包括良种选择、播种过程、病虫防御、药肥喷洒、节水灌溉、采后处理等过程，形成可溯源、可管理的农产品供给模式。按标准组织生产和订单收购，注重标准的系列化、配套化。在养殖业方面，提升生鲜肉类的供给质量，从配种、幼崽到饲养再到宰杀建立严格的溯源制度，建立标准化养殖场，定期检查养殖状况，保障生鲜肉类的抗生药物、疫苗的使用安全适量，建立生态养殖模式，从生长环境到饮食运动，保障生鲜肉类的健康有机，不能为了追求利润，而人为地过快催熟，缩短生鲜肉类的生长周期，保障优质肉类的有效供应。

二是大力提高农副产品加工生产质量。对于食品加工企业，依托新型农业经营主体，建立绿色生态标准化加工基地，大力推进农副食品的标准化生产，鼓励精品加工、深度加工，减少初级农产品的浪费，积极创新农产品加工、保鲜技术，着力减少食品防腐剂和添加剂的使用，保障食品的绿色健康，形成行业示范效应，创建一批品牌农产品。

三是建立"龙头+基地+农户"的发展模式，促进农资供应、科研投入、农产品加工、销售质保为体系的农产品一体化发展，使各项指标达到国家无公害农产品相关标准。注重对消费者消费倾向的引导，避免过度追求农产品外观，取消过度包装，把关注点真正落实到产品质量上。企业要注重品牌建设，在农产品质量提升的同时，把好品质宣传出去，注重区域同类优质产品的融合发展，提高综合效益，打出具有地区特色和优势的地方品牌，避免行业恶性竞争，有差别化地推出优质产品。企业作为农业发展的龙头，应该积极发挥其资金、人力等优势，积极担当农业文化宣传发展的领头兵，挖掘农业文化，积极开展农业主题活动，如农业节、创意农艺展等，提升品牌效益。

## 三、优化农业区域布局

一是合理优化种植业区域布局。在东北区，积极推进黑龙江等垦区大型商品粮基地与优质奶源基地建设，减少高纬度区玉米、三江平原地区水稻种植规模，增加食用大豆、草饲料种植面积，适度增加生猪、奶牛、牛肉的养殖规模。在华北区域，适度减小地下水超采区域的小麦种植面积，推广低耗水果蔬菜、杂粮等特色农业的轮种模式。在长江中下游区域，稳步提升水稻的生产能力，发展长江流域"双低"（低芥酸、低硫甙）油菜生产，推进高效园艺产业发展，在重金属污染区进行休耕轮种，适度开发草山草坡资源，发展草食畜牧业，大力发展名优水产品生产。在华南区域，稳定水稻面积，扩大南菜北运基地和热带作物产业规模，巩固海南、广东天然橡胶生产能力，稳定广西糖料蔗产能。在西北区，减少小麦种植面积，增加马铃薯、饲用玉米、牧草、小杂粮种植，扩建甘肃玉米良种繁育基地，稳定新疆优质棉花产量，稳步发展设施蔬菜和特色园艺。在北方农牧交错区，严守生态保护红线，加强草原保护建设，推进农牧业发展与生态环境深度融合，以农林复合、农牧结合发展粮草兼顾型农业和草食畜牧业；调减籽粒玉米种植面积，扩大青贮玉米和优质牧草生产规模，保障奶牛和肉牛肉羊的饲料供给。在西南地区，稳定水稻面积，扩大马铃薯种植，大力发展特色园艺产业，巩固云南天然橡胶和糖料蔗生产能力。

二是合理优化养殖业区域布局。充分利用地区产业优势，调低产能薄弱区、生态脆弱区的养殖业的生产布局。从产业布局上，调减南方水网地区和京津沪等大城市周边养殖业规模，发展东北、黄淮海和农牧交错带，同时优化黄淮海区内布局。对生猪、家禽、肉牛、肉羊等圈养程度高的家禽类，将黄淮海和西南地区作为重点发展区布局，京津沪和南方水网地区设为约束发展区，东北区设定为潜力增长区，西北区设定为适度发展区；同时，对奶牛、山羊、山鸡、鸽、兔等野生草食程度高的家禽，保护发展北方牧区，巩固发展中原产区，稳步提高东北产区，优化发展西部产区，积极发展南方产区，促进家禽肉类的生产与资源环境和市场协调发展，逐步提高家禽肉类的供给品质；对于生鲜鱼类，保护性发展南方水网地区的自然产能，减少水污染与过度捕捞，发展海洋渔业，以科技支撑建立高效冷链技术。养殖业总体布局的基本思路是以现代科技为先导，加强新型农产品研发和基地建设，创新农产品加工生产模式和经营模式；积极发展农副产品的深精加工，提高农业资源综合利用率；完善农产品加工的行业标准，提升产品质量。

三是加强种养结合平衡布局。加强饲料种植区域再平衡，强调畜区、牧带、渔场与粮食带的融合、循环发展，发展北方牧区牛、羊肉养殖，积极开拓中部和中东部农牧交错区，优化发展西部羊肉产区，巩固内蒙古和华北奶牛产区产能，积极开发南方冬闲田、丘陵草区、山区养殖奶牛，加大粮转饲种植业的发展，加强与东三省种植结构的区域布局再平衡。就全国范围内来说，在城乡接合部发展鸡、鸭、鹅等家禽养殖，在黄淮海和西南地区重点布局生猪生产，进行粮转饲的种植结构调整。巩固和发展中原产区的草食肉牛养殖，稳步提升东北牛肉产区，积极发展西部牛肉产区，增加草场、牧场，实施退耕还林、还草，科学安排草场停牧、休牧。巩固长江中下游渔业发展区，发展城乡接合部的鱼塘养殖。以农业生产为畜牧、渔业提供饲料，畜牧、渔业为农业提供有机肥料，积极开发高效、优质的立体养殖业发展模式，因地制宜地实施休养生息工程，设计与养殖资源禀赋相匹配、与生态承载能力相适应的区域规划蓝图。

# 第三节　大力提高农业生产效率

## 一、积极推进农业科技创新

农业科技创新将极大地提升农业生产效率，节约农业资源，应积极推进农业科技创新。

一是加强对农业科技创新的投入。政府要充分意识到农业科技创新的重要性，增加其所占的财政支出比例，同时建立企业农业科研创新激励机制，积极引导各类民间资本投入农业科研。发挥政府的统筹协调作用，优化农业资金的使用。建立培养、引进、激励、保障等完善的人才培养机制，吸引社会资本投资农业科技，尤其是发挥农业企业的主观能动性，及时把握市场需求，以市场需求为主导推动产学研用一体化，将科研优势转化为企业竞争优势。

二是加强国际合作。在此过程中尤其是要向农业强国学习，将国外农业科技成果创新性地运用到中国具体实际，充分运用"一带一路"倡议所提供的对外交往平台，加强中国与"一带一路"沿线国家在农业方面的经验交流，努力打造农业大众创新的新风尚。

三是重视农业资源循环利用技术创新。发展动物粪便堆沤发酵制造农家肥技术、农作物废料秸秆粉碎混土技术，循环利用畜禽粪便、农作物秸秆，提高农家肥肥效水平，研发新型低毒高效的化肥农药等农业投入品，取代高污农药、化肥的施用，开发农田的精准施肥技术，继续研发太阳能杀虫灯技术。对于农膜滞留土壤不易降解造成土壤污染的问题，推广循环多次使用的后薄膜技术。推广水肥一体化技术，开发滴灌、间灌的节水技术，开发农业污水处理技术，建立污水循环利用系统，对农业废水进行循环再利用。

## 二、提高主要农业生产要素效率

一是提高资本要素的下乡力度。在市场机制下，必须建立以乡村振兴为顶层设计的资本要素引进机制，发挥财政资本下乡的示范作用，率先采用公共财政直接投资、税收优惠、财政补贴和政府采购等方式。对于农业周期较长、收益较慢的境况，适当放宽农业信贷期限和放款额度。积极鼓励社会资本对农村资源进行资本化改造，探索农村土地要素、住宅要素融资、贷款模式，增加农村金融服务的覆盖率，提升农村金融信贷的服务效率。

二是提高土地生产效率。推进土地"三权"分置，针对如今农村劳动力外流、农村土地闲置的问题，鼓励闲置土地经营权的流转，或者集体经济组织通过租赁、入股等方式进行收回利用，提高土地的利用效率。同时，研发针对滩涂地、板结地、盐碱地、肥力差土地的利用技术，进行土地改良、整顿与修缮，提高农用土地质量；借助大棚的空间隔离优势，控制农作物所需的温度与光照，防止病虫害扩散传播，提高土地的单位产出率，增加土壤的单位产出量。

三是在提高劳动力要素效率方面，实施农业科研杰出人才培养计划。构建协同创新机制，强化农业科研骨干队伍建设，积极建立大学生返乡创业的畅销机制，在金融服务、税收政策、财政政策上予以支持与帮扶，让科研人员合法合规分享成果权益。鼓励各地将扶持政策与高素质农业生产经营者衔接起来，完善地方基层组织的治理机制，不仅把人才吸引回来，还要留得住、有作为，能切实促进农业和农村经济的发展。

四是在提高要素创新方面，包括科学技术的创新、管理方式的创新、体制机制的创新，建立政府、企业、研发机构三位一体的创新体系。既要积极学习国外的先进生产技术，也要融合本国的具体实际，发挥创新对单个要素以及要素组合效率提升的作用。

### 三、大力发展农业生产性服务业

培育新型农业生产性社会服务主体，根据"政府引导、企业带动、农户参与"的原则，探索建立农技指导、农机作业、统防统治、集中育秧、加工储存、信用评价、保险推广、产品营销等服务于一体的综合性农业生产性社会服务主体，促进农业生产的整合和分工，把小规模的农业生产整合为集中生产，农业生产环节由不同的服务主体担任，加强农业分工与协作，跨越小农经济下的分散生产对提升效率的阻碍。

一是发挥龙头企业的带头作用。龙头企业具有较强的市场反应能力、资金实力、加工技术，以及与个体小生产农户的合作紧密的优势，在从事食品加工的同时也可兼做农业生产性专业化服务，如农业器械的外租，承包农业生产环节形成示范效应。

二是发挥农村合作社作用。发展农业生产性服务组织，鼓励农民以土地、林权、资金、劳动、技术、产品为纽带，开展多种形式的合作与联合，依法组建农民专业合作社联合社，提供多种生产性服务，增加农民收入。

三是推动服务主体联合融合发展。鼓励各类服务组织联合合作，围绕某类产品或产业的生产，以资金、技术、服务等要素为纽带，积极发展服务联盟或服务联合体形式，建立紧密的利益链接和分享机制，以农业生产性服务联合促进农业三产融合发展，同时加强人才建设，鼓励各类高职院校、科研机构与各类服务主体深度合作，加强保险、银行、邮政等相关机构的深度合作。

## 第四节 着力推行农业绿色生产方式

### 一、大力发展农业清洁生产

一是促进农业投入品生产部门对高效、低毒、低污染的新型农业投入品的研发，尤其是新型肥料、农药，以及可降解或再利用的新型农膜。推进加厚地膜使用，落实"以旧换新"补贴政策，建立完善的回收利用体系，推进机械化捡拾（韩长赋，2017）。

二是针对农业用水低效浪费，建立包括渠道防渗、管道输水、喷灌、微灌、短窄畦灌、细流沟灌等节水灌溉技术是农业节水的关键。同时，建立和完善水权市场并进行水价改革，强化包括税收、投资和产业引导在内的利益补偿机制，平衡农业供水机构和用水户之间的利益。积极培育优质良种，增强农作物抗病虫害能力，实现农产品单位面积增产，减少农业投入品的使用。

三是针对中国体量庞大的畜禽粪污以及宰杀污水，进行收集、储存、运输、处理，开发以畜禽粪污为原料的"有机肥"生产技术，建立梯度排放标准以及监控机制。

四是针对东北地区的玉米秸秆进行机械化还田，或者饲料化、基料化、能源化处理，如食用菌生产、秸秆发电、秸秆覆盖技术。推广秸秆覆盖与免耕播种技术的应用，对秸秆进行粉碎并覆盖于耕地表面，结合免播种技术，利用免耕播种机在秸秆覆盖的情况下完成播种，加强开沟、施肥、覆盖等一系列农耕技艺的使用。

五是针对已经形成的地下水漏斗区、重金属污染区、生态严重退化地区开展轮作、休耕、退耕、替代种植等多种方式的综合治理。

## 二、着力实施农业节水工程

推行农业清洁生产，必须大力发展农用节水工程。

一是完善节水政策支持体系，形成节水激励倒逼机制，不断加大财政对农业节水的支持力度，推进农业用水水价改革，分区域、分品种对农业用水量进行估计，推广动态调控的农业水资源价格机制，建立反映农业水资源稀缺程度以及市场供求的价格水准，推行灌溉用水总量控制和定额管理，加强计量设施建设和信息化手段应用，有差别地进行梯度计价，强化用水效率约束和监督考核。

二是大力发展农业节水灌溉技术，加强农业节水基础研究以及技术和装备研发、创新、集成与推广。

三是完善节水工程体系。加快灌排骨干工程续建配套与节水改造步伐，开展灌区现代化改造，加强小型农田水利工程建设。在高效节水灌溉工程基础上，高效节水灌溉集成了农艺、农机、种子、化肥、信息技术等多项技术，从单一的灌溉技术模式转变为农业综合集成技术模式，功能从单向的灌溉供水转变为水、肥、药的综合供给平台。膜下滴灌技术在西北、东北得到广泛应用，实现了机械化覆膜、播种、铺管和水肥一体化，部分项目区实现了自动化控制。

四是积极探索民办公助、以奖代补、先建后补等建设方式，培育和发展具有节水意识，善于使用农业节水技术的新型农业经营主体，建立明确的节水农业权责制度，保障节水管护制度的管理规范、运行高效。

### 三、推进区域农业生态工程专项整治

在全国不同的区域，根据地方农业生态问题的差异性，采取有重点有区别的整治对策，加快生态工程建设。在东北黑土退化区，积极利用生物有机肥，普及动物粪便、秸秆堆沤技术，建立有机肥工厂；改进耕种制度，采取深耕松土技术，推进耕地轮作休耕。在南方重金属污染区，治理成本高、难度大，治理手段有限，重点在于加强重金属污染源头防治，在不改变耕地性质基础上，优先种植生物量高、吸收积累作用强的作物。在京津冀地下水超采区，严格执行水资源管理制度，进行水费改革，推进水费的梯度计价，积极推广滴灌、喷灌和水肥一体化等高效节水灌溉技术。在西南石漠化区，推进封山育林育草，采用人工种植或者自然恢复的方法恢复植被，适当发展草食畜牧业，推进草原生态治理区建设。在北方农牧交错带，积极调整农业结构，减少粮食种植面积，增加饲料种植面积，实施青贮玉米、人工饲草的轮种轮作，做强草食畜牧业。在西北干旱区，积极发展旱作节水农业和雨养农业，调减高耗水作物种植面积，推广保护性耕作技术、旱作节水技术，推广粮改饲和种养结合模式，促进草食畜牧业提质增效。

## 第五节　加快推进农业体制机制改革

### 一、加快农业补贴制度改革

面对中国农产品市场价格扭曲、市场价格受到国际农产品价格"天花板"的挤压、国际竞争力不足的问题，中国必须建立新型的农业补贴制度，实现农产品的价补分离。

一是正确界定政府的公共职能，明确市场对构建农产品价格的决定作用，把扶持重点放在提升农业实力的根基上。针对不同主体，采用不同的政策予以扶持，将对农户的直接补贴改为以奖代补、政府购买服务、定向委托等方式，增强补贴政策的针对性和实效性，减少对市场价格的干预。

二是加强农业企业订货生产和成本核算，促进企业对农业生产的引导，合理定价；打破垄断，深化关系国计民生的重点领域价格改革。地方物价管理部门要根据自身农业生产实际，理清思路、积极探索，对不同的农产品生产采取不同的政策，建立价格"绿箱"政策，有效推动价格管理体制的改革工作。

三是发展商业性的农产品价格保险，引导建立安全高效的农村金融体系，发

挥金融资本的杠杆作用，引导金融机构探索农村金融服务的新模式，创新金融产品。对于农业周期较长、收益较慢的境况，适当放宽农业信贷期限和放款额度，建立市场与政府相协调的价格保险机制，构建"保险公司+财政补贴"的风险管理模式。考虑到目前农产品期货、期权市场尚不成熟，应该着力提升期货交易对冲远期合同中的风险管控能力，同时也应该对龙头企业主导下的订单合同成本予以降低，提高其独立风险管理能力。强化开发性金融、政策性金融对农业发展和农村基础设施建设的支持，稳步推进农民合作社内部信用合作。

## 二、推进农村土地制度改革

加快推进农村土地"三权"分置的制度改革。中国的农村"三权"分置是中国小农经济下，实现农业规模化生产、提高农业生产效率、减少土地资源闲置、提高农民财产性收入的重要手段，是解放和发展如今农村生产力的重要措施，必须稳步推进下去。

一是落实土地"三权"分置流转办法。尽快推进农村承包地确权登记颁证，从小范围试点扩大到整省范围试点。在严格实施耕地保护制度、划定农用土地红线、尊重农民主体地位基础上规范流转合同的签订，加强基层政府、组织的引导服务工作。

二是尽快修订《中华人民共和国农村土地承包法》。中国的农地"三权"分置改革涉及的主体众多，从农地转移、生产经营，再到利益分配的经济周期长且环节多，完善的法律制度是农地操作规范的重要保障，要从法律上明确所有权、承包权、经营权的权责范围，对于侵犯他人利益的行为确定惩治力度。

三是注重土地流转中的农民利益保护。建立多种途径的农民利益表达机制、利益共享机制、利益调控机制，健全农村土地流转的市场体系，保障农民的切身利益，使农村土地制度改革得以有序推进。

## 三、完善绿色农业监控机制

一是在充分调查市场平均技术水平、操作流程之后，对农业生产加工所产生的废水废料的排放标准进行制定，细化处罚措施，提高惩治的针对性，完善生态保护法律法规制定，加大违法乱纪行为惩治力度，其力度甚至可以向欧美等发达国家看齐，增加农户的违规成本。

二是加大政府对农业监控体制机制的完善，充分考虑产地环境、农产品品种类别、生产周期、产业链条、生产开放度等综合评估因素，建立合理的农业主体功能与空间布局制度，建立农产品定期检测、动态调控的生产力布局机制，建立反映农业资源稀缺程度以及市场供求的生产力布局，完善农业资源环境管控制度，实施最严格的耕地保护制度，全面落实永久基本农田特殊保护政策。

三是建立农业清洁生产制度。建立农业投入品电子追溯制度，严格规范农业投入品生产和使用管理，加强农业安全检测。法律法规作用要落实落细，重要的是对农业主体的生产经营行为进行有效的监控，如对化肥、农药的使用情况进行监测，对土壤、大气、水质等跟踪检测，以及对农产品加工企业的排污废渣，采取定时不定时、随机抽检等措施，对监控结果进行备案登记，并纳入主体诚信经营信息网络，作为农业补贴，惠农政策享受资格的考察依据。对市场上销售的农药、生产企业用药等情况进行多次抽检、送检和检查，确保农业用药安全，开展肥料专项治理行动（麻耀君，2018）。

# 第九章 以绿色发展理念引领农业供给侧结构性改革的保障措施

在绿色发展理念下推进中国农业供给侧结构性改革，目的在于促进中国农业绿色化、现代化，促进农业经济持续发展。为了实现这个目的，除了从调整供给结构、生产结构等直接经济层面着手，还需要一些必要的保障措施，如巩固和完善农村基本经营制度；加强农业基础设施建设；开展农村人居环境治理和美丽乡村建设；培育新型农业经营主体；培养懂农业、爱农村、爱农民的"三农"工作队伍等。做好这些工作就能够保障绿色发展理念下的中国农业供给侧结构性改革不触底线、走对方向、改出效果，促进农业绿色可持续发展。

## 第一节 巩固和完善农村基本经营制度

土地作为农业供给侧的要素，土地的经营使用方式在很大程度上决定了农业的生产经营方式，进而决定了农产品的供给结构，因此土地的经营使用方式对于农业来说十分重要，而中国土地的经营使用方式又是由农村基本经营制度所决定的。中国的农村基本经营制度是以家庭承包经营为基础、统分结合的双层经营制度，这种制度加上农业社会化服务，能够容纳不同的农业生产力水平，具有广泛的适应性和强大的生命力，对于保障农村稳定和促进农业发展具有重要意义，因此，为了保障绿色发展理念下的农业供给侧结构性改革顺利进行，必须巩固和完善农村基本经营制度。

## 一、稳定土地承包关系，让小农户拥有更多发展的空间

人多地少是中国农业目前面临的主要问题，根据第三次全国农业普查数据，全国小农户数量占到农业经营主体98%以上，小农户从业人员占农业从业人员的90%，小农户经营耕地面积占总耕地面积的70%。党的十九大报告明确提出："第二轮土地承包到期后再延长三十年。"[1]中国经营主体以小农户为主的状况是中国农业发展必须长期面对的现实。另外，随着工业化、城镇化的持续推进，小农户的兼业化、老龄化程度不断加深，中国农业经济主体中较有实力的家庭农场与农业企业在国家政策支持下和市场竞争中不断发展壮大，逐渐使中国小农户处在农业市场经济食物链的最低端，成为风险的承担者和利益的被剥夺者，呈现出强者越强、弱者更弱的趋势，农村家庭经营的基础地位遭到动摇。

为了不让小农户在农业现代化中掉队，应从以下几个方面完善保障措施：首先，给予资金上的支持。在农业政策上，稳定和完善对小农户的良种补贴、农机具补贴、农资综合补贴等各项补贴政策；在信用贷款上，健全小农户信用信息征集和评价体系，探索无抵押、无担保的小农户小额信用信贷，给予小农户更多集资机会。其次，给予技术上的支持。开展多种普惠性的职业能力培训，提高农业从业者的绿色发展意识以及绿色生产能力，使农产品适应市场发展趋势，提升市场竞争力。最后，大力推进保险业向小农户延伸。建立政府、保险公司、农业公司、农户共担的保险机制，尤其是建立覆盖所有小农户的大灾保险以及三大主要粮食完全成本和收入保险，增强小农户对抗风险的能力。由此，使愿意从事农业生产的小农户逐渐发展壮大，成为具有一定抗风险能力且收益可观的家庭农场、专业大户，并逐步向现代化农业迈进。

## 二、完善农村土地"三权"分置机制

20世纪80年代，中国农村实行大包干把土地分下去之后，小农经济逐渐形成。随着工业化、城镇化的持续发展，大城市"极化"效应明显，对人口的吸纳能力增强，大量农民进城务工，中国农村土地出现撂荒的局面，而留守在农村的专业农户大多由于土地有限，仍采用传统小农生产模式。面对土地供需不均衡的现状，农村土地"三权"分置的新型农业土地制度应运而生。"三权"分置是在家庭联产承包责任制基础上的创新与发展，它重申了农村土地集体所有权，长久保

---

[1] 《习近平：决胜全面建成小康社会 夺取新时代中国特色社会主义伟大胜利——在中国共产党第十九次全国代表大会上的报告》，http://www.gov.cn/zhuanti/2017-10/27/content_5234876.htm[2022-01-25]。

留了农民的土地承包权，探索了土地经营权流转的有效实现形式。完善农地"三权"分置机制，要在明确农地承包的主体资格的基础上，对承包权、经营权的权能边界做出明确的划分，并在法律上做出明确的阐释，尤其是对经营权这种在法理上原属于非物权性质的权益，应当积极探索其在贷款、融资、抵押、担保等方面的法律合理性，以此促进经营权获得方更好地从事农业工作。除此之外，在农村基本经营制度"三权"分置的实施过程中，不得违背农民意愿流转土地经营权，不得搞强制土地流转，避免土地等生产资料集中到少数人手中而出现农户既没有土地也没有收入的尴尬。同时，在充分尊重农民意愿的基础上积极探索农民土地承包权的合法退出机制，提高土地的利用率。

## 三、积极发展农村集体经济

农村集体经济在调动农民生产积极性方面有极大的作用。例如，江苏华西村、河南南街村等都通过发展集体经济发家致富，可见集体经济具备发展潜力和存在合理性，因此巩固和完善农村基本经营制度，必须大力发展农村集体经济。首先，必须充分意识到农村事务的繁复多样。各村搞集体经济要面对不同的情况，因此，必须深化村民自治实践，推动乡村治理重心下移，由村民自己管理本村庄的事情，使村民充分参与到集体经济的管理中，同时又必须发挥基层党组织的战斗堡垒作用，村民充分参与不是一盘散沙、各为其政，而是各抒己见、众志成城，拧成一股绳，而这个拧绳者就是基层党组织。其次，深化农村集体产权制度改革。在公正公开的基础上尽快进行核资清产，把集体经济的"家底"摸清楚，加快集体资产监管平台建设，推动集体资产财务管理规范化。同时，领导农民进行股份合作，赋予农民集体资产股份权能，增加农民财产性收入。深化、优化农村集体经济组织法人制度，实现农村集体经济组织法人的设立程序规则的规范化、制度化，为集体经济作为有效主体进入市场经济扫除障碍。

# 第二节　加强农业基础设施建设

加强农业基础设施建设将较大提高农业生产效率，减少资源浪费，增加经济效益。WTO 提出了"绿箱"政策，基础设施存量增加 1%，GDP 也将增长 1%。因此，在绿色发展理念下推进农业供给侧结构性改革，必须加强农业基础设施建设，这将对保障中国农业经济持续增长发挥长效作用。

## 一、因地制宜做好农业基础设施建设规划

农业基础设施建设涉及的项目众多，包括水利水电、交通运输、现代网络设施以及农业教育、科研、技术推广和气象基础设施等。中国国土辽阔，各地农业基础设施需求状况千差万别，因此，地方政府要因地制宜，根据自身状况着力补齐基础设施短板，不可一刀切。但从全国来讲，中国农业基础设施建设完善程度呈现从东部向西部递减的趋势，因此，应重点加强中西部的农业基础设施建设。除此之外，以往中国农业基础设施多向大规模、大众型、普惠性的项目倾斜，如大型水利设施和林业生态项目，对于中小型项目的投资不足。因此，农村基础设施建设要向中小型项目转移，尤其是从人民群众需求最迫切的项目入手，如土地质量建设、农田水利建设、农村民生工程建设，除此之外，当前小农户对社会化服务的基础设施需求有着较为明确的指向，即需要农产品产地初加工设施，如烘干房、储藏室等（孔祥智，2019），应加紧完善这些基础设施，以解决农民最迫切的需求。

## 二、多方协作加强农业基础设施建设落地

农业基础设施建设涉及包括国家发展和改革委员会、财政部、水利部、农业农村部、自然资源部等多个部门，这样的状况也延续到各个地方政府。因此，必须要加强各个部门之间的统筹协作，建立高效便捷的协作机制，提高农业基础设施建设效率。吸引农业基础设施建设投资主体，应当在充分了解不同主体的需求动机的基础上，采取财政贴息、先建后补、以奖代补等多种方式，调动和引导各类社会主体参与农业基础设施投资与建设，吸引各农业主体资本参与农业基础设施建设，建立以各农业主体为主力、信用体系为辅助、政府贴息补助为后盾的农业基础设施建设体系，减少政府直接投资的经营性农业基础设施建设，推动市场机制主导的农业基础设施建设资源配置。

## 三、瞻前顾后加强农业基础设施后续管护

中国农村基础设施一直存在"重建设轻管理"的问题，表现为管护主体不明确、责任划分不清晰、资金保障不充分，造成许多基础设施损坏老化严重，难以发挥作用，对前期的投资造成极大的浪费。要解决这些问题，应当在明确产权的基础上，把握公益性和经营性农业基础设施建设和运行的特点，落实管护的主体与责任，采取谁投资、谁管理、谁受益的方法。对于公益性的农业基础设施，可

以财政资金为依托，采用政府管理加委托代理的方式进行管护，定期对农业基础设施运营状况进行考核，将评价结果与后续项目支持和部门工作考核相挂钩，推进政府农业基础设施管理的规范化、制度化。对于经营性农业基础设施，在明确法人的基础上使其成为自主经营、自负盈亏、自我管护的市场经济主体，并引导该类型的经济主体加强与新型农业经营主体的合作，建立利益共享与风险共担机制，提升农业基础设施效用与管护力度。

# 第三节　开展农村人居环境治理和美丽乡村建设

乡村作为农业供给侧的要素，是进行农业生产的重要场所、农业服务业发展的重要基地，乡村的状况直接关系到中国农业产业升级和供给侧结构调整能否实现，因此，为保障绿色发展理念下中国农业供给侧结构性改革顺利推行，必须开展农村人居环境治理和美丽乡村建设。

## 一、着力补齐突出短板

第一，着力整治乡村垃圾问题。培养农民垃圾分类习惯，将厨余垃圾、可回收垃圾、有毒垃圾和其他垃圾进行分类处理。对于厨余垃圾采用机器成肥、厌氧产沼发酵等方式处理，就地生成可再利用资源；对于可回收垃圾、有毒垃圾以及其他垃圾，将其纳入城镇垃圾回收系统，进行再利用处理及无公害处理。全面清理原始垃圾堆、农用废弃堆，建立统一垃圾处理点，打造垃圾处理的试点村和示范村。

第二，着力整治农村废水问题。对于农村废水问题，在充分考虑当地的地理环境、区位条件、经济因素等因素的基础上，因地制宜地选择最佳污水处理方案，如就地自建污水处理厂或纳入城镇污水处理系统等。但对于以养殖业为主的村庄，由于其用水量以及排污量较大，应积极采用活性污泥法、人工快渗、净化槽、人工湿地等目前较为成熟的污水处理技术，建立完善的污水循环利用系统，确保屠宰养殖污水不随意排放。

第三，要坚持不懈地推进"厕所革命"。将农村公共厕所纳入农村基础设施建设重点项目，合理规划农村公厕数量及修建点并积极落实建成，整治私人庭院环境，提升村民卫生意识，改变农村厕所臭、脏、危的问题，提升农村卫生环境。

第四，建设全覆盖的农村网络系统。网络已经成为村民获取信息、加强与外界联系的重要方式，也是发展新型农业经济，实现农业现代化不可或缺的载体。

## 二、着力提升村容村貌

第一，加强对村庄建设的整体规划。充分考虑原始村貌、民风民俗、地形地貌、植被水文等因素，对村庄建设规划做出整体的设计规划，科学布局各功能区，合理安排生产区、生活区、商业区、休闲区，避免村容打造过程中出现重建设轻设计的问题。

第二，加强乡村道路的修缮。正如习近平同志所说"要想富，先修路"[1]，应将村落纳入完善的交通网之中，注重进村主道的拓宽、加固，完善道路照明系统，增设道路交通安全标识，保障村庄交通畅通、安全。

第三，加强村庄房屋建筑的修缮。采用"穿衣戴帽"的方式，融入乡村特色和民族风情，增强建筑风格的统一性，严厉整治乱搭乱放、乱接乱拉现象，拆除没有价值的废弃建筑物，按照标准给建筑物配置完善的消防设施，增加房屋居住安全性。

第四，加强公共区域的建设。对损坏的绿地、公园加紧修复，绘制文化墙，增强园艺设计感，在有条件的地方建设主题公园，着力打造一批休闲度假类、民族风情类、农教科普类、田园观光类的特色主题园区，以此吸引更多的工商资本、技术人才参与到美丽乡村之中，共享美丽乡村建设成果。

## 三、建立乡村整治长效措施

第一，从思想层面，使村民们树立起对人居环境改善和对美丽乡村的向往，自觉践行绿水青山就是金山银山的理念，培养文明卫生的生活生产习惯，从而自觉自愿投入人居环境治理和美丽乡村建设之中。

第二，从经济层面，创新性地将乡村人居环境治理与乡村经济开发相结合，引导农家乐、度假村等休闲服务业以及农业博物馆、农耕体验馆等科教服务业的发展，以乡村三产融合发展为人居环境治理和美丽乡村建设提供内在动力和资金保障。

第三，从监管层面，加强完善相关法律法规，加强对村民的普法教育，对于破坏乡村人居环境的行为予以坚决的打击。探索建立政府、物业公司、村民自治

---

① 《习近平：要想富　先修路　人心齐　泰山移》，http://cpc.people.com.cn/n/2014/1025/c64094-25907196.html? url_type=39&object_type=webpage&pos=1[2022-01-25]。

等多主体的乡村物业管理系统，保障农村保洁、环境、控违、安全、治安等专业化、规范化运营。

第四，从制度层面，将乡村人居环境治理与美丽乡村建设纳入政绩考核之中，建立健全考核机制，注意考核的长期监管效果，对于考核过程中发现的问题，及时处理，做到真正的整改有效，强化薄弱环节，查漏补缺，确保治理工作群众满意、长久有效。

# 第四节　培育新型农业经营主体

中国农业要实现绿色化、现代化，提升农业的国际竞争力，在传统小农户的基础上培养新型农业经营主体是不可避免的趋势。新型农业经营主体的生产经营活动具有集约化、专业化、组织化、社会化等特征。关于新型农业经营主体的分类，在种养业生产方面，主要有家庭农场、种养大户；在提供社会化服务、农资采购、农产品销售等方面，主要有农业社会化服务组织；在农产品加工和物流方面，主要有农业产业化龙头企业。因此，要根据农业不同环节着力培养效用最优的新型农业经营主体。

## 一、大力培育新型家庭农场以及种植大户

中国目前的新型家庭农场、种养大户基本上都是由小农户发展而来，小农户通过生产资料的聚集实现农业生产规模化、专业化、集约化，如通过农村农业金融贷款实现资金聚集、通过农地经营权的流转实现土地聚集、通过劳动力的反向流动实现劳动力聚集等，因此，要发展家庭农场和专业大户必须在生产资料聚集上给予充分的保障。

一是保障资金到位。各级各类银行要制定相关优惠政策，对于一些发展潜力较大、信誉较好的农户在一定程度上放宽信用授信额度，积极探索新式安全的贷款抵押方式，扩大抵押物范围，如农民住房、农业经营权等，简化贷款流程，施行优惠的贷款利率，积极推动农村农业信贷业务发展，彻底改变农业融资难、门槛高、投保难的现状。

二是保障土地到位，既要数量到位，更要质量到位。在数量上，完善农地"三权"分置体制机制，规范土地经营权的流转，促进土地的规模使用与开发。在质量上，国家采取一定的政策扶持措施，鼓励土地实际经营者对土地进行治理与修

复，对于土壤质量提升的土地给予治理补贴。积极推广粪便植物残体堆肥技术、深耕松土技术、水肥一体化技术等绿色生产技术，提高土壤肥力，坚决杜绝使用高毒、高污的农药化肥。

三是保障劳动力充足。家庭农场和种植大户作为专业的农业主体，应该建立完善的公司制度、雇员制度、工资制度，对雇佣劳动力的价格、工作时长、福利津贴等做出合理合法的规定，对长期雇员的保险、公积金等保障性待遇予以实现。鉴于农业生产忙淡季的用工差异的问题，建立劳动力需求量与供给量等信息共享平台，在邻近镇、县建立劳动力后援补给站，对既有较好劳动能力又有务农经验的进城务工人员建群，及时发布用工信息，打破城乡劳动力单向流动结构，确保农忙时节劳动力供给充足。

## 二、大力发展农业社会化服务组织

研究表明，社会化服务组织可以在土地流转下农村社会阶层重塑过程中，避免农村能人与中坚能人、普通农民形成"吸纳-依附"关系，避免农村能人处于塔尖而中坚农民与普通农户处于底部成为弱势阶层的现象出现，实现收益由多元主体共享，为小农户提供生存空间与发展渠道，因此大力培育农业社会化服务组织应是培育新型农业经营主体的重中之重（赵晓峰和赵祥云，2016）。

一是政府给予一定的支持。政府涉农部门设立专项基金，在有条件的地区启动政府购买农业社会化服务专项试点，尤其是购买生产托管的农业社会化服务，推动生产要素向社会化服务组织配置，也为那些农业社会化服务组织尚缺乏的地区提供启动市场。同时，在财政、税收上，对新兴的农业社会化服务组织予以支持与减免，尤其是初创型的农业社会化服务主体。

二是增强业务水准。建立一套从培土、育苗、种植到保育等农业生产全过程的规范化操作流程，不断学习新型农业生产技术，尤其是在如今农业绿色转型的大趋势下，树立绿色发展意识，积极采用农业集约化生产方式，提高服务供给效率和水平。

三是培养农民消费习惯。对于尚未形成农业社会化服务成熟市场的地区，农业社会化服务组织可以采取一定的优惠措施拓展其市场份额，如服务费用打折、农产品收益后抵费、免费铺设农用水管道等，以诸如此类的农民易于接受的方式，使农民尝到社会化服务带来的甜头，也使以农业社会化服务组织为依托的农业集约生产而带来的红利能在多个利益主体之间共享。

四是加强信贷担保支持。将农业信贷融资担保公司的服务对象聚焦于包括农业社会化服务组织在内的农业适度规模经营主体，明确提出农资、农机、农技等农业社会化服务属于信贷担保支持的服务范围，为他们提供精准的金融服务。

## 三、大力发展农业产业化龙头企业

农业产业化龙头企业是农业发展排头兵、领头羊，对产业发展带动作用明显，对周边经济辐射强，是广大农户与流通商、消费者之间链接的中间桥梁，沟通着农产品的供给端和需求端，同时也扮演着中国农技创新先锋、市场开拓者、国际竞争主力军等重要角色，在绿色发展理念下推进中国农业供给侧结构性改革起着关键枢纽的作用。为此，必须以带动中国农业绿色化、现代化为目标，大力发展农业产业化龙头企业。

一是因地制宜地发展产业集群。研究表明，农业产业集群对龙头企业技术效率水平具有正向影响，产业集群度增加 1%，农业龙头企业的技术效率增加 0.52%；产业集群内的企业技术效率明显高于产业集群外的企业技术效率，集群内的龙头企业的技术效率比其他龙头企业高 0.80 倍（王玉斌和王丽明，2017）。产业集群不仅对技术效率产生正向影响，还对打响区域农业品牌、带动农户、技术创新、人才聚集、平台共享等具有良性作用。因此，政府应当制定相关政策，在用地规划、财政税收、金融信贷等方面给予支持，根据各地区的资源禀赋、区位优势、基础设施等条件，因地制宜地发展主导产业型、企业带动型、园区载体型等农业产业集群，尤其是在畜牧业优势产区大力发展产业集群，改变畜牧业龙头企业技术效率明显低于粮食类龙头企业技术效率的现状，促进各类型规模化的农业产业集群形成。

二是加强扶持中小型农业企业。《2019 年中国新型农业经营主体发展分析情况报告(一)》指出总体上中国大型龙头企业比小型龙头企业更愿意利用资金杠杆，能够接受比小型龙头企业更高的资产负债率，这在一定程度上与中国财税和金融扶持政策中的隐形壁垒一直存在有关，因此要打破这种隐形壁垒，适当降低中小型农业企业的各种税费款项，加大中小农业企业的绿色补贴。在金融方面，强化开发性金融、政策性金融对中小型农业企业的支持，放宽贷款条件、额度、期限等，另外建立市场与政府相协调的价格保险机制，构建保险公司加财政补贴的风险管理模式。

三是支持和鼓励企业进行自主创新。根据 2017 年中国 819 家农业产业化龙头企业的营业收入与税后利润的数据，其营业收入增幅超税后利润增幅约 10 个百分点，经比对计算发现企业成本增加是其主要原因之一，而在农业价格市场相对成熟之后，创新成为企业降成本的重要手段。因此，应大力支持和鼓励企业进行自主创新，提升自身效益和市场竞争力。企业应充分利用自身人力、财力、物力优势，建立一套集培养、引进、激励、保障于一体的完善的人才保障机制，探索以技术优势或以技术成果参股的方式吸引科技人员、高校院所参与企业创新，以市场需求为主导建立产学研用一体化创新模式，将科研优势转化为企业效益。

## 第五节　培养懂农业、爱农村、爱农民的"三农"工作队伍

农村任何改革工作都必须要有一支队伍去执行、去领导，而这支队伍的好坏直接关系到改革工作的成败。在绿色发展理念下推进农业供给侧结构性改革，必须要有一支懂农业、爱农村、爱农民的"三农"工作队伍，唯有这样一支队伍才能保障本次农业供给侧结构性改革的方向正确、动力持久、成效显著，促使农业发展、乡村振兴、农民受益。"三农"工作队伍从广义上来讲是一支工种众多的队伍，包括乡镇党委干部队伍、村支部党员干部队伍、乡人大干部队伍、村民委员会和村民小组中的干部队伍、基层群团组织中的干部队伍，驻村第一书记、农村集体经济组织等中的村民队伍，以及农村基层事业组织中的教育人员队伍、科技人员队伍、医疗人员队伍，文娱人员队伍等。从狭义上讲，"三农"工作队伍是指既与农民亲密接触，又具有统筹功能的党组织中的关键少数，如驻村第一书记、乡镇党委书记等。培养一支懂农业、爱农村、爱农民的"三农"工作队伍，可从以下几个方面入手。

### 一、加强对党组织中关键少数的培养

习近平总书记曾说"中国共产党要担负起领导人民进行伟大社会革命的历史责任……永远做中国人民和中华民族的主心骨！"[1]，那么农村党组织中的"关键少数"就是绿色发展理念下推进农业供给侧结构性改革的主心骨。必须使这些"关键少数"具有绿色发展意识，深谙绿色发展之道，具有绿色农业种植知识与技术；对当下农业供给侧结构性改革下的农业经济发展趋势具有先见性，并能做出正确的决策；会识人用才，统筹兼顾，懂组织会管理，从而下好本村农业供给侧结构

---

[1] 《习近平：中国共产党要永远做中国人民和中华民族的主心骨》，http://news.cnr.cn/native/gd/20180320/t20180320_524170894.shtml [2022-01-25]。

性改革这一盘大棋，带领村民在全国的农业供给侧结构性改革洪流中顺流而进。因此，必须以培育具有农技知识、农经知识、管理知识的复合型人才为标准，加强对党组织中的关键少数的培育。首先，统筹城乡"三农"干部队伍，对干部的培养、配备、管理、使用进行管理，加强"三农"干部人才向农村配置，调配具有较多管理经验、能力强、意志坚定的领导干部进乡任职。其次，充分依托科研机构、高校、农业企业等平台，着力打造农业人才高地，建立国家、省、市三级农业人才智库，辅以社会智库、海外智库为补充的新型绿色农业专家队伍，作为"三农"工作队伍的对口支援的智囊团、讲师团，因地制宜地开展实训基地、网络课程、交流访学等多种教育教学活动，增强农村领导干部对绿色发展知识、经济发展知识、绿色农业知识的学习，全面提升自身能力素质。

## 二、着力打造一支绿色农技推广队伍

懂农业是保障农业发展方向正确、举措有力的关键，面对中国广大小农户绿色生产意识不强、粗放型生产习惯不改、绿色生产技术缺乏等现状，在绿色发展理念下推动农业供给侧结构性改革必须着力打造一支绿色农技、农知推广队伍。但就中国绿色农技推广队伍的现状来看，存在人手不足、待遇偏低、年龄老化、工作敷衍的问题。因此，要加强制度引导，各个地区因地制宜地制定绿色农技队伍建设优惠政策，在财政资金上予以支持，提高绿色农技推广人员的工资待遇，建立适度的最低工资标准，吸引优秀的绿色农技人才服务农村。对于下乡服务的体制内工作人员，在服务期满之后，给予其上升通道。增强农技推广人员的成就感和社会荣誉感，建立优秀农技推广个人与集体的表彰制度。搭建农技推广队伍建设交流平台，互相学习成效显著的绿色农技推广队伍建设模式和绿色农技推广经验，建立高和低、优和差的传帮带对口帮扶模式，对农技推广人员的专业技术培训实现常态化、制度化，及时更新农技推广人员的知识体系，除了专业知识的培训，还要加强农技推广人员对教育学、教育心理学等知识的学习，以提升其授课能力，更好地服务农民。以此，着力打造一支技术较硬、能力较强的绿色农技推广队伍。

## 三、培育"三农"工作队伍的乡土情怀

只有爱农村才能在农村扎根，愿意为这片土地留下自己的青春，激发自己的奋斗激情；只有爱农民才能真正为乡亲办实事，把乡亲的事当作自己的事，为乡亲的致富尽心尽力，才能保障绿色发展理念下中国农业供给侧结构性改革的顺利

进行。首先，在主体选择上，政策向那些深谙乡俗、口操乡音又接地气的本土人员倾斜，鼓励既土生土长又见多识广的高素质大学生、复员军人、公务人员回乡创业、返乡任职，采取多种方式引发这些人群的乡土情怀。其次，在教育上，运用主题教育、讲座培训、典型宣传等方式，使人们充分认识到"三农"工作的重要性，"三农"工作关系到一方水土的经济发展、社会稳定、人民幸福，农村也是一个大有作为的地方，相比发展已经较为完善的城镇，农村是一块"白画板"，可以画出更为出彩的篇章。在体制机制上，要打破城乡分割的体制藩篱，通过平台搭建、优惠政策、荣誉嘉奖、上升渠道、利益共享等方面的措施，使"三农"工作成为一份真正令人向往的工作，使那些愿意服务农村、服务"三农"的农村基层干部安心做事、踏实为民，把"三农"工作做出成效。

# 参 考 文 献

奥康纳 J. 2003. 自然的理由——马克思主义研究[M]. 唐正东，臧佩鸿，译. 南京：南京大学出版社.

巴里 J，杨志华. 2009. 马克思主义与生态学：从政治经济学到政治生态学[J]. 马克思主义与现实，（2）：104-111.

包晓斌. 2018. 高效节水是保证我国农业水资源可持续利用的根本出路[J]. 中国水利，（6）：30-32.

本报评论部整理. 2013-01-15. 学习贯彻十八大精神 加快推进开封崛起[N]. 开封日报，（003）.

本刊编辑部. 2018. 乡村振兴要因地制宜发展特色农业[J]. 植物医生，31（10）：1.

蔡秀玲，陈贵珍. 2018. 乡村振兴与城镇化进程中城乡要素双向配置[J]. 社会科学研究，（6）：51-58.

曹前发. 2014. 生态建设是造福子孙后代的伟大事业[J]. 红旗文稿，（18）：32-33.

陈伯威. 2017. 就美国加州农业发展论山西农业供给侧改革[J]. 山西农经，（11）：11-12.

陈华山. 1996. 当代美国农业经济研究[M]. 武汉：武汉大学出版社.

陈文胜. 2016. 论中国农业供给侧结构性改革的着力点——以区域地标品牌为战略调整农业结构[J]. 农村经济，（11）：3-7.

陈希勇. 2013. 农业企业环境友好战略的影响因素及绩效研究——基于四川的实证[D]. 成都：四川农业大学.

陈锡文. 2002-01-17. 新阶段的农业、农村和农民问题[N]. 社会科学报，（002）.

陈雪，吕少德. 2017. 美日生态农业法律制度经验借鉴[J]. 行政管理改革，（6）：56-60.

程恩富，孙业霞. 2015. 以色列基布兹集体所有制经济的发展示范[J]. 经济纵横，（3）：62-68.

程立园. 2017. 马克思《资本论》第一卷中的供给思想[J]. 福建商学院学报，（5）：1-5.

戴均路. 2018. 基于 DEA 方法的农业供给侧改革研究[D]. 沈阳：辽宁大学.

邓启明. 2007. 基于循环经济的现代农业研究：高效生态农业的理论与区域实践[M]. 杭州：浙江大学出版社.

邓志英，黄毅. 2017. "互联网+"推动农业供给侧结构性改革创新路径研究[J]. 湖南工程学院学报（社会科学版），27（4）：19-23.

董利苹，李先婷，高峰，等. 2017. 美国和欧盟农业政策发展研究及对中国的启示[J]. 世界农业，（1）：91-97.

范星宏. 2013. 马克思恩格斯生态思想在当代中国的运用和发展[D]. 合肥：安徽大学.

冯玲玲. 2018. 绿色发展理念的思想溯源与践行逻辑[J]. 临沂大学学报, 40 (4): 129-137.

付明星. 2012. 现代都市农业——两型农业模式[M]. 武汉: 湖北科学技术出版社.

高帆. 2017. 激励相容与农业供给侧结构性改革的实施逻辑[J]. 天津社会科学, (4): 99-107.

高洋. 2017. "互联网+"视角下日本北海道绿色生态经济发展对绥化市的启示[J]. 农民致富之友, (12): 13.

谷传申, 杜伟. 2019. 宁夏农垦高效节水灌溉探析[J]. 现代农业科技, (9): 161-162.

谷口宪治, 徐玥. 2017. 日本新型农业经营主体的发展与农村振兴——以村落营农为中心[J]. 南开日本研究, (1): 33-42.

管珊. 2014. 日本农协的发展及其对中国的经验启示[J]. 当代经济管理, 36 (6): 27-31.

郭克莎, 杨阔. 2017. 长期经济增长的需求因素制约——政治经济学视角的增长理论与实践分析[J]. 经济研究, 52 (10): 4-20.

郭丽果, 彭正萍, 王洋, 等. 2019. 培育带动新型农业经营主体的实施与思考——以"粮食丰产增效科技创新"重点专项河北项目区为例[J]. 河北农业科学, 23 (1): 15-18.

郭晓鸣. 2017. 推进农业供给侧结构性改革应当改什么?[J]. 农村经济, (12): 1-5.

国家环境保护总局, 中共中央文献研究室. 2001. 新时期环境保护重要文献选编[M]. 北京: 中央文献出版社、中国环境科学出版社.

国家食物与营养咨询委员会赴日考察团. 2005. 日本食物发展状况及对我国的启示[J]. 中国食物与营养, (4): 4-6.

韩长赋. 2017. 大力推进农业绿色发展[EB/OL]. http://www.rmzxb.com.cn/c/2017-05-09/1524728.shtml[2019-12-21].

韩东. 2016. 坚持用马克思主义政治经济学指导供给侧改革[J]. 政治经济学评论, 7 (6): 61-73.

郝薇, 王鹏飞, 安维亮. 2018. 河北省农业发展的时空演变及其特征分析[J]. 农村经济与科技, 29 (15): 199-202.

何军, 王越. 2016. 以基础设施建设为主要内容的农业供给侧结构改革[J]. 南京农业大学学报 (社会科学版), 16 (6): 6-13, 152.

贺绍磊, 王耀强. 2019. 农业"新六产"的着力点[J]. 中国农资, (8): 2.

侯廷永. 2017. 美国现代农业发展及其经验借鉴[J]. 上海农村经济, (3): 37-42.

侯玉. 2005. 论邓小平的环境保护思想[J]. 吉林省教育学院学报, (2): 27-30.

华桂宏, 李子联. 2016. 中国供给侧结构性改革的维度框架与路径选择——新古典经济学与新制度经济学的耦合视角[J]. 江海学刊, (6): 74-80, 238.

黄季焜. 2018. 农业供给侧结构性改革的关键问题: 政府职能和市场作用[J]. 中国农村经济, (2): 2-14.

黄家健, 胡盛红. 2020. 基于海南整省创建先行区背景下科技助力农业绿色发展研究[J]. 热带农业科学, 40 (4): 99-105.

黄崎. 2013. 中国农业转型升级新模式——现代农业2.5产业理论研究与探索[M]. 北京: 国家行政学院出版社.

黄群慧. 2016. 论中国工业的供给侧结构性改革[J]. 中国工业经济, (9): 5-23.

黄宗智, 彭玉生. 2007. 三大历史性变迁的交汇与中国小规模农业的前景[J]. 中国社会科学, (4): 74-88, 205-206.

黄祖辉，傅琳琳，李海涛.2016. 我国农业供给侧结构调整：历史回顾、问题实质与改革重点[J].
　　南京农业大学学报（社会科学版），16（6）：1-5，152.

霍艳丽，刘彤. 2011. 生态经济建设：我国实现绿色发展的路径选择[J]. 企业经济，30（10）：
　　63-66.

江泽民. 2002-03-11. 在中央人口资源环境工作座谈会上强调扎扎实实做好人口资源环境工作，
　　坚定不移地实施可持续发展战略[N]. 法制晚报，（001）.

姜长云. 2016. 关于发展农业生产性服务业的思考[J]. 农业经济问题，37（5）：8-15，110.

姜国峰. 2018. 美日德等国生态循环农业发展的 332 模式及“体系化”启示[J]. 科学管理研究，
　　36（2）：108-111.

蒋永穆. 2000. 中国农业支持体系论[M]. 成都：四川大学出版社.

今村奈良臣，吴京英. 1992. 世界各主要国家中的政府与农民的关系问题[J]. 中国农村经济，
　　（10）：59-64.

金碚. 2016. 总需求调控与供给侧改革的理论逻辑和有效实施[J]. 经济管理，38（5）：1-9.

金乐琴. 2018. 高质量绿色发展的新理念与实现路径——兼论改革开放 40 年绿色发展历程[J].
　　河北经贸大学学报，39（6）：22-30.

克拉克 B，福斯特 Y B，孙要良.2010. 二十一世纪的马克思生态学[J]. 马克思主义与现实，（3）：
　　127-132.

孔祥智. 2016. 农业供给侧结构性改革的基本内涵与政策建议[J]. 改革，（2）：104-115.

孔祥智. 2019. 实施乡村振兴战略的进展、问题与趋势[J]. 中国特色社会主义研究，（1）：5-11.

李冬梅，杨秋生.2018. 绿色发展理念：马克思对资本逻辑批判的继续[J]. 山东社会科学，（3）：
　　187-192.

李高东. 2008. 论胡锦涛农业现代化发展战略思想[J]. 中共银川市委党校学报，（5）：33-36.

李平，段思松. 2017. 供给侧结构性改革与有效需求理论的关系研究[J]. 学习与探索，（2）：88-92.

李文增. 2017. 西方凯恩斯学派、供给学派与中国的供给侧改革[J]. 世界文化，（5）：4-8.

李应春，翁鸣. 2006. 日本农业政策调整及其原因分析[J]. 农业经济问题，（8）：72-75.

梁超. 2018. 实践视角下绿色发展理念：哲学基础、现实困境及建构向度[J]. 南京航空航天大学
　　学报（社会科学版），20（1）：14-19.

梁伟红，叶露，李玉萍.2018. 基于生态视角的海南省品牌农业与产业扶贫协同发展对策研究[J].
　　热带农业科学，38（7）：104-110.

凌征福. 2018. 绿色发展理念下我国农业供给侧结构性改革路径[J]. 中共南昌市委党校学报，
　　16（3）：38-41.

刘灿，刘明辉. 2017. 产业融合发展、农产品供需结构与农业供给侧改革[J]. 当代经济研究，
　　（11）：32-41，97.

刘超，李广成. 2019. 宁夏引黄灌区春小麦有机肥替代化肥合理用量试验研究[J]. 宁夏农林科
　　技，60（3）：31-33.

刘红岩，朱守银. 2016. 农业供给侧结构性改革的推进方略探讨[J]. 经济研究参考，（30）：5-9.

刘慧. 2016-03-15. 刘世锦：给生态资本定价具备现实可行性[N]. 中国经济时报，（A01）.

刘晓雨，黄勇.2018. 宁夏环香山地区压砂瓜节水灌溉技术研究现状与思考[J]. 南方农机，49（12）：
　　136.

卢昆. 2015. 日本北海道现代农业发展关键举措及其经验启示[J]. 世界农业, (9): 207-210.

罗必良. 2017. 农业供给侧改革的关键、难点与方向[J]. 农村经济, (1): 1-10.

罗其友, 刘洋, 唐华俊, 等. 2018. 新时期中国农业结构调整战略研究[J]. 中国工程科学, 20(5): 31-38.

麻耀君. 2018. 提升农产品质量安全的措施及建议[J]. 农业开发与装备, (7): 85, 87.

马俊艳, 左强, 王世梅, 等. 2011. 深耕及增施有机肥对设施菜地土壤肥力的影响[J]. 北方园艺, (24): 186-190.

马克思. 1975. 资本论 (第1卷) [M]. 中共中央马克思恩格斯列宁斯大林著作编译局, 译. 北京: 人民出版社.

马克思. 1975. 资本论 (第3卷) [M]. 中共中央马克思恩格斯列宁斯大林著作编译局, 译. 北京: 人民出版社.

马绍荫, 曹方. 2011. 基于 SWOT 模型的甘肃特色农产品品牌创建问题分析[J]. 图书与情报, (1): 104-107.

毛黎. 2008-03-27. 中国坚持节约资源和保护环境的基本国策[N]. 科技日报, (002).

梅尔 J. 1988. 农业经济发展学[M]. 北京: 农村读物出版社.

农业部农村经济体制与经营管理司课题组, 张红宇. 2016. 农业供给侧结构性改革背景下的新农人发展调查[J]. 中国农村经济, (4): 2-11.

祁春节. 2018. 农业供给侧结构性改革: 理论逻辑和决策思路[J]. 华中农业大学学报 (社会科学版), (4): 89-98, 170.

乔海曙, 刘佩芝. 2018. 改革开放四十年生态建设的理论与实践[J]. 湖南社会科学, (5): 28-33.

乔金亮. 2017. 农业服务业短板须着力补齐[EB/OL]. 中国经济网, http://www.ce.cn/xwzx/gnsz/gdxw/201708/30/t20170830_25502506.shtml[2019-12-21].

渠长根, 曹国娇. 2017. 习近平绿色发展理念: 形成过程、内容体系及践行路径[J]. 观察与思考, (8): 58-63.

人民日报社理论部. 2013. 深入学习习近平同志系列讲话精神[M]. 北京: 人民出版社.

盛君洁, 刘容, 卢晋升, 等. 2013. 宁夏境内的西夏历史文化旅游资源的开发与保护研究[J]. 旅游纵览 (下半月), (10): 123-126, 129.

速水佑次郎, 拉坦 F. 2000. 农业发展的国际分析[M]. 郭熙保, 张进铭, 等译. 北京: 中国社会科学出版社.

孙大宇. 2017. 我国农业经济绿色低碳循环发展概述[J]. 现代经济信息, (14): 336.

孙伟仁, 张平, 赵德海. 2018. 农产品流通产业供给侧结构性改革困境及对策[J]. 经济纵横, (6): 99-104.

滕泰, 刘哲. 2018. 供给侧改革的经济学逻辑——新供给主义经济学的理论探索[J]. 兰州大学学报 (社会科学版), 46 (1): 1-12.

田文富. 2015. 创新推动绿色发展体制机制的思考[J]. 领导科学, (23): 47-48.

涂圣伟. 2016. 我国农业供给结构失衡的根源与改革着力点[J]. 经济纵横, (11): 108-113.

汪红驹, 汪川. 2016. 国际经济周期错配、供给侧改革与中国经济中高速增长[J]. 财贸经济, (2): 5-19.

汪枭枭. 2018. 一个石漠化贫困县的绿色脱贫之路[J]. 当代贵州, (3): 52-53.

王朝明，张海浪. 2018. 供给侧结构性改革的理论基础：马克思价值理论与西方供给学派理论比较分析[J]. 当代经济研究，（4）：39-46，97.

王国成，董继超. 2015. 马克思恩格斯的农业生态思想及其现实意义[J]. 西安航空学院学报，33（4）：3-7.

王海芹，高世楫. 2016. 我国绿色发展萌芽、起步与政策演进：若干阶段性特征观察[J]. 改革，（3）：6-26.

王红梅. 2016. 供给侧改革与我国农业绿色转型[J]. 宏观经济管理，（9）：50-54.

王济民，张灵静，欧阳儒彬. 2018. 改革开放四十年我国粮食安全：成就、问题及建议[J]. 农业经济问题，（12）：14-18.

王连芳. 2016. 绿色发展——与时俱进的中国特色社会主义发展路径[J]. 东莞理工学院学报，23（6）：21-25.

王若林. 2019. 河北省农业科技进步贡献率测算与影响因素分析[D]. 保定：河北农业大学.

王霞. 2013. 美日欧乡村"农家乐"旅游发展的经验[J]. 世界农业，（3）：107-109.

王晓鸿，吕璇. 2018. 经济新常态下中国农业供给侧结构性改革：国外经验与借鉴[J]. 河北地质大学学报，（6）：76-81.

王新伟，龙毅. 2015. 互联网为农业现代化注入新的发展动力 贵州农业 冲上"云"端[J]. 农业工程技术，（24）：25.

王亚丽. 2017. 运用马克思宏观经济均衡思想指导供给侧结构性改革[J]. 经济问题，（5）：42-47.

王艳平. 2017. 美国现代农业发展经验对我国农业供给侧改革的启示[J]. 生产力研究，（8）：101-104.

王玉斌，王丽明. 2017. 产业集群对农业企业技术效率的影响——基于农业产业化重点龙头企业数据[J]. 农业技术经济，（3）：109-119.

韦昌惠. 2019. 海南：食安路上，我们在行动[J]. 食品安全导刊，（20）：13-14.

魏鹏. 2016. 供给侧改革中"去杠杆"的困境、风险及对策[J]. 湖北社会科学，（12）：75-83.

伍业兵. 2018. 绿色发展的现实困境及路径分析[J]. 现代经济信息，（21）：8，11.

习近平. 1992. 摆脱贫困[M]. 福州：福建人民出版社.

解艳玲，杜伟. 2019. 宁夏农垦化肥零增长行动简述[J]. 现代农业研究，（5）：34-36.

徐小俊，黄媛媛，晁骏，等. 2019. 热带优势作物农药使用减量增效对策建议[J]. 中国植保导刊，39（8）：77-82.

许蓉. 2017. 列宁发展苏俄农业思想及当代价值[J]. 江西财经大学学报，（2）：77-84.

薛建良. 2018. 超小规模农户农地经营行为特征与局限[J]. 经济与管理，32（5）：24-29.

杨庭硕，杨卫书. 2017. 中国农业供给侧结构性改革：生态、文化与历史的观照[J]. 贵州师范大学学报（社会科学版），（2）：71-82.

杨艳红. 2020. 基于乡村旅游的海南省休闲农庄竞争力评价[J]. 中国农业资源与区划，41（2）：326-332.

姚莉萍. 2018. 农业龙头企业绿色创业行为测度及影响因素分析[D]. 南昌：江西农业大学.

叶兴庆. 2016. 演进轨迹、困境摆脱与转变我国农业发展方式的政策选择[J]. 改革，（6）：22-39.

伊沙贝拉·塔斯科克. 2012. 美国农业转型：特征和政策[J]. 湖南商学院学报，19（1）：5-8.

渝声. 2001-03-05. 科教兴农 为农服务[N]. 中国教育报，（003）.

詹慧龙, 刘虹, 唐冲. 2015. 我国农业基础设施建设及服务需求研究[J]. 农村经济, (12): 116-120.

张改. 2018. 新时代中国共产党绿色发展理念理论溯源[J]. 文化学刊, (12): 87-91.

张建, 袁伟. 2018. 生产力、群众、制度: 绿色发展理念的三重逻辑[J]. 前沿, (4): 99-104.

张雷蕾. 2018. 农业科技创新背景下我国山区农业供给侧结构性改革特征分析[J]. 产业创新研究, (4): 94-96.

张良悦. 2018. 农业供给侧结构性改革的根本任务及其路径[J]. 区域经济评论, (2): 112-122.

张铭贤. 2019. 天蓝水清地绿村美, 让美丽河北建设步伐更快[J]. 乡音, (2): 39-41.

张攀春. 2017. 资源禀赋与农业现代化路径选择: 来自国外的经验借鉴[J]. 江苏农业科学, 45 (3): 250-254.

张胜利. 2014. 中国休闲农业发展现状与对策研究[D]. 长沙: 湖南农业大学.

张钰, 袁祖社. 2017. 从经济理性到生态理性: 绿色发展理念的生成逻辑与实践超越[J]. 广西社会科学, (5): 58-62.

赵晓峰, 赵祥云. 2016. 农地规模经营与农村社会阶层结构重塑——兼论新型农业经营主体培育的社会学命题[J]. 中国农村观察, (6): 55-66, 85, 96.

中共中央文献研究室. 1996. 十四大以来重要文献选编(上)[M]. 北京: 人民出版社.

中共中央文献研究室. 2000. 十五大以来重要文献选编(上)[M]. 北京: 人民出版社.

中共中央文献研究室. 2005. 十六大以来重要文献选编(上)[M]. 北京: 中央文献出版社.

中共中央文献研究室. 2006. 十六大以来重要文献选编(中)[M]. 北京: 中央文献出版社.

中共中央文献研究室. 2009. 十七大以来重要文献选编(上)[M]. 北京: 中央文献出版社.

中共中央文献研究室. 2014. 十八大以来重要文献选编(上)[M]. 北京: 中央文献出版社.

中共中央文献研究室. 2014. 习近平关于全面深化改革论述摘编[M]. 北京: 中央文献出版社.

中共中央文献研究室, 国家林业局. 2001. 新时期党和国家领导人论林业与生态建设[M]. 北京: 中央文献出版社.

中共中央文献研究室, 国家林业局. 2003. 毛泽东论林业(新编本)[M]. 北京: 中央文献出版社.

中华人民共和国农业部农产品加工局. 2015. 关于我国农产品加工业发展情况的调研报告[J]. 农业工程技术, (17): 4-7.

仲乃琴, 李丹, 任园园, 等. 2019. 现代农业科技助力马铃薯产业精准扶贫——中国科学院微生物研究所马铃薯产业科技扶贫实践与启示[J]. 中国科学院院刊, 34 (3): 349-356, 244.

朱福来, 郭桂琦. 1990. 日本北海道农业介绍[J]. 世界农业, (5): 39-41.

朱洁, 刘学军, 陆立国. 2019. 宁夏节水型灌区考核评价标准研究[J]. 中国农村水利水电, (1): 13-15, 21.

朱晶, 李天祥, 林大燕. 2018. 开放进程中的中国农产品贸易: 发展历程、问题挑战与政策选择[J]. 农业经济问题, (12): 19-32.

庄友刚. 2016. 准确把握绿色发展理念的科学规定性[J]. 中国特色社会主义研究, (1): 89-94.

Bramley R G V. 2009. Lessons from nearly 20 years of Precision Agriculture research, development, and adoption as a guide to its appropriate application[J]. Crop and Pasture Science, 60 (3): 197-217.

Carson R. 2002. Silent Spring [M]. Boston: Houghton Mifflin Company.

Cassman K G. 1999. Ecological intensification of cereal production systems: yield potential, soil quality, and precision agriculture[J]. Proceedings of the National Academy of Sciences of the United States of America, 96（11）: 5952-5959.

Daberkow S G, Mcbride W D. 2003. Farm and operator characteristics affecting the awareness and adoption of precision agriculture technologies in the US[J]. Precision Agriculture, 4（2）: 163-177.

Fleischer A, Lichtman I, Mendelsohn R. 2008. Climate change, irrigation, and Israeli agriculture: will warming be harmful?[J]. Ecological Economics, 65（3）: 508-515.

Fried H O, Lovell C A K, Schmidt S S, et al. 2002. Accounting for environmental effects and statistical noise in data envelopment analysis[J]. Journal of Productivity Analysis, 17: 157-174.

Gorz A. 1994.Capitalism, Socialism, Ecology[M]. London: Verso.Pepper D. 1993. Eco-Socialism: Form Deep Ecology to Social Justice[M]. London: Routledge.

Haim D, Shechter M, Berliner P. 2008. Assessing the impact of climate change on representative field crops in Israeli agriculture: a case study of wheat and cotton[J]. Climatic Change,（86）:425-440.

Meadows D H, Meadows D L, Randers J, et al. 1974. The Limits to Growth[M]. New York: Universe Books.

Orden D, Zulauf C. 2015. Assessing the Political Economy of the 2014 Farm Bill[J]. American Journal of Agricultural Economics, 97（5）: 1298-1311.

Sofer M, Applebaum L. 2006. The rural space in Israel in search of renewed identity: the case of the Moshav[J]. Journal of Rural Studies, 22（3）: 323-336.

Spencer T, Fazekas D. 2013. Distributional choice in EU climate policy: 20 years of policy practice[J]. Climate Policy, 13（2）: 240-258.

Sterner T, Coria J. 2013. Policy instruments for environmental and natural resource management[M]. 2nd ed. New York: Routledge.